suhrkamp taschenbuch
wissenschaft 1453

Eine der wichstigsten Einsichten der Organisationstheorie ist, daß Entscheidungsprozesse in Organisationen vornehmlich der Absorption von Ungewißheit dienen. Jede einzelne Entscheidung wird unter Berücksichtigung von Ungewißheiten getroffen, die in der Entscheidung selbst nicht mehr vorkommen. Nur die Entscheidung selbst, nicht ihre Ungewißheit, kann dann als Prämisse für weitere Entscheidungen übernommen werden. Man geht wahrscheinlich nicht zu weit, wenn man vermutet, daß die uns gewohnte, zur Forcierung von Rationalität und Bürokratie tendierende Organisation in diesem Mechanismus der Ungewißheitsabsorption ihr Fundament hat. Industrielle Produktion ebenso wie administrative Steuerung beruhen in diesem Sinne auf dem Wegarbeiten des Zweifels.

In den letzten Jahrzehnten beobachten Organisationstheorien und Managementphilosophien in Wirtschaftsorganisationen Entwicklungen, die auf eine Wiedereinführung der Ungewißheit in die Mechanismen ihrer Absorption hinauslaufen. Man fordert fehlerfreundliche Organisationen, plädiert für lose Koppelung anstelle fester Koppelung, treibt die Rationalität in die Reflexivität und die Bürokratie in die Kommunikation. Dirk Baecker deutet diese Entwicklung in diesem Buch als Wiedereinführung des Unternehmens in die Organisation. Er nutzt die Möglichkeiten des Indikationenkalküls von G. Spencer Brown, um die Unternehmensorganisation als ein soziales System zu beschreiben, das sich selbst beobachtet und in seiner eigenen Kommunikation Mittel und Wege findet, die Ungewißheit nicht nur wegzuarbeiten, sondern zugleich auch zur Generierung einer alternativen Systemgeschichte zu nutzen.

Dirk Baecker, geb. 1955, ist Professor für Management und Organisation an der Universität Witten/Herdecke. Weitere Buchveröffentlichungen im Suhrkamp Verlag: *Information und Risiko in der Marktwirtschaft*, 1988; *Womit handeln Banken? Eine Untersuchung zur Risikoverarbeitung in der Wirtschaft*, 1991 (stw 946), Organisation als System (1999). Er ist Herausgeber der beiden Bände Kalkül der Form (stw 1068) und Probleme der Form (stw 1069). Im Merve Verlag erschien Postheroisches Management (1994).

Dirk Baecker
Die Form des Unternehmens

Suhrkamp

Die Deutsche Bibliothek – CIP-Einheitsaufnahme
Dirk Baecker, Die Form des Unternehmens
1. Aufl. – Frankfurt am Main : Suhrkamp, 1999
(Suhrkamp-Taschenbuch Wissenschaft ; 1453)
ISBN 3-518-29053-3

suhrkamp taschenbuch wissenschaft 1453
Erste Auflage 1999
© Suhrkamp Verlag Frankfurt am Main 1999
Satz: Wagner GmbH, Nördlingen
Druck: Nomos Verlagsgesellschaft, Baden-Baden
Printed in Germany
Umschlag nach Entwürfen von
Willy Fleckhaus und Rolf Staudt

1 2 3 4 5 6 – 04 03 02 01 00 99

Inhalt

»To hear a mouse in the grass or a dog bark a mile away – and still not be deafened by one's own voice shouting – that is the problem.« (Gregory Bateson)

Unter der Form des Unternehmens versteht man entweder seine Rechtsform, seine organisatorische Form oder seine ökonomische Form. Der juristische Begriff zielt auf eine gerichtstaugliche Stabilisierung des Unwahrscheinlichen, nämlich des Unternehmens als selbstverantworteter und in ausgewählten Hinsichten verantwortlich zu machender »Gesellschaft«. Der organisatorische Begriff dient der Behandlung von Koordinationsfragen unter Effizienzgesichtspunkten. Der ökonomische Begriff der Unternehmensform bleibt demgegenüber eher blaß. Er akzeptiert die Ausgrenzung nur, um sie sofort unter einen Anpassungsdruck an die Wirtschaft setzen zu können, der das Unternehmen auf den Fluchtpunkt der Substitution von Produktionsfaktoren unter Grenzproduktivitätsgesichtspunkten reduziert. Diese drei Begriffe dienen der Beobachtung des Unternehmens sowohl von innen wie von außen. Sie erlauben es, die Ausgrenzung des Unternehmens in der Gesellschaft zu beschreiben und an das ausgegrenzte Unternehmen Erwartungen zu adressieren, die es auf das Recht, die Wirtschaft und die Gesellschaft der Gesellschaft zurückzubeziehen erlauben.

Als gemeinsamer Nenner dieser drei Begriffe dient ein Rationalitätsverständnis, das auf die vertragliche Absicherung der Unterschiedlichkeit integrierbarer Interessen, die Möglichkeit zielorientierter Mittelauswahl und die Markträumung ökonomischer Gleichgewichtsprozesse abstellt. Es werden jedoch zunehmend Zweifel an der Rationalität des Unternehmens laut, die vornehmlich mit Exklusionseffekten begründet werden: Exklusion von Arbeit durch Kapital, Exklusion von Verantwortung durch Konzernbildung, Exklusion der Wahrnehmung ökologischer Gefährdungen durch Konkurrenz. Diese Zweifel sind unmittelbar mit der Erfolgsgeschichte des Unternehmens begründet: mit der Automatisierung der Produktion, der Flexibilisierung der Organisation und der hoch selektiven Abarbeitung von Irritation. Die Unternehmensforschung versucht daher, einerseits so etwas wie eine Irrationalitätsgeschichte der Unternehmensrationalität zu schreiben und andererseits die Rationalitätserwartungen auf eine Beschreibung der Feinabstimmungsmechanismen zwischen rechtlichen, organisatorischen und wirtschaftlichen Anforderungen an das Unternehmen zurückzunehmen.

Mit Bezug auf diese Diskussion wird in den folgenden Überlegungen ein vierter Formbegriff des Unternehmens eingeführt, der seinen Schwerpunkt weder in normativen noch in organisatorischen oder in ökonomischen, sondern in kognitiven Fragen hat. Ausgehend von der These, daß die Form des Unternehmens eine kommunizierte Unterscheidung ist, wird die Frage gestellt, was diese Unterscheidung zu beobachten erlaubt und vor allem: wie sie zu beobachten erlaubt. Diese Fragestellung unterläuft die tradierten Rationalitätserwartungen und beschreibt das Unternehmen statt dessen als einen kognitiven Mechanismus, der bestimmte Beobachtungen ermöglicht, indem er andere ausschließt. Das Unternehmen wird als ein soziales System verstanden, das seine Strukturen aus der Bearbeitung unvermeidbarer Paradoxien der Selbstreferenz gewinnt, wobei sowohl die Rechtsform wie die formale Organisation und die Geschäftsform des Unternehmens wichtige, aber bei weitem nicht die einzigen Entparadoxierungstechniken darstellen.

Der Formbegriff, der diesen Überlegungen zugrundegelegt wird, ist nicht der gewohnte, aus den Unterscheidungen von Form und Materie oder Form und Inhalt gewonnene Begriff, sondern ein logisch-mathematischer, von G. Spencer Brown vorgeschlagener Begriff, der auf Bezeichnungen in Abhängigkeit von Unterscheidungen abstellt und damit Operationen zu beschreiben erlaubt, die immer beides sind, Operand und Operator. Diese Operationen sind zur Entfaltung rekursiv-selbstreferentieller Netzwerke tauglich, in denen unter bestimmten Voraussetzungen auch die Form der Unterscheidung, also ihre Zweiseitigkeit, reflektiert werden kann. Mit diesem Formbegriff wird ein Ausgangspunkt gewonnen, Kognition als einen diskriminationsfähigen Mechanismus zu beschreiben, der unter bestimmten Voraussetzungen das Wissen um seine Exklusionsfähigkeit in die Beobachtung der eigenen Operationen wieder einführen kann. Im folgenden werden Vorschläge zu einer soziologischen Unternehmenstheorie erarbeitet, die die Operativität und Reflexivität des Unternehmens auf der Basis der

Kommunikation von Unterscheidungen zu untersuchen erlaubt.

Die Arbeit wurde durch ein Habilitationsstipendium der
Deutschen Forschungsgemeinschaft und einen Studienaufent-
halt an der Stanford University auf Einladung des Department
of Sociology gefördert. Für ihre Lektüre einer früheren Fassung
der Arbeit und wichtige Hinweise danke ich Michael Hutter,
Franz-Xaver Kaufmann, Niklas Luhmann, Gert Schmidt,
Heinz von Foerster und Helmut Willke.

Bielefeld, im Januar 1993   Dirk Baecker

In der Nische

Der Wiedereintritt

Die bürokratische, hierarchische und tayloristische Organisation ist eine der am besten erforschten und trotzdem unbekanntesten Institutionen der modernen Gesellschaft. Abgesehen von der Umstellung der Gesellschaft vom Schichtungsmodell (Adel, Klerus, Bauern…) auf das Prinzip der funktionalen Differenzierung (in Teilsysteme wie Politik, Recht, Wirtschaft, Wissenschaft, Erziehung, Religion…) und abgesehen von Massenmedien, Straßenverkehr und Frauenemanzipation prägt kaum etwas das Gesicht der modernen Gesellschaft mehr als die Arbeit in und für Organisationen. Noch nie war so viel entscheidbar wie in der modernen Gesellschaft. Und es wird fast ausschließlich in Organisationen entschieden – in Kirchen, Parteien, Ämtern, Unternehmen und Universitäten – und vom Rest der Gesellschaft ertragen. Noch nie konzentrierte sich so viel Entscheidungsmacht in einem so hohen Maße bis fast zum Verschwinden kleingearbeitet in einer so unbekannten Einrichtung wie dem Management, das ebenso offenkundig und ebenso erfolgreich ein Wissen über ein Nicht-Wissen verwaltet und ausbeutet wie in der oralen Gesellschaft die Priester und in der literalen Gesellschaft die Schriftgelehrten. Weder das Ausmaß unseres Reichtums noch die Qualität unserer Armut wären vorstellbar, hätte die moderne Gesellschaft nicht alle Entscheidungen über Ressourceneinsatz, Produktion und Beschäftigung industriellen Organisationen überantwortet, die im Wohlfahrtsstaat einen Korrekturmechanismus gefunden haben, der sich selbst ruiniert, wenn er die Korrektur überzieht.

Und dennoch bereitet kaum etwas den Unternehmensorganisationen der modernen Wirtschaft gegenwärtig mehr Sorgen als ihr gutes Funktionieren. Sie leiden darunter, daß über Erfolg und Mißerfolg nur per saldo, das heißt erst dann entschieden werden kann, wenn es zu spät ist: wenn der Erfolg unter veränderten Bedingungen schon wieder auf dem Spiel steht und mit dem Mißerfolg sich keiner mehr befassen will. Niemand weiß, wie Erfolg oder Mißerfolg zustande kommen, aber alle wissen, auf welche Seite sie sich schlagen müssen. Das Schicksal der Organisation entscheidet sich in der Wirtschaft, nicht in der Organisation. Da nur die Entscheidung über den Mißerfolg so eindeutig ist, daß sie eine Sicherheit gewährt, von der niemand etwas hat, bleibt der Unternehmensorganisation nichts anderes übrig, als sich in der Frist einzurichten, die der uneindeutige, vorläufige Erfolg ihr gewährt, und alle eigenen Entscheidungen so zu treffen, daß die Wahrscheinlichkeit der Fristverlängerung eher steigt als sinkt. So wie in der modernen Gesellschaft alles zur Disposition steht, nur das Prinzip der Entscheidung nicht (und das schränkt mehr ein, als man für möglich halten sollte), so kann auch das Unternehmen über alles entscheiden, nur über seine Entscheidungen nicht. Egal wie es sich entscheidet, es muß sich entscheiden. Es kann sich nicht nicht entscheiden, sondern muß ganz im Gegenteil noch alle Nicht-Entscheidungen als Entscheidungen behandeln.

Doch genau damit will man sich in den Unternehmensorganisationen heute nicht mehr abfinden. Was vor gut dreißig Jahren von Tom Burns und George M. Stalker unter den paradoxieträchtigen Titel des »Managements der Innovation« gebracht wurde,[1] zielt auf nichts Geringeres als auf die Wiedereinführung des Unternehmens in die Organisation, und das heißt, auf die Wiedereinführung der Unterscheidung zwischen Erfolg und Mißerfolg in die (noch) erfolgreiche Organisation. Burns und Stalker plädierten am Beispiel der damals innovativen englischen und schottischen Elektronikindustrie für eine Umstellung von »mechanistischen« auf »organische« Managementsysteme und zielten damit zwecks Bearbeitung laufend sich ändernder Umweltbedingungen auf nichts weniger als eine Substitution hierarchisch festgelegter durch interaktiv ausgehandelte Arbeitsteilung. Organisationstheorien und Managementphilosophien werden seither nicht müde, auszubuchstabieren, was unter einer solchen Umstellung zu verstehen sein könnte, und dazu zu ermutigen, sich auf das Experiment auch dann einzulassen, wenn es ohne eine für alle Beteiligten Streß produzierende Revolution der hergebrachten Organisations-

[1] Burns/Stalker 1961.

kulturen nicht zu haben ist.[2] Zahlreiche Unternehmen haben sich auf das Experiment eingelassen, ohne daß über Gelingen oder Mißlingen bereits entschieden werden könnte. Die Wirtschaft reagiert mit Turbulenz, multipliziert damit die Kriterien sowohl des Erfolgs wie des Mißerfolgs und macht das Experiment in dem Maße notwendiger, in dem es unentscheidbarer wird.

Man weiß inzwischen, worauf das Experiment hinausläuft, nämlich auf die Wiedereinführung genau jener Ungewißheit in die Organisation, auf deren Absorption die Funktionsfähigkeit der Organisation bisher angewiesen war. Hatten die Entscheidungsabläufe in Organisationen bisher darauf abgestellt, die Ungewißheit der Schlußfolgerungen, auf denen alle Entscheidungen beruhen, in der Entscheidung selbst nicht mehr vorkommen zu lassen und statt dessen nur die getroffene Entscheidung selbst als Prämisse für alles Weitere zu kommunizieren,[3] so richtet sich das Interesse jetzt darauf, wie man genügend Ungewißheit erzeugen kann, um Rückfragen nach diesen verlorengegangenen und unter Umständen für die Organisation wichtigen Details zu ermutigen.[4] Das bedeutet nichts weniger, als daß in demselben Moment, in dem die Organisationen aufgefordert werden, ihren Blick stärker als je zuvor auf Veränderungen in ihrer Umwelt zu richten, dies davon abhängig gemacht wird, daß die Organisationen sich mit ihren Verfahren, die Augen vor der Umwelt zu verschließen, beschäftigen. Sie sollen genauer hinsehen und dazu die gewohnte Brille abnehmen! So kann das natürlich nicht gutgehen, und es überrascht kaum, daß die Unternehmens- und Organisationsberatung gegenwärtig boomt wie selten zuvor: Die einen Berater versuchen, die Organisation an ihre Umwelt anzupassen, die anderen, sie über sich selbst aufzuklären; die einen korrigieren die Fehler der anderen, und beide haben ebenso recht wie das Unternehmen, das sich im Zweifel durch Rückgriff auf Bewährtes oder Riskantes aus den widersprüchlichen Anforderungen befreit.

Man weiß auch, daß die Umstellung von der Absorption auf die Erzeugung von Ungewißheit nur um den Preis einer ver-

[2] Mintzberg 1979; Peters/Waterman 1982.
[3] March/Simon 1958, S. 165.
[4] Weick 1984, S. 23 f.

stärkten Freigabe von Kommunikation und eines unvermeidlichen Auftretens von Paradoxien zu haben ist: Kommunikation tritt an die Stelle von Autorität,[5] und die Aufforderung, Stabilität im Wandel zu suchen, an die Stelle des Versuchs, im Wandel stabil zu bleiben.[6] Die Aufforderung von Tom Peters, mehr Fehler zu machen und sie vor allem schneller zu machen, denn woraus sonst wolle man etwas lernen,[7] zielt auf den Punkt, auf den es ankommt: auf die Verfügbarkeit von Erfolgen und Mißerfolgen im Unternehmen selbst, weil nur so Ungewißheit auf eine Art und Weise erzeugt werden kann, die sie gleichzeitig bestimmbar macht und jede Bestimmung aufs neue mit dem Index des Ungewissen versieht.

Welche Organisationsform dieser neuartigen Zielsetzung der Erzeugung von Ungewißheit angemessen sein kann, ist einstweilen vollkommen offen. Die Organisationssoziologie versucht, die Alternativen dadurch zu sortieren, daß sie die Bearbeitung von Punkten der Ungewißheit als Strukturbildungsprinzip aller bisherigen Organisationsformen beschreibt.[8] Die Organisationstheorie empfiehlt, erst einmal auf alle festen Kopplungen zwischen Abteilungen, Produktionsverfahren, Kommunikations- und Informationstechnologien, Rechtsformen, Finanzierungstechniken und Personalführung zu verzichten und es statt dessen mit loser Kopplung zwischen Planung und Beobachtung zu versuchen.[9] Das bietet den Vorteil, daß in allen diesen Bereichen Experimente unterschiedlicher Art parallel geführt werden können, ohne daß Mißerfolge auf dem einen Feld Erfolge auf einem anderen gefährden. Das hat jedoch andererseits den Nachteil, daß Unternehmen, die meist keine andere Wahl haben, als sich auf diejenigen Experimente einzulassen, auf die sich auch die Konkurrenz einläßt, zwischen Emphase und Enttäuschung hin und her pendeln und dank loser Kopplung zwar nicht alles auf einmal riskieren müssen, aber auch nur schwer Lerneffekte hier in Einsichten dort umsetzen können.

[5] Weick 1987, S. 109 ff.
[6] Peters 1987, S. 470 ff.
[7] Peters 1987, S. 288 ff.
[8] Stinchcombe 1990.
[9] Orton/Weick 1990; Japp 1991.

Man griffe zu kurz, würde man die Suche nach einem Nachfolgetyp für die erfolgreiche industrielle Organisation unter den Stichworten der »Rationalisierung« oder der »Politisierung« abhandeln. Weder die unter Betriebswirten verbreitete Auffassung, es handele sich nur um einen neuen Versuch der Kostenreduktion, noch die unter Soziologen gängige Vermutung, man versuche nun auch im Betrieb jene Demokratisierung zu erreichen, die in der Politik mit eher zweifelhaftem Erfolg deren Akzeptanz absicherte, treffen den Kern des Problems. Selbstverständlich geht es auch um Rationalisierung, also um die Sichtung und den Vergleich verfügbarer Mittel zur Erreichung erstrebenswerter Ziele, um das Trimmen übermäßiger Produktvielfalt, die Verkürzung zu langer Wertschöpfungsketten und die Mäßigung übertriebener Zentralisierung.[10] Und sicherlich geht es auch um Politisierung, also um betriebliche Auseinandersetzungen um die Macht der Durchsetzung bestimmter Strategien.[11] Aber im Gewande von Rationalisierung und Politisierung findet doch zugleich etwas ganz anderes statt: nämlich systemische, reflexive Rationalisierung.[12] Das Unternehmen wird reflexiv und teilt damit das Schicksal der Moderne.[13]

Aber was genau heißt das? Das Konzept der reflexiven Rationalisierung beschreibt, daß es um eine oft an Modellen der Mikroelektronik und Datenverarbeitung orientierte systematische Integration der bisher getrennten Betriebsebenen Fertigung, Verwaltung, Planung, Konstruktion, Lagerung usw. geht, um eine Feinabstimmung zeitlicher Abhängigkeiten und um eine Optimierung der Schnittstellen der Organisationsabläufe, Produktionsvorgänge und Informationsverarbeitung; aber es läßt offen, wie man sich den reflexiven Umgang des Unternehmens mit sich selbst auf der operativen Ebene der Kommunikationsdynamik und Entscheidungsabläufe der Unternehmensorganisation vorstellen muß. Vor allem jedoch enthält der Begriff der reflexiven Rationalisierung seinerseits eine höchst

[10] Roever 1991.
[11] Burns 1961; March 1962; Touraine 1969, S. 175 f.; Astley et al. 1982; Bosetzky 1988; Hickson et al. 1990, S. 54 ff.; Pries 1991, S. 55 ff.
[12] Giddens 1984, S. 200 ff.; Kern/Schumann 1984, S. 16 ff.; Baethge/Oberbeck 1986; Altmann et al. 1986; Deutschmann 1989; Ortmann 1990; Pries 1991, S. 39 ff.; Wehrsig/Tacke 1992.
[13] Luhmann 1970, S. 92-112; Beck 1991; Luhmann 1992a.

instruktive Paradoxie, deren Brisanz in der entsprechenden Literatur selten gesehen wird, von deren Entfaltung jedoch abhängt, wie künftige Unternehmensorganisationen beschaffen sein werden. Denn Rationalisierung läuft nach betriebswirtschaftlichem Verständnis ebenso auf feste Kopplung hinaus, wie ein reflexiver Mechanismus lose Kopplung voraussetzt. Natürlich läßt sich feste Kopplung mit loser Kopplung kombinieren, selbst wenn das ein neuartiges, eher auf Unverwüstlichkeit (»resilience«) denn auf Vorausberechnung (»anticipation«) rekurrierendes Rationalitätsverständnis erfordert,[14] aber wie das im einzelnen aussieht, ist offen. Gegenwärtig scheinen denn auch alle Vorstellungen erlaubt: Die einen stellen sich das Unternehmen als einen auf Metaphern und Symbole zurückgreifenden Mechanismus des Gewinnens von Wissen aus Nicht-Wissen vor,[15] die anderen als eine unter Zeitdruck optimierbare Maschine[16] und die dritten als ein disparates Netzwerk von Maklern fallweise kombinierter Produktionsstätten.[17]

Eine Stärke des Konzepts der reflexiven Rationalisierung liegt darin, daß es offenläßt, um welche Sachverhalte und Fragestellungen es eigentlich geht, die qua Reflexion in das Unternehmen hineingespiegelt werden sollen oder können. Dabei kann es sich um alles mögliche handeln, um die Folgen des Verschwindens der aus dem Zeitalter der Massenproduktion bekannten stabilen Märkte,[18] um die Kritik an den Autoritätsstrukturen der Hierarchie,[19] um die Bearbeitung der aus der Einführung von Informations- und Kommunikationstechnologien resultierende Unschärfe der Grenzen der eigenen Organisation,[20] um neue Techniken des Durchgriffs der Finanzmärkte auf Produktionsentscheidungen[21] ebenso wie um die Anmahnung ökologischer Rücksichtnahme gegenüber der gesellschaftlichen, natürlichen und menschlichen Umwelt der Organisation.

[14] Wildavsky 1988a, S. 77 ff.
[15] Nonaka 1991.
[16] Womack/Jones/Roos 1990.
[17] Handy 1990; Reich 1991; Teubner 1992.
[18] Piore/Sabel 1984; Karlöf 1989.
[19] Herbst 1976; Heintel/Krainz 1988.
[20] Singer 1986.
[21] Fligstein 1990, S. 226 ff.

Klar ist nur, daß, worauf auch immer eine Unternehmensorganisation reflektiert, sie in dem Moment, in dem sie reflektiert, gleichsam den Boden unter den Füßen verliert und sich am Leitfaden der Reflexion als Substitut ihrer selbst zu behandeln beginnt. Genau dies macht das Sprengpotential der Reflexion aus, wie spätestens seit der Philosophie des deutschen Idealismus und der Kunsttheorie der Romantik bekannt ist.[22] Seit Hegel weiß man, daß die Reflexion auf eine Umwelt das reflektierende Subjekt zur Umwelt seiner selbst macht, so daß das Subjekt nur noch in der Rekursivität seiner Operationen, das heißt in der aus genau dieser Rekursivität bestehenden eigenen Objektivität, einen Halt finden kann.[23] Heute geht man vielfach davon aus, daß dies nicht nur für das als Subjekt gedachte menschliche Bewußtsein, sondern für alle auf der Basis von Leben, Bewußtsein oder Kommunikation operierenden selbstreferentiellen Systeme, also für organische, psychische und soziale Systeme gilt: Seit das Subjekt sich selbst als Objekt entdeckte, gelten auch bestimmte, nämlich selbstbeobachtungsfähige Objekte als beobachtende Systeme, deren Objektivität in ihrer Rekursivität oder, wie man auch sagt, in ihrer Autopoiesis liegt.[24] Das gilt auch für die Wissenschaft.[25] Und es gilt auch für Unternehmen, wenn sich zeigen läßt, daß Unternehmen noch etwas anderes sind als Maschinen des Konsums von Ressourcen und der Produktion von Gütern und auch etwas anderes als Exekutoren sonstwo (aber wo?) getroffener rationaler Entscheidungen.

An diesem Punkt setzen die folgenden Überlegungen an. Sie beschreiben die Unternehmensorganisation als ein soziales System, das in dem Maße einer systemischen und reflexiven Rationalisierung fähig ist, wie es fähig ist, sich selbst qua Reflexion unbekannt zu werden und als Rekursivität bestimmter Operationen wiederzuentdecken. Diese Rekursivität gilt als die Ebene, die gewonnen werden muß, soll das Unternehmen in der Lage sein, sich selbst durch Wandel stabil zu halten. Die Frage

[22] Benjamin 1920, S. 20ff.
[23] Günther 1976-1980 I, S. 319; von Foerster 1981, S. 273-285; Lacan 1966, S. 89-97; Kauffman 1987.
[24] Von Foerster 1981; Maturana 1982; Luhmann 1984; Glanville 1988.
[25] Luhmann 1990a.

ist nur, was man sich unter den Operationen der Reflexion vorstellen kann. Zwei Entscheidungen sollen eine Antwort auf diese Frage ermöglichen. Die erste Entscheidung läuft darauf hinaus, diese Operationen als Unterscheidungsoperationen mit einer bestimmten Form zu betrachten. Und die zweite Entscheidung besteht darin, die Operationen nicht als Operationen im Medium der Technik, sondern als Operationen im Medium des Sozialen zu betrachten. Die erste Entscheidung ermöglicht es uns, dort, wo die Reflexionslogik sich im unübersichtlichen Gelände der Dialektik und der Mehrwertigkeit verliert, mit dem wesentlich einfacher zu handhabenden Formenkalkül von G. Spencer Brown zu arbeiten. Die zweite Entscheidung enthält zugleich eine These, nämlich die Behauptung, daß unternehmerische Reflexivität weder in den Produktionsverfahren noch in den Informationstechnologien einer Unternehmensorganisation zu verorten ist, sondern ausschließlich in deren Verfahren der Kommunikation von Entscheidungen. Die folgenden Überlegungen sind nicht die Überlegungen eines Ingenieurs noch die eines Informatikers, sondern die eines Soziologen. Sie gelten nicht der Fabrik, sondern dem Unternehmen.

Die Typik der folgenden Überlegungen wird daran deutlich, daß nicht von reflexiver Rationalisierung, sondern vom Wiedereintritt des Unternehmens in die Organisation gesprochen wird, um zu bezeichnen, was auf dem Spiel steht: die Wiedereinführung der Ungewißheit in die Mechanismen ihrer Absorption. Das Unternehmen wird als eine Unterscheidung im Sinne von G. Spencer Brown beschrieben,[26] die in der Organisation dazu auffordert, bestimmte Entscheidungen zu treffen und andere nicht. Diese Unterscheidung wird nicht ein für allemal getroffen, etwa in der Form der heroisch innovativen Risikoübernahme im Sinne Knights oder Schumpeters,[27] und sie ist auch nicht das Ergebnis eines rationalen Kalküls, das im Sinne Gutenbergs alle Belange der Organisation einklammern und einem tendenziell taylorisierbaren Routinehandeln überantworten könnte.[28] Sie kann der Organisation nicht vorgelagert

[26] Spencer Brown 1969.
[27] Knight 1921, S. 260; Schumpeter 1912, S. 162ff.; Schumpeter 1942, S. 137ff.
[28] Gutenberg 1929, S. 26.

werden, sondern sie muß immer wieder getroffen werden. Sie ist eine Kommunikation, die wiederholt und variiert werden muß, um über ihren eigenen Rekursionen das Unternehmen zu dem werden zu lassen, was es ist. Das aber heißt zweitens, daß sie als Kommunikation damit rechnen muß, beobachtet zu werden und aus dieser Beobachtung Motive gewinnen zu können, um von neuem getroffen werden zu können. Sie muß, mit anderen Worten, damit rechnen können, in ihrem Vollzug die eigenen Motive wieder einholen zu können, indem sie beobachtbar macht, daß sie einen Unterschied macht. Denn: »There can be no distinction without motive, and there can be no motive unless contents are seen to differ in value.«[29]

Der entscheidende Punkt der Unterscheidung des Unternehmens besteht demnach darin, daß sie als Aufforderung sowohl befolgt wie auch beobachtet wird. (Wie das englische »observe« kann »beobachten« zugleich als »bemerken« und als »befolgen« gelesen werden und trotzdem einen Unterschied machen.) Die Unterscheidung des Unternehmens markiert die Organisation, in der sie Platz greift, und sie gewinnt als diese Markierung eine eigene Form. Als diese Form wird sie beobachtet und als diese Form markiert sie eine Organisation als ein Unternehmen. Aber was heißt das? Warum kann man es nicht, wie zahllose Managementphilosophien, bei der Aufforderung bewenden lassen? Warum liefert man nicht ein starkes Motiv und zählt darauf, daß es sich durchsetzt? Der Grund dafür ist ganz einfach der, daß weder die Aufforderung noch das Motiv dazu genügen, jene Ungewißheit wiedereinzuführen, auf deren Absorption sich die Unternehmensorganisation nicht mehr länger verlassen will. Diese Wiedereinführung der Ungewißheit leistet die Beobachtung der Form einer Unterscheidung. Die Brisanz des zur Befähigung der Logik zum Rechnen mit komplexen Werten, zur Arithmetisierung selbstreferentieller Paradoxien entwickelten Kalküls von Spencer Brown liegt genau darin, einen Begriff der Form formuliert zu haben, der zeigen kann, wie diese Wiedereinführung von Ungewißheit gelingen kann: durch die Aufdeckung der Einheit der Unterscheidung als Paradoxie: als Einheit des Unterschiedenen. Die Ungewißheit erhält die

[29] Spencer Brown 1969, S. 1.

Form einer Oszillation zwischen der Bezeichnung und der Unterscheidung, die sie voraussetzt.

Jede Bezeichnung (»indication«) von etwas, so Spencer Brown, setzt voraus, daß eine Aufforderung (»Draw a distinction«) befolgt wurde, dies zu bezeichnen und nicht anderes. Sie setzt voraus, daß eine Unterscheidung getroffen wird, deren Innenseite (»marked state«) im Unterschied zur Außenseite (»unmarked state«) bezeichnet wird. Diese Unterscheidung ist kein Objekt und keine Relation. Sie ist eine Operation, die die Innenseite der Unterscheidung aus unbestimmt anderem herausschneidet. Spencer Brown vergleicht sie mit einem Rezept:[30] Kaum eine Hausfrau wüßte die chemischen Prozesse zu beschreiben, die erforderlich sind, um einen Kuchen backen zu können. Aber sie weiß, daß sie, wenn sie einem bestimmten Rezept folgend bestimmte Zutaten in einer bestimmten Reihenfolge bei bestimmten Temperaturen miteinander kombiniert und derweil, ebenso wichtig, vieles andere unterläßt, einen Kuchen zustande bringen wird, dessen Geschmack von minutiösen Variationen all dieser getroffenen Bestimmungen, also Unterscheidungen, abhängig ist. Auch ein Komponist wüßte kaum zu sagen, wie der Klangkörper eines Instruments, die Akustik eines Raumes und die Aufnahmefähigkeit eines Hörers beschaffen sein müssen, damit ein Musikstück einen bestimmten Eindruck hinterläßt. Statt dessen hält er mithilfe von Noten, Taktangaben und Instrumentalisierung eine Reihenfolge bestimmter Anweisungen fest, die ein Musiker befolgen kann, um innerhalb einer Fülle möglicher Variationen den gewünschten Eindruck zu realisieren. Nur ausnahmsweise kann auch festgehalten werden, was der Musiker nicht tun soll, aber das gilt dann meist schon als ein Musikstück eigener Qualität. In genau diesem Sinne ist auch die Unterscheidung des Unternehmens nichts anderes als eine Aufforderung, etwas Bestimmtes zu tun und allenfalls im Zuge dieses Tuns und zwecks möglicher Variationen das Material (Ressourcen, Bedürfnisse, Verfahren, Markte, Preise…) zu erkunden, das geknetet und instrumentiert werden muß, um das Produkt zu realisieren.

Der Unterschied zum Kuchenrezept und zur Musikkomposition besteht allerdings darin, daß die Anweisungen erst gegeben

[30] Spencer Brown 1969, S. 77f.

werden können, wenn sie schon befolgt werden. Man muß bereits angefangen haben, unternehmerisch zu handeln, um unternehmerisch handeln zu können. Das ist eine Paradoxie, die als Zutrittsbarriere zu Wettbewerbsmärkten mehr Aufmerksamkeit verdiente, als sie gegenwärtig erfährt. Der Anfang ist eine Improvisation, die, wie auch die Hausfrau und der Musiker erfahren, wenn sie ihrerseits auf Rezepte verzichten, bereits in hohem Maße festlegt, was dann noch möglich ist. Wer zum Safran greift, wird kein Soufflé backen können. Wer die Geige ansetzt, wird nicht im Hip Hop landen. Und wenn doch, handelt es sich um Kreativität. Mit Spencer Brown können wir auch sagen: Die Unterscheidung des Unternehmens muß zuerst als »cross« beobachtbar sein, um dann auch als »mark« verfügbar zu werden: Als »mark« ist sie die Form, die eine bestimmte Organisation als Unternehmen kenntlich macht. Als »cross«, nämlich als Aufforderung, bestimmte Bezeichnungen vorzunehmen, realisiert sie im Unternehmen die Organisation als ein Unternehmen.

Daß man nicht weiß, wie man anfangen soll, wird dadurch wettgemacht, daß man trotzdem anfängt und die unbestimmte Kontingenz des Anfangs in eine bestimmte Kontingenz des Weitermachens überführt. Daß man auch nicht hätte anfangen können, überführt man in die Möglichkeit, anders weiterzumachen. Und genau dazu dient die Beobachtung der Form der Unterscheidung. Unter der Form einer Unterscheidung versteht Spencer Brown ihre Innenseite zusammen mit ihrer Außenseite: »Call the space cloven by any distinction, together with the entire content of the space, the form of the distinction. Call the form of the first distinction the form.«[31] An der Form der Unterscheidung wird ablesbar, daß jede Bestimmung von etwas eine selektive Operation ist, die nur möglich ist, weil sie alles andere unbestimmt läßt. Man kann nicht etwas bezeichnen, ohne anderes unbezeichnet zu lassen. Man kann, wenn man etwas bezeichnet, nicht einmal darauf hinweisen, daß man anderes nicht bezeichnet und daß es anderes gibt, das man bezeichnen könnte. Und weiter: Man kann nicht einmal sehen, daß man anderes nicht bezeichnet, denn man sieht ja genau und nur das, was man gerade bezeichnet. Und noch weiter: Man

[31] Spencer Brown 1969, S. 4.

kann nicht einmal sehen, daß man eine Unterscheidung trifft, um eine Bezeichnung vorzunehmen, denn die Bezeichnung verdeckt sowohl die Unterscheidung wie den Umstand, daß sie getroffen wird und daß sie von mir getroffen wird. All das, die Außenseite der Unterscheidung, die Unterscheidung selbst und den Umstand, daß ein bestimmter Beobachter sie trifft, kann man nur sehen, wenn man entsprechende Bezeichnungen vornimmt – und diese Bezeichnungen verdanken sich ihrerseits Unterscheidungen, die man in dem Moment, in dem man sie trifft, nicht beobachten kann.

Spencer Brown notiert die Unterscheidung, um die Asymmetrie zwischen Innenseite (»marked state«) und Außenseite (»unmarked state«) festzuhalten, mithilfe des Hakens

$$\neg.$$

Es gibt nur drei Möglichkeiten, mit einer Unterscheidung umzugehen. Man kann sie noch einmal treffen und dadurch in ihrem Wert für Anschlußmöglichkeiten bestätigen:

$$\neg\,\neg = \neg.$$

Man kann von der Innenseite der Unterscheidung zurück auf die Außenseite der Unterscheidung kreuzen, hebt dadurch die Unterscheidung auf und befindet sich im »unmarked state«, das heißt ohne Anschlußmöglichkeiten für weiteres:

$$\neg\!\!\neg = \quad.$$

Diese beiden Möglichkeiten sind die »laws of form«, das »law of calling: The value of a call made again is the value of the call«, und das »law of crossing: The value of a crossing made again is not the value of the crossing.«[32] Diese beiden Gesetze machen einen Kalkül rechenfähig, dessen Pointe unter anderem darin besteht, die Boolesche Algebra wieder in Mathematik zu überführen.

Die dritte Möglichkeit ist der eigentliche Skandal des Kalküls. Sie sieht den sogenannten »re-entry«,[33] den Wiedereintritt der Unterscheidung in den Bereich des von ihr Unterschiedenen

---

[32] Spencer Brown 1969, S. 1 f.
[33] Spencer Brown 1969, S. 56 ff.

vor und setzt voraus, daß man es nicht mehr mit endlichen, sondern mit unendlichen Ausdrücken zu tun hat:

$$\Box \, .$$

Der Wiedereintritt ermöglicht es, innerhalb der Unterscheidung zwischen den beiden Seiten der Unterscheidung hin und her zu wechseln, was jedoch nur geht, wenn die Unterscheidung zugleich nicht ist, was sie ist. Denn das Wechseln zwischen den beiden Seiten der Unterscheidung soll die Unterscheidung weder bestätigen noch aufheben. Das aber bedeutet, daß der Wiedereintritt die Unterscheidung zugleich aufhebt und bestätigt. Sie ist nicht mehr »cross«, sondern »mark«.

Der Wiedereintritt der Unterscheidung in den Bereich des von ihr Unterschiedenen konfrontiert, mit anderen Worten, mit der Paradoxie der Einheit des Unterschiedenen. Die Unterscheidung wird befolgt, also realisiert, indem ihre Form beobachtet, also zwischen ihren beiden Seiten hin und her gewechselt wird. Dies ist die Form der Reflexion des Unternehmens auf sich selbst. Der Preis für die Reflexion ist die Paradoxie, die in jedem Moment einer unternehmerischen Entscheidung die Beobachtung blockiert, also neben sich treten läßt (para dokein), zu ihrer Entfaltung nur die Unterscheidung selber akzeptiert und auch diese Unterscheidung wieder als Form beobachtbar werden läßt. Oder noch einmal mit anderen Worten: Die Form des Unternehmens konfrontiert genau dort mit einer Unentscheidbarkeit, wo jede einzelne Unterscheidung des Unternehmens eine Entscheidung trifft.

Zwei Seiten

Der Ausgangspunkt und die These dieser Arbeit ist: Die Form des Unternehmens ist eine Unterscheidung mit zwei Seiten. Die Unterscheidung wird von einem Unternehmen getroffen und von einem Beobachter, der das Unternehmen selbst sein kann, beobachtet. Die Unterscheidung etabliert eine Asymmetrie, so daß der Beobachter die Innenseite der Unterscheidung von der Außenseite der Unterscheidung unterscheiden kann. Die Asymmetrie sorgt dafür, daß Anschlußoperationen nur auf der Innenseite der Unterscheidung ansetzen können, im »marked state«. Die Außenseite der Unterscheidung, der »unmarked state«, bleibt unbestimmt, das heißt: durch Unterscheidungen, die die erste Unterscheidung beobachten, bestimmbar.

Auf der Innenseite der Form des Unternehmens finden wir all das, was traditionell als Unternehmen im Sinne einer Organisation erwerbsorientierten produktiven Umgangs mit knappen Ressourcen verstanden wird. Die andere Seite der Unterscheidung ist zunächst unbestimmt. Die Leistung der Unterscheidung besteht darin, das Unternehmen im Unterschied zu allem anderen bezeichnen zu können. Das Unternehmen etabliert sich in seiner Nische. An die erste Bezeichnung können dann weitere Bezeichnungen – etwa Beschreibungen der mehr oder weniger humanen Arbeitsorganisation, der rigidisierenden oder flexibilisierenden Produktionstechniken, des effizienten oder ineffizienten Umgangs mit knappen Ressourcen, des mehr oder weniger erfolgreichen Zugriffs auf Marktsegmente, der Profitabilität oder zumindest Rentabilität der eigenen Operationen – anschließen, die schließlich die innere Realität des Unternehmens ausmachen.

Die Bezeichnung der Außenseite der Unterscheidung des Unternehmens ist Sache des Beobachters. Unter anspruchsvollen Voraussetzungen, die wir in dieser Arbeit klären wollen, kann dieser Beobachter das Unternehmen selbst sein. Dieser Beobachter führt dort eine Symmetrie ein, wo die Unterscheidung eine Asymmetrie setzt. Dieser Akt der Symmetrisierung ist seinerseits eine Operation, beruht also auf einer asymmetrisierenden Unterscheidung. Zugleich jedoch blockiert er die Unterscheidungsoperation, die beobachtet wird. Für einen verschwindenden Moment hält er sie fest, wendet er die Symmetrie, die Unentscheidbarkeit, gegen die Asymmetrie, die Entscheidung. Die Form als das Korrelat der Beobachtung einer Unterscheidung ist keine Operation. Für die Dauer eines Moments, die ausreichen muß, die Möglichkeit einer Alternative zur Unterscheidung anzudeuten, ein- und auszuschließen, kippt sie den horizontalen Fluß der Unterscheidungen in die Vertikale.

Wir wählen zunächst eine naheliegende Möglichkeit und bezeichnen die Wirtschaft, genauer: die Wirtschaft der Gesellschaft, als die Außenseite des Unternehmens. Das heißt, wir beobachten soziologisch. Wir bringen eine Außenseite ins Spiel, die auf die Gesellschaft verweist. Die Außenseite der Form des Unternehmens ist der als Wirtschaft bezeichnete, mit Strukturen des Zugriffs auf Bedürfnisse, Arbeit und Technik ausdifferenzierte und gegenüber Politik, Wissenschaft, Religion, Erziehung und anderen Funktionssystemen der Gesellschaft differenzierte Reproduktionszusammenhang von Zahlungen.[34] Aber wir halten fest, daß wir die Außenseite des Unternehmens auch anders bezeichnen könnten, zum Beispiel mit Karl Marx: als nach Ausbeutungsmöglichkeiten von Arbeit suchendes Kapital; mit Alfred Marshall: als Bereich, in dem nicht nur langfristig, wie in Unternehmen, sondern auch kurzfristig alle Kosten variabel sind; mit Frank H. Knight: als Bereich untragbarer Ungewißheiten; mit Ronald H. Coase: als Grenzfall der Substitution von Unternehmerkoordination durch Preiskoordination; mit Joseph A. Schumpeter: als Zerstörung durch Konkurrenz; oder mit Masahiko Aoki: als Abwesenheit verläßlich aushandelbarer Kooperationschancen.[35]

Interessanterweise fällt es sowohl bei einem frühen wie bei einem späten Höhepunkt der akademischen ökonomischen Theorien schwer, Formeln zu finden, die die Außenseite der Form des Unternehmens im Unterschied zur Innenseite zu bezeichnen erlauben: Bei Adam Smith werden beide Seiten der Unterscheidung mit »Arbeitsteilung«, bei Joseph E. Stiglitz ebenfalls beide Seiten mit »information problems« bezeichnet.[36] Erst Marx differenziert die Smithsche Unterscheidung, indem er die despotische Arbeitsteilung des Betriebs von der anarchischen Arbeitsteilung der Marktgesellschaft unterscheidet.[37] Und erst die Wiedereinführung der Anarchie in den Betrieb durch James G. March und andere blockiert die Lösung, zur Lösung aller Probleme auf die Despotie zu setzen, und setzt statt dessen: auf Information.[38]

---

[34] Luhmann 1988a; Baecker 1988.
[35] Marx 1867-1894 I, S. 328 f.; Knight 1921, S. 238 ff.; Marshall 1890, S. 363 ff.; Coase 1937; Schumpeter 1942, S. 134 ff.; Aoki 1984.
[36] Smith 1776, 1. Kapitel; Stiglitz 1985.
[37] Marx 1867-1894 I, S. 377.
[38] Cohen/March/Olsen 1972.

Mit der Bezeichnung der Außenseite der Form des Unternehmens etwa als »Wirtschaft der Gesellschaft« versuchen wir einen Ausgangspunkt dafür zu gewinnen, sowohl verschiedene Unternehmensformen wie verschiedene Unternehmenstheorien daraufhin beobachten zu können, wie die Unterscheidung des Unternehmens jeweils getroffen wird. Wir vermeiden es, uns festzulegen, weil wir die Konsequenzen unterschiedlicher Festlegungen beobachten wollen. Wir treffen daher einstweilen nur die eine, allerdings folgenreiche Entscheidung, daß wir das Unternehmen als soziales System beobachten, das sich von seiner Umwelt und darin von anderen sozialen Systemen unterscheidet. Das heißt: wir beobachten als Soziologen. Wir schließen von Kommunikation auf Kommunikation, vom Organisationssystem Unternehmen etwa auf das Funktionssystem Wirtschaft, auf das System der Gesellschaft oder auf Interaktionssysteme. Die Unterscheidung, die das Unternehmen konstituiert, ist eine Unterscheidung, die kommunikativ getroffen wird. Und die Form des Unternehmens ist eine Form, die kommunikativ beobachtet wird. Das schließt Fälle, in denen ein Beobachter auf Technik, auf Natur, auf Menschlichkeit, auf aktive oder passive Negation schließt, um die Form des Unternehmens zu bezeichnen, nicht aus, sondern ein. Voraussetzung für unseren Ausgangspunkt ist nur: Die Form muß kommunizierbar sein.

Mit der Auszeichnung der Innenseite einer Form ist die Außenseite nicht festgelegt. Die Bezeichnung der Außenseite bleibt die Entscheidung eines Beobachters. Je nachdem, wie man die Außenseite bezeichnet, gelangt man zu höchst unterschiedlichen Unternehmenstheorien. Das Unternehmen im Unterschied zur Wirtschaft zu bezeichnen, führt zu anderen Unternehmenstheorien, als es etwa im Unterschied zur Technik zu bezeichnen. Die eine Unterscheidung – in Differenz zur Wirtschaft – lenkt den Blick auf Ausbeutung (Marx), kurzfristig fixe Kosten (Marshall), Risikoübernahme (Knight), Koordination durch Überwachung (Coase), Innovation (Schumpeter) und Kooperationsspiele aufgrund expliziter und impliziter Verträge (Aoki), die andere Unterscheidung – in Differenz zur Technik – kann die Form des Unternehmens zum Beispiel aus Zugriffsmöglichkeiten der Arbeitsorganisation auf den Buchdruck, auf die Dampfmaschine, auf den Elektromotor, auf das Fließband, auf die

Hochofengase oder auf die elektronische Datenverarbeitung ableiten, kann Unternehmensformen danach unterscheiden, ob handwerkliche Produktion, Massenproduktion oder »small batch production«[39] angestrebt wird.

Man kann die Außenseite der Form des Unternehmens nicht nur anders bezeichnen, sondern man kann die Blickrichtung auch umdrehen, um nach der Form der Wirtschaft zu fragen. Auch die Form der Wirtschaft ist eine Unterscheidung mit zwei Seiten. Hier finden wir die Wirtschaft auf der Innenseite und etwas anderes auf der Außenseite: möglicherweise die Gesellschaft, möglicherweise spezifische Formen verschwenderischen Umgangs mit Überflüssigem, möglicherweise Moral und Erziehung, Wahrheit und Macht, möglicherweise das Unternehmen – oder all dies kombiniert zum Alptraum des Ökonomen. Jede Bezeichnung der Außenseite der Form einer Unterscheidung ist und bleibt insofern paradox, als sie den »unmarked state« bezeichnet und dazu Unterscheidungen verwendet, die ihrerseits einen »unmarked state« hervorbringen, von dem, wie die Ideologieanfälligkeit der Unternehmens- und Wirtschaftstheorien zeigt, nicht ausgeschlossen ist, daß er mit der Innenseite der Ausgangsunterscheidung zusammenfällt. Karl Marx sprach in diesem Zusammenhang von Mystifikationen des Kapitalverhältnisses.[40]

Wenn man auf die Form der Unterscheidung achtet, sieht man auch, daß die Forderung, verschiedene Unterscheidungen zu kombinieren, um zu einer vollständigeren Unternehmenstheorie zu kommen, leichter aufzustellen als zu erfüllen ist: Mit jeder Unterscheidung ändert sich nicht nur die Außenseite, sondern auch die Innenseite der Unterscheidung, so daß weder die eine noch die andere in verschiedenen Unterscheidungen identisch zu setzen ist. Man bekommt es mit dem Problem der »antonym substitution« zu tun, mit Fällen, in denen das Auswechseln des Gegenbegriffs auch den Begriff verändert.[41] Man bekommt es mit Inkompatibilitäten zwischen verschiedenen Beschreibungen zu tun, die man nicht kontrollieren kann, wenn man nicht um die Form der Unterscheidung weiß. Eine allge-

---

[39] Womack/Jones/Roos 1990; Milgrom/Roberts 1990.
[40] Marx 1867-1894 III, S. 58.
[41] Holmes 1987, S. 25 ff.

meine Unternehmenstheorie kann man daher nur auf der Ebene der Unterscheidung von Unterscheidungen formulieren.

Wir beantworten die Frage nach der Form des Unternehmens mit dem Verweis auf die beiden Seiten einer Unterscheidung, weil wir dadurch die Möglichkeit gewinnen, die Konstruktion des Unternehmens und die Beobachtung des Unternehmens sowohl auseinanderzuhalten wie auch als die beiden Seiten einer Medaille zu beschreiben. Die Konstruktion des Unternehmens ist nichts anderes als das Treffen der Unterscheidung und die Verortung des Unternehmens auf der Innenseite der Unterscheidung. Zunächst weiß das Unternehmen nichts von seiner Form. Es trifft die Unterscheidung, die es trifft. Und es trifft sie, so lange es geht. Es schafft sich seine Nische. Und es kann gar nicht anders, als diese Nische für die Welt zu halten. Erst die Beobachtung des Unternehmens achtet auf Form. Erst die Beobachtung fragt nach der anderen Seite des Unternehmens. Erst die Beobachtung formuliert die Symmetrie als Einwand gegen die Asymmetrie. Nur wir, die Beobachter, wissen, daß die Nische nicht die Welt, sondern nur ein Ausschnitt aus ihr ist.[42] Wir sitzen in unserer Nische und beobachten das Unternehmen in seiner Nische. Sobald das Unternehmen sich selbst beobachten kann, gewinnt es Möglichkeiten, die Beschreibung der anderen Seite der Unterscheidung für die Konstruktion des Unternehmens fruchtbar zu machen.

Wir sichern uns mit diesem Ausgangspunkt die Möglichkeit, zu beobachten, wie die Unterscheidung des Unternehmens im einzelnen getroffen wird. Man behält damit die Möglichkeit, auch Fälle zu beobachten, in denen die Unterscheidung gleichsam »etwas anders« getroffen wird und kein Unternehmen im traditionellen Sinn, sondern eine Genossenschaft, eine Kooperative oder eine nichtgewinnorientierte Organisation entsteht. Offensichtlich unterscheidet sich die Form des Unternehmens in diesen Fällen von der Form des Unternehmens im Normalfall. Offensichtlich wird anders bezeichnet und damit auch anders ausgeschlossen. Unter dem Gesichtspunkt der Form des Unternehmens kann man beobachten, was sich gleichbleibt und was sich ändert. Man kann beobachten, worin die Bedingungen des Gelingens einer Unterscheidung bestehen. Andere, andersgear-

[42] Maturana 1982, S. 35 ff.

tete Fälle, in denen die Unterscheidung »etwas anders« gelingt, sind die sich mehr und mehr in Richtung auf Finanzierungsnetzwerke entwickelnden Konzerne, die ihre speziellen Techniken des Wiedereinschlusses des Ausgeschlossenen – sei es marktförmiger Organisation (der Konzern), sei es illegaler Transaktionen (die Mafia) – entwickelt haben. Hier kann man sich ansehen, wie die Beobachtung der Form des Unternehmens in der Wirtschaft selbst eingesetzt wird, um Operationschancen wahrzunehmen, die es nicht gäbe, könnte man nicht wiedereinschließen, was ausgeschlossen wurde. Man kann auch hier nach den Unterscheidungen fragen, die zu solchen Konstruktionen führen.

Die Unternehmenstheorie ist in den vergangenen Jahrzehnten seitens der Organisationstheorie unter einen erheblichen Druck geraten, Begriffe zu erarbeiten, die das Unternehmen aus der Prämisse rationalen Verhaltens zu befreien und jene idiosynkratischen und irrationalen Verhaltensweisen zu erfassen erlauben, von denen man immer öfter Handlungsfähigkeit, Handlungsrahmen und Handlungsmotive eines Unternehmens abhängen sieht.[43] Es ist nicht immer deutlich, wieweit sich solche Konzepte ausschließlich einem Abarbeiten von überdeterminierenden Rationalitätsannahmen verdanken oder bereits Beschreibungen wichtiger Elemente unternehmerischen Handelns darstellen. Aber es ist nicht wichtig, diese Frage zu entscheiden, weil es uns nur darauf ankommt, zu unterstreichen, daß die Rede von Idiosynkrasie und Irrationalität Probleme mit dem Status der Unterscheidung des Unternehmens markiert.

Das Konzept der Form des Unternehmens stellt ein einfaches und leicht zu kontrollierendes Instrument dar, sich in solchen und anderen Fällen der Verschiebung, Umkontextuierung und Problematisierung der Unterscheidung des Unternehmens genauer anzusehen, was jeweils geschieht. Wolf Heydebrand reagiert genau in diesem Sinne mit einem Strukturvariablen identifizierenden, also unterscheidungstheoretisch anschlußfähigen Formkonzept auf den gegenwärtigen »*shift in the mode of administration*, if not production« der Organisation und stellt wie viele andere in Frage, ob man überhaupt noch von eindeu-

[43] March 1990, S. 253-265; Williamson/Ouchi 1983, S. 18 f.; Brunsson 1985.

tigen Grenzen zwischen Markt und Organisation sprechen könne.[44] Wir werden jeweils auf die andere Seite der Unterscheidung zurechnen und uns fragen, wie das, was eine Unterscheidung – in den Augen eines Beobachters, der seinerseits bestimmte und nicht andere Unterscheidungen trifft – ausschließt, sich in dem, was die Unterscheidung bezeichnet, wieder bemerkbar macht. Wir haben es mit der Figur der Wiedereinführung des ausgeschlossenen Dritten zu tun, die jede Unterscheidungspraxis einschließlich der diese Praxis überwachenden Logik auf harte Proben stellt.[45] Wir haben es mit einer Dialektik sozialer Prozesse zu tun, denen nicht nur Formen je unterschiedlichen Halt geben, sondern in denen diese Formen sich zugleich laufend bewähren und gegenüber alternativen Möglichkeiten bewähren müssen.[46] Wir haben es mit Fällen zu tun, in denen die Unterscheidung gelingt und nicht gelingt zugleich, so daß sich eine Lücke bildet, in die sich Parasiten einnisten können, die eine neue Ordnung begründen.[47] Wir haben es mit dem »Betrieb als Strategie« auch und gerade dann zu tun, wenn das Verhältnis zwischen Kapitalverwertung und Produktivkraftsteigerung, auf das diese Strategie sich richtet, als kontingent zu akzeptieren ist.[48]

Der Blick auf die andere Seite der Unterscheidung führt uns auf ein Problemfeld, das seit Max Weber und Joseph Schumpeter immer wieder erkundet worden ist,[49] nämlich: Worin bestehen, mit Weber, die Kulturwirkungen der bürokratischen Organisation? Und mit Schumpeter: Ist es nicht denkbar, daß der Erfolg der kapitalistischen Organisation die Grundlagen aufzehrt, auf denen dieser Erfolg gebaut ist? Hans Geser hat diese Fragen als »gesellschaftliche Folgeprobleme« der formalen Organisation reformuliert und auf zwei Punkte aufmerksam gemacht, deren Bedeutung für eine Unternehmenstheorie nicht zu überschätzen ist:[50]

[44] Heydebrand 1989, S. 339.
[45] Hofstadter 1979.
[46] Benson 1977.
[47] Serres 1980, S. 28 f. u.ö.
[48] Bechtle 1980, S. 36 ff.
[49] Weber 1918, S. 551 ff.; Schumpeter 1942, S. 219 ff.
[50] Geser 1982.

Die Selektivität der Entscheidungen, erstens, auf denen die Organisation beruht, fördert nicht nur deren Steuerbarkeit, sondern treibt zugleich mit der Sichtbarmachung dieser Selektivität auch die Kritik an der Organisation in die Höhe. Warum (nicht) anders? Warum (nicht) jetzt? Warum (nicht) hier? Warum (nicht) noch mehr Arbeitsplätze? Warum (nicht) mit diesem Kunden? sind Fragen, die jederzeit an die Organisation gestellt werden können und von einer Organisation nur im Sinne einer Rechtfertigung beantwortet werden können, die die Kritik bestätigt, weil sie nichts anderes als die Selektivität – also: Kontingenz, niemals: Notwendigkeit – vorweisen kann. Eine ganze Branche, besorgt um »public relations«, lebt von diesem Problem. Und die Lösung des Problems zumindest der Kritik an der Organisation besteht darin, selektiv auf Selektivität, also »die Ausschöpfung objektiv möglicher Entscheidungskontingenz«,[51] zu verzichten und aus diesem Verzicht Legitimität zu beziehen: Wir könnten auch anders, aber seht, wir tun es nicht. Je undurchschaubarer die Kriterien der Selektivität werden, desto größer ist die Chance, so Geser andernorts,[52] nur noch im Verzicht auf bestimmtes Handeln, im Unterlassen, verläßliches Vertrauen in Gemeinsamkeiten zu finden.

Das zweite gesellschaftliche Folgeproblem der Organisation hängt mit dem ersten eng zusammen. Es besteht nach Geser darin, daß die Organisationen ihre eigene Ausgrenzung aus der Umwelt als Problem erfahren. Je präziser die Unterscheidung ist, die eine Organisation trifft, um sich vom Rest der Welt zu unterscheiden, desto mehr läuft die Organisation Gefahr, Veränderungen in der Welt aus dem Blick zu verlieren und, schlimmer noch, nicht berücksichtigen zu können. »Organization is bias«, sagt Aaron Wildavsky.[53] Die Form der Unterscheidung geht von einer zwar unbestimmten, aber bestimmt beschaffenen Welt aus, um zu bezeichnen, was sich aus dieser Welt ausgrenzt. Ändert sich die Welt und soll dies berücksichtigt werden können, muß die Unterscheidung selbst zur Disposition gestellt werden. Geser spricht von modernen Organisationen als »hy-

[51] Geser 1982, S. 122.
[52] Geser 1986, S. 661.
[53] Wildavsky 1983, S. 29.

briden Strukturgebilden«,[54] die Mittel und Wege finden müssen, innerhalb der Organisation das stattfinden zu lassen, woraus sich die Organisation ausgegrenzt hat. Auch hiervon, könnte man ergänzen, lebt eine ganze Branche: die Unternehmensberatung. Auch dabei handelt es sich um »public relations«, allerdings in der Gegenrichtung. Der Unternehmensberater führt sich und die Kontingenz der Umwelt in das Unternehmen ein und bietet sich als denjenigen an, der die Kontingenz auffängt und damit die Unterscheidung des Unternehmens in einer Art und Weise neu trifft, die wieder vertraut macht mit den Veränderungen in der Welt. (Das hört sich einfacher an, als es ist. In der Regel informiert sich das Unternehmen am Unternehmensberater über den Sachverhalt Unternehmensberatung und hütet sich, die Bedingungen seiner Konstitution zur Disposition zu stellen. Einstweilen wüßte es gar nicht wie.) Oder es werden Informationsmanagementsysteme angeboten, die im noch fernen Idealfall nicht nur Informationen liefern, sondern auch über ihre Selektivität informieren.[55] Aber auch hier werden Legitimitätsgewinne einstweilen vornehmlich daraus bezogen, daß, sobald ein System einmal installiert ist, auf allfällige Kritik verzichtet wird und man sich wechselseitig Glaubensbereitschaft signalisiert.

Es kann sein, daß beide Punkte, die Geser als gesellschaftliche Folgeprobleme formaler Organisation nennt, einem neuen, im traditionellen Sinne verlegerisch konzipierten Unternehmenstyp zuarbeiten, den man mit Charles Handy als Kleeblattorganisation oder mit Robert Reich als Unternehmensnetzwerk bezeichnen kann:[56] Das klassische, aus Unternehmensführung, Managementhierarchie, Verwaltung und Produktion bestehende Unternehmen löst sich entlang marktnaher Kategorien in eine Vielzahl von Einheiten auf, die jeweils mit einer Vielzahl anderer Einheiten in Geschäftsbeziehungen stehen.[57] Arbeitskräfte suchen auf Werkvertragsbasis dort Beschäftigung, wo sie anfällt; Buchführungs- und Wirtschaftsprüfungsunternehmen bieten ihre Dienstleistungen dort an, wo sie gebraucht werden;

[54] Geser 1982, S. 128; Teubner 1992.
[55] Fuchs 1992, S. 241 ff.
[56] Handy 1990, S. 87 ff.; Reich 1991, S. 81 ff.
[57] Peters 1990.

Techniker und Ingenieure wandern mit ihren Problemlösungstechniken von Unternehmen zu Unternehmen; Marketingspezialisten lancieren hier ein Produkt und fahnden dort nach Marktlücken; Personal- und Kommunikationsberater stellen hier eine Mannschaft zusammen und beseitigen dort eine Pathologie der Kommunikation. Alle sind ständig unterwegs beziehungsweise über Computernetzwerke miteinander verbunden und füreinander abrufbar. An den Knotenpunkten dieses Netzwerkes sitzen Makler, die Problemidentifikationen und Problemlösungen jeweils zusammenführen und Produkte initiieren, von denen sie zu wissen glauben, wo und von wem sie sich produzieren und konsumieren lassen. Und wer mit all dem nichts zu tun haben will, nimmt mal hier, mal dort einen Routinejob an, die in Produktion und Datenverarbeitung nach wie vor massenhaft anfallen, und sichert sich so sein Auskommen. Schöne neue Welt.[58] Die Form des Unternehmens macht's möglich.

Nicht zuletzt sind wir dank unserer Beobachtung einer Unterscheidung in der Lage, die Diagnose des »Kernparadoxons« eines Wandels auf stabiler Grundlage aufzunehmen, mit dem innovative Unternehmen Tom Peters zufolge konfrontiert sind.[59] Dieses Paradoxon, sich verändern zu müssen, um mit sich identisch bleiben zu können, hat genau die Aufgabe, auf die es uns ankommt, nämlich Unentscheidbarkeiten zu schaffen, die Entscheidungen ermöglichen, die auf einen Beobachter (also nicht auf die Routineoperationen des Unternehmens, obwohl genau diese Zurechnung zur Routine werden soll) zugerechnet werden können. Die Paradoxie blockiert das Unternehmen nicht nur. Sie kann auch sicherstellen, daß das Unternehmen dann, wenn überhaupt noch etwas passiert (und dafür sorgt der Markt, sorgen die Qualitätsmängel der Produktion, sorgen die Sorgen der Mitarbeiter), Mittel und Wege findet, sich mit sich bekannt zu machen. Die Paradoxie kennt, wenn das Unternehmen nicht an ihr zerbricht, nur eine Auflösung: das Treffen einer Unterscheidung, die die Unterscheidung des Unternehmens selbst ist. Die Paradoxie bewirkt, wenn über-

---

[58] Piore/Sabel 1984; Bagnasco 1985; Storey/Johnson 1987; Berger/Domeyer/Funder, Hrsg., 1990.
[59] Peters 1987, S. 473 f.; Willke 1989, S. 65 f.

haupt etwas, dann dies: Das Unternehmen muß sich selbst zu Hilfe kommen, es erfährt sich als sein eigenes »supplément«,[60] es gewinnt Möglichkeiten, sich zu beobachten. Und das heißt: Es gewinnt Möglichkeiten, die Unterscheidung, die es konstituiert, wiedereinzuführen. Es beginnt zu beobachten, wie es beobachtet und wie es beobachtet wird. Es wird intelligent. Es beginnt, Ziele nicht nur zu verfolgen, sondern auch über sie zu disponieren.[61]

Die Erklärung

Die Beobachtung von Unterscheidungen, die wir unserer Unternehmenstheorie zugrundelegen, ordnet sich einem wissenschaftlichen Verfahren zu, das die kybernetische Erklärung gegenüber der kausalen Erklärung bevorzugt. Die kybernetische Erklärung beruht auf der Identifizierung (Unterscheidung) von Einschränkungen, die kausale Erklärung auf der Identifizierung (Unterscheidung) von Ursachen. Bateson gibt ein gutes Beispiel für eine kybernetische Erklärung:

> »Wenn wir sehen, daß ein Affe anscheinend planlos auf eine Schreibmaschine einhämmert, tatsächlich aber sinnvolle Prosa schreibt, dann werden wir nach Einschränkungen entweder innerhalb des Affen oder innerhalb der Schreibmaschine suchen. Vielleicht könnte der Affe gar keine unangebrachten Buchstaben treffen; vielleicht könnten sich die Typen nicht bewegen, wenn sie unzutreffend bedient würden; vielleicht könnten unangebrachte Buchstaben nicht auf dem Papier überdauern. Irgendwo muß ein Kreislauf gewesen sein, der Irrtümer identifizieren und eliminieren konnte.«[62]

Ein anderes Beispiel ist der evolutionär rasante Erfolg der Geldwirtschaft, der nicht darauf beruht, daß immer mehr Dinge gegen Geld käuflich werden, sondern ganz im Gegenteil: daß eingeschränkt wird, was für Geld käuflich ist – zum Beispiel weder Ämter noch Seelenheil noch (hier erzwingen Geld, Macht und Glauben neuartige Differenzierungen) wirkliche Liebe,

[60] Derrida 1967a, S. 248 ff.
[61] Pask 1970.
[62] Bateson 1972, S. 515 f.

echte Anerkennung oder wahre (also möglicherweise unwahre) Wahrheit.[63] Erst diese Einschränkungen setzen die Geldwirtschaft auf einen Weg, auf dem sie sich entwickeln konnte – und gleichzeitig die Politik, die Religion, die Liebe, die Moral, die Wissenschaft dazu zwingt, ihre eigenen Wege, ihre eigenen Einschränkungen zu finden.

Die Umstellung von der kausalen auf die kybernetische Erklärung empfiehlt sich immer dann, wenn Phänomene organisierter Komplexität untersucht werden sollen. Organisierte Komplexität entzieht sich kausalen Erklärungsversuchen, weil man es hier mit Phänomenen zu tun hat, die sowohl zu viele wie auch widersprüchliche Ursachen, sowohl unvorhersehbare wie auch absehbare Wirkungen aufweisen.[64] Der Beobachter, der es dann trotzdem mit der Identifizierung von Ursachen und Wirkungen versucht, sieht sich gezwungen, Unterscheidungen zu treffen, also Einschränkungen vorzunehmen. Wenn sich die Unterscheidungen bewähren, die er trifft, nimmt er teil an der Konstruktion des Phänomens, um das es geht.[65] Aber er wird nicht bereit sein, dies zuzugeben, da er auf Ursachen zurechnen will und nicht auf sich selbst.

Die Kybernetik ist ein Verfahren, Kausalität als einen Spezialfall der Einführung von Einschränkungen zu betrachten und die Rolle des Beobachters bei der Konstruktion eines Phänomens explizit anzuerkennen. Der Ausgangspunkt der kybernetischen Erklärung ist das Erstaunen darüber, daß es angesichts der Fülle dessen, was möglich ist, immer wieder zu ganz bestimmten Formen kommt.[66] Es ist ja nicht nur unwahrscheinlich, daß überhaupt etwas geschieht. Es ist vor allem unwahrscheinlich, daß es so geschieht, wie es geschieht. Einschränkungen sind dafür verantwortlich, daß nicht alles gleichwahrscheinlich ist.[67] Und das genügt für den Aufbau von Ordnung.

Der entscheidende Punkt ist nun allerdings darüber hinaus, daß das Phänomen, um dessen Erklärung es geht, nur selbst für

[63] Luhmann 1988a, S. 239f.
[64] Ashby 1956, S. 21; Weaver 1948; Morin 1974.
[65] Rosen 1977.
[66] Ashby 1956, S. 193.
[67] Bateson 1972, S. 515.

die Einschränkungen verantwortlich gemacht werden kann, denen es seine Existenz in der Form, in der es existiert, verdankt. Sicher, es gäbe keine Phänomene, keine Organismen, keine Systeme, gäbe es keine Welt, in der sie sich als das ausdifferenzieren können, was sie sind. Und es gäbe die Phänomene, Organismen, Systeme auch nicht so, wie es sie gibt, würden nicht Energie und Materie gleichsam durch sie hindurchlaufen. Jedes System, von dem wir überhaupt etwas wissen, ist zunächst einmal eine dissipative Struktur,[68] das heißt: darauf angewiesen, Energie sowohl aufnehmen wie wieder abgeben zu können. Und es macht Sinn, auf beides zu achten, auf die Aufnahme von Negentropie wie auf die Abgabe von Entropie, will man verstehen, wie Selbstorganisation möglich ist. Aber man muß gut unterscheiden, ob man auf diese Weise Voraussetzungen des Phänomens, Organismus, Systems klärt oder bereits Formbildung erklärt.

»Order from Noise« ist das Prinzip, das Heinz von Foerster aufgestellt hat, um einerseits anzuerkennen, daß Hinweise auf Energie, Materie und andere Störungen wichtig sind, um die Existenz von Ordnung beschreiben zu können, um andererseits aber auch zu unterstreichen, daß es damit nicht getan ist.[69] Das System muß über die Einschränkungen selbst verfügen, denen es seine Ordnung verdankt. Sonst kommt es zu keiner Ordnung. W. Ross Ashby hat dieses Prinzip der kybernetischen Erklärung mithilfe einer Annahme fixiert und expliziert, die noch heute alles andere als anerkannt ist. Er definierte die Kybernetik als

> »*Erforschung von Systemen, die offen für Energie, aber geschlossen für Information, Regelung und Steuerung sind*, – von Systemen, die ›informationsdicht‹ sind.«[70]

Diese Annahme der informationalen Schließung wurde inzwischen zur Annahme der operationalen Schließung autopoietischer Systeme entfaltet und ausgearbeitet,[71] was sie zwar aus dem Schattendasein innerhalb der Kybernetik befreite,

[68] Nicolis/Prigogine 1987, S. 77 ff.
[69] Von Foerster 1981, S. 1-23; Atlan 1979, S. 39 ff.
[70] Ashby 1956, S. 19.
[71] Von Foerster 1981; Maturana 1982; Varela 1979; Luhmann 1984.

aber mit ihrer Sichtbarkeit auch den Widerstand gegen sie beförderte.

Die kybernetische Erklärung arbeitet mit Einschränkungen, die es einem System ermöglichen, angeregt durch Störungen aus seiner Umwelt Ordnung aufzubauen. Was das System ist, verdankt es sich selbst. Und wie es sich gegenüber Störungen bewährt, solange diese es nicht zerstören (eine Kausalität, die durch die kybernetische Erklärung nicht ausgeschlossen, sondern unterstrichen wird), hängt davon ab, welche Unterscheidungen es aufbaut, um aus Störungen Informationen zu gewinnen.

Was unter einer kybernetischen Erklärung zu verstehen ist, sieht man noch etwas besser, wenn wir das Konzept der Erklärung durch Einschränkung abgrenzen gegen die Erklärung durch Kausalität, durch Wechselwirkung und durch Rückkopplung. Kausalität ist die von einem Beobachter vorgenommene Zurechnung eines bestimmten Verhaltens auf eine Ursache dieses Verhaltens. Mit einer eleganteren, schon bei Erwin Schrödinger anklingenden Formulierung von Gregory Bateson kann man von Kausalität sprechen, wenn zufällige Ereignisse nichtzufällige Reaktionen hervorbringen.[72] Bei dieser Formulierung sieht man genauer, daß der Zurechnung auf Kausalität eine Entscheidung vorausgeht, nämlich: etwas als nichtzufällig zu betrachten. Die Unterstellung von Kausalität »geht über die Erfahrung hinaus.«[73] Kausalität gibt es nur im Unterschied zum Zufall. Und wer Kausalität sieht, beobachtet mithilfe einer Unterscheidung.

Unabhängig von dieser Zurechnung durch einen Beobachter macht es keinen Sinn, von Kausalität zu reden. Wenn man diese Zurechenbarkeit auf den Beobachter akzeptiert, macht es hingegen sehr viel Sinn, von Kausalität zu reden. Wer vom Zufall unterscheidet – und dazu kann fast jeder Zufall Anlaß sein –, hat die Wahl zwischen den Beobachtungsschemata Funktion, Sinn, Attribution und Komplexität.[74] Man hat es mit Einschränkungen zu tun, die einem Beobachter zugerechnet werden können und deren Rolle in der Konstruktion von Ordnung man prüfen kann.

[72] Bateson 1972, S. 521; Schrödinger 1922, S. 10.
[73] Schrödinger 1922, S. 17.
[74] Luhmann 1982a, S. 43 ff.

Das Beobachtungsschema der funktionalen Erklärung erlaubt es, Vergleiche anzustellen und für bestimmte Wirkungen nach anderen Ursachen, für bestimmte Probleme nach anderen Lösungen zu suchen.[75] Im Beobachtungsschema Sinn kann nicht nur Vorhandenes, sondern kann auch Nichtvorhandenes, können Mängel und Fehler als Ursachen gedeutet werden. Das Beobachtungsschema Attribution fragt nicht nach der Richtigkeit, nach der Selbstverständlichkeit und Einsehbarkeit von Zurechnungen auf Ursachen, sondern danach, welche Wirkungen die Zurechnungen haben, wie sie kommunikativ stabilisiert oder auch verschleiert werden.[76] Und das Beobachtungsschema Komplexität faßt alle diese Schemata zusammen und zieht die Konsequenz, daß Undurchschaubarkeit nur gehandhabt werden kann, wenn Beobachter und Systeme sich wechselseitig Indeterminiertheit, spontane Reaktionsfähigkeit und Freiheit unterstellen und aus dieser Unterstellung Transparenz beziehen. Diese Beobachtungsschemata sind immer beides: Schemata eines Beobachters und Schemata zur Beobachtung eines Beobachters und seiner Schemata.

Auf der Unterscheidung von kybernetischer und kausaler Erklärung ist deswegen zu insistieren, weil sich mit dem Konzept der Kausalität oft Unterstellungen einschleichen, die der Beschreibung komplexer Phänomene eher im Wege stehen als förderlich sind. Heinz von Foerster hat in diesem Sinn darauf hingewiesen, daß Kausalität nicht ohne die Unterstellung von Transformationsregeln zu haben ist, die uns dazu verführen, die Systeme, mit denen wir es zu tun haben, als Trivialmaschinen zu behandeln.[77] Denn wir sind geneigt, zwischen Ursache und Wirkung ein symmetrisches Verhältnis anzunehmen, das heißt, nicht nur von Wirkungen auf Ursachen, sondern auch von Ursachen auf Wirkungen zu schließen, ohne zu merken, daß wir damit einen unzulässigen Schluß ziehen. Wer von einem »nichtzufälligen« Ereignis auf eine Ursache schließt, ist geneigt, auch die Ursache als nichtzufällig zu setzen und immer dann, wenn er bestimmte Wirkungen bewirken will, zunächst einmal die Ursache zu bewirken. Eine bewirkte Ursache jedoch kann nichts

[75] Luhmann 1970, S. 9-30 und S. 31-53; Luhmann 1984, S. 83 ff.
[76] Calabresi /Bobbitt 1978.
[77] Von Foerster 1990.

Zufälliges mehr sein. Und das Nichtzufällige wird andere Wirkungen hervorrufen als das Zufällige.

Wer zwischen Ursache und Wirkung ein symmetrisches Verhältnis unterstellt, unterstellt Transformationsregeln. Er spricht dann nicht mehr nur von Ursachen, die bestimmte Wirkungen haben, sondern von »Naturgesetzen«, die festlegen, daß bestimmte Ursachen immer bestimmte Wirkungen haben. Er spricht dann nicht mehr nur von Reaktionen auf bestimmte Reize, sondern vom »Organismus« als Transformationsregel bestimmter Reize in bestimmte Reaktionen. Er spricht dann nicht mehr nur von einem Verhalten, das bestimmte Motive haben kann, sondern von einem »Charakter«, der bedingt, daß bestimmte Motive immer zu einem bestimmten Verhalten führen. Und er spricht dann nicht mehr nur von einem Output einer Maschine bei einem bestimmten Input, sondern von »Operationsregeln«, die auf einen bestimmten Input immer mit einem bestimmten Output reagieren.[78] Das heißt, man hat es plötzlich nicht mehr nur mit Kausalität zu tun, sondern mit einer ganz bestimmten Welt, die durch physikalische Naturgesetze strukturiert ist und mit behavioristischen Organismen, manipulierbaren Charakteren und trivialen Maschinen bevölkert ist.

Auch das Naturgesetz, auch der Organismus, auch der Charakter sind dann als Trivialmaschinen angesetzt, und das heißt: als vorhersagbar und historisch unabhängig, als unzweideutig, als synthetisch determiniert und analytisch determinierbar postuliert. Trivialmaschinen sind der Bereich der Phänomene, in denen die Wissenschaft ihre größten Erfolge feierte. Aber für welche Phänomene gilt das? Es gilt, nach Auskunft der Naturwissenschaftler, für wenige Naturgesetze und, nach Auskunft der Mathematiker und Logiker, für mathematische Regeln und für Operationen der Logik. Aber auch für Naturgesetze gilt es laut Gregory Bateson nur insofern, als diese Erfindungen darstellen, auf die man sich geeinigt hat, um an bestimmten Punkten mit dem Erklären der Dinge aufzuhören.[79] Es gilt nicht für Organismen, nicht für Charaktere und noch nicht einmal für die vielleicht erste nichttriviale Rechenmaschine, die Turing Machine.

[78] Von Foerster 1990, S. 80.
[79] Bateson 1972, S. 74.

Heinz von Foerster stellt dem Bild der gehorsamen Trivialmaschine daher das Bild der nicht-trivialen Maschine gegenüber, die nur ihrer inneren Stimme gehorcht:[80]

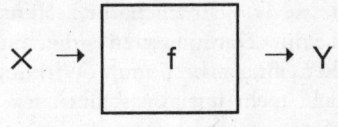

Die Trivialmaschine

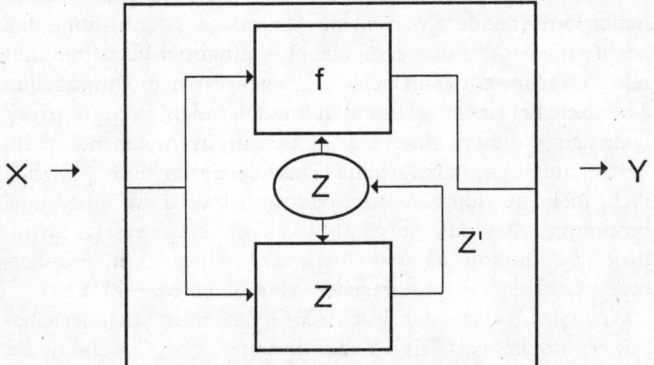

Die nicht-triviale Maschine

Die nicht-triviale Maschine verfügt nicht über festgelegte Transformationsregeln, die einen bestimmten Input unweigerlich immer wieder in einen bestimmten Output verwandeln, unabhängig zu welchem Zeitpunkt und zum wievielten Male die Maschine mit dem Input konfrontiert wird und unabhhängig davon, was vorher geschah und danach geschehen kann. Die nicht-triviale Maschine verrechnet jeden Input erst einmal mit dem eigenen Zustand, in dem sie sich gerade befindet, und produziert erst dann einen Output. Sie verfügt nicht nur über eine Transformationsfunktion f, die einen Input in einen Output umrechnet, sondern zusätzlich über eine Zustandsfunktion z,

[80] Von Foerster 1984, S. 10; von Foerster 1988, S. 21 ff.; Segal 1986, S. 149 ff.

die die Rechenregeln der Funktion *f* unter andere Bedingungen setzt je nach dem, was vorher geschah. Die nicht-triviale Maschine ist also ebenso synthetisch determiniert wie die Trivialmaschine. Aber es ist jetzt unmöglich, ihr Verhalten mit einer endlichen Zahl von Tests zu erschließen. Sie ist historisch abhängig, analytisch undeterminierbar und analytisch unvorhersehbar. Und das heißt, schließt von Foerster, sie widerspricht unserem Bedürfnis nach Trivialmaschinen.

Die Unterscheidung zwischen Input und Output, zwischen *x* und *y*, ist die Unterscheidung eines Beobachters. Sie ist arbiträr gegenüber den Unterscheidungen, die für die nicht-triviale Maschine selbst eine Rolle spielen mögen. Eine Epistemologie nicht-trivialer Maschinen muß dies berücksichtigen. Sie muß den Beobachter in das Schaubild der nicht-trivialen Maschine integrieren. Heinz von Foerster nimmt diese Integration vor, indem er postuliert, daß eine beliebig große Anzahl interagierender nichttrivialer Maschinen einer einzigen nicht-trivialen Maschine äquivalent ist, die reflexiv, rekursiv und zirkulär operiert:[81]

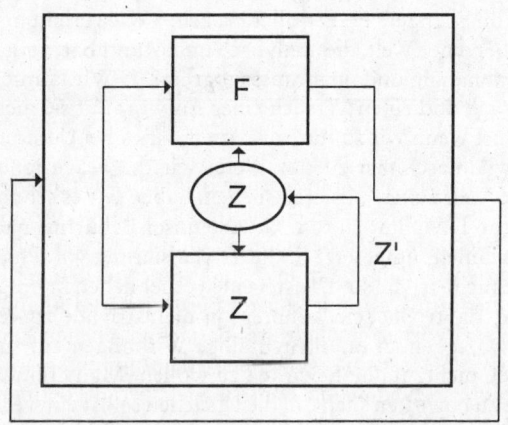

Die Epistemologie der nicht-trivialen Maschine

[81] Von Foerster 1991, S. 72 f.

Das schließt es nicht aus, die Unterscheidung zwischen Input und Output zu treffen. Aber man sieht jetzt, auf welches Problem diese Unterscheidung reagiert: Eine Art Ausgang der Maschine scheint noch bestimmt werden zu können, ein Eingang jedoch nicht mehr. Nur eines ist immer wieder zu bestätigen: »order from noise«. Diese Ordnung, die viele Namen trägt: Fixpunkte, Eigenwerte, Eigenverhalten, Attraktoren, ist nichts anderes als das Ergebnis der rekursiven Operationen der Maschine. Die Unterscheidung zwischen Input und Output ist nur ein Fall einer solchen Ordnungsgewinnung. Die nicht-triviale Entdeckung einer Epistemologie nicht-trivialer Maschinen besteht darin, daß rekursive Schließung zu Zuständen führt, die man dynamisch nennen kann, weil sie den Verweis auf das Rauschen, dem sie abgewonnen sind, immer mit sich führen und damit innerhalb der Maschine selbst sowohl als Ordnung wie als Rauschen interpretiert werden können. Die nicht-triviale Maschine legt sich immer aufs neue fest – aber sie läßt sich nicht festlegen.

Wir werden auch das Unternehmen als nicht-triviale Maschine beschreiben. Auch das Unternehmen konfrontiert mit Heinz von Foersters Fragen aller Fragen: »Wie verhält man sich gegenüber einer Welt, die analytisch unbestimmbar, vergangenheitsunabhängig und unvoraussagbar ist?«[82] Wir kommen um diese Frage und einen Versuch einer Antwort auf sie nicht herum. Selbst wenn wir so tun, als hätten wir es bei Unternehmen mit Trivialmaschinen zu tun, wenn wir die Frage ignorieren oder die Welt zu trivialisieren suchen, haben wir es sehr schnell mit Nicht-Trivialität zu tun: Gerade unser Bedürfnis nach Trivialmaschinen, umgesetzt in die Trivialisierung von Phänomenen, die nicht-trivial sind, leistet einen erheblichen Beitrag dazu, Systeme, die trivial sein könnten, in nicht-triviale zu verwandeln.[83] Dazu genügt es, nichtzufällige Wirkungen auf zufällige Ursachen nichtzufällig bewirken zu wollen. Man greift, indem man sie zu bewirken sucht, in die Ursachen selbst ein, verändert damit den inneren Zustand der Maschine und kann sich dann nur noch überraschen lassen, wie sie reagieren wird.

Eine seit Kant beliebte Technik, Kausalität auch dann noch zu

[82] Von Foerster 1985, S. 48.
[83] Moray 1984.

unterstellen, wenn die Phänomene so komplex geworden sind, daß viel zuviel gleichzeitig abläuft, um noch Sequenzen von Ursachen und Wirkungen isolieren zu können, trägt den Namen »Wechselwirkung«. Die Rede von der Wechselwirkung der Faktoren setzt eine Paradoxie an die Stelle der Unterscheidung von Kausalität, die Paradoxie nämlich, von Ursache und Wirkung auch dann noch zu reden, wenn die Ursache auf die Wirkung folgt, oder gar, wenn Ursache und Wirkung gleichzeitig stattfinden. Dagegen ist einzuwenden, daß sich der Sinn der Rede von Ursache und Wirkung auflöst, wenn man die Sequenz auch umdrehen kann. Vor allem jedoch: Es gibt keine Kausalität unter der Bedingung von Gleichzeitigkeit.[84] Von Wechselwirkung zu reden ist nur dann sinnvoll, wenn man ein Korrekturmoment gegen die Isolierung von Ursachen und Wirkungen ins Feld führen will. Wechselwirkung ist dann ein Suchbegriff, der auf Faktoren aufmerksam machen kann, die man ohne den Begriff zu übersehen tendiert.

Bevor man den Suchbegriff der Wechselwirkung jedoch als Konzept ernst nimmt und im Sinne holistischer Weltauffassungen auf im Extremfall kosmische Zusammenhänge hochrechnet, sollte man sich noch einmal ansehen, wie der Begriff bei Kant angesetzt war. Bei Kant und später auch bei Georg Simmel ist Wechselwirkung der Begriff, der die Kreisbewegung »streitender Bewegungen«,[85] die Gleichzeitigkeit der Substanzen im Raum,[86] die innere Unendlichkeit in sich zurücklaufender Rückwirkungen[87] und außerdem: die Möglichkeit der Gemeinschaft zwischen den Menschen und der Geisterwelt beschreibt. Letzteres allerdings ist der Traum eines Geistersehers, der nach einem letzten Grund der Moralität sucht.[88] In dem Begriff der Wechselwirkung ist folglich zweierlei angelegt: die Vorstellung grenzenloser Kausalität, die alles in Zusammenhang mit allem bringt, und die Vorstellung geschlossener Kreisbewegungen, die bestimmte Zusammenhänge gegenüber anderen isolieren und erst dadurch ermöglichen.

[84] Whitehead 1929, S. 61 und 123.
[85] Kant 1755, A 31 f.
[86] Kant 1781, A 211.
[87] Simmel 1900, S. 120 f.; Christian 1978, S. 110 ff.
[88] Kant 1766, A 46 (Anm.).

Heute jedoch versucht man diese beiden Vorstellungen, die in einer unterschiedslosen, also nicht mehr diskriminierfähigen und genau deswegen vielfach faszinierenden Idee der »Ganzheitlichkeit« konvergieren, so deutlich wie möglich zu trennen, um einerseits gegen die Vorstellung der grenzenlosen Kausalität die Möglichkeit technischer als kausaler Schließung zu kennzeichnen und andererseits die Vorstellung der geschlossenen Kreisbewegung in das Konzept der operationalen Schließung zu übersetzen. Darum unterscheidet man kausale Schließung und operationale Schließung und macht die eine von der anderen unabhängig. Kausale Schließung führt auf einen Begriff der Allopoiesis, operationale Schließung auf einen Begriff der Autopoiesis. Diese Begrifflichkeit zielt auf ein neuartiges Wissenschaftsverständnis, das neben das kausalitätsorientierte tritt oder dieses sogar ersetzt.[89] Eines der wichtigsten Elemente dieser neuen Wissenschaft ist, mit Gaston Bachelard zu reden,[90] die Ablehnung der Verführung zur Idee einer grenzenlosen Wechselwirkung als »vorwissenschaftlich« und statt dessen die Exploration der Idee geschlossener Systeme.

Die kausale Schließung einer Maschine technisch herzustellen und zu sichern, muß nicht mit operationaler Schließung einhergehen, sondern kann, da es nur auf kausale Kontrolle ankommt, mit Input und Output nicht nur von Materie und Energie, sondern auch von Informationen verbunden sein. Operationale Schließung dagegen heißt informationale Schließung. Sie konnte bislang, jüngst unter dem Stichwort »Autopoiesis«, nur für lebende (organische), bewußte (psychische) und kommunizierende (soziale) Systeme vermutet und untersucht werden.[91] Sie ist, da es dabei auf Phänomene der Gleichzeitigkeit ankommt, nicht technisch herzustellen, geschweige denn kausal zu kontrollieren. Daran scheinen, nebenbei bemerkt, bisher auch alle Bemühungen zu scheitern, die Künstliche Intelligenz über die Schwelle der Datenverarbeitung hinauszuführen. Operationale Schließung heißt zugleich immer auch: kausale Offenheit. Es ist nur deswegen so schwierig, die Autopoiesis or-

[89] Prigogine/Stengers 1980.
[90] Bachelard 1938, S. 316ff.
[91] Maturana 1982; Roth 1987; Luhmann 1982b; Luhmann 1987a; Luhmann 1987b; Zeleny, Hrsg., 1981.

ganischer, psychischer und sozialer Systeme unter den Prämissen des herkömmlichen Wissenschaftsverständnisses zu »sehen« im wahrsten Sinne des Wortes, weil die Aufrechterhaltung der operationalen Schließung nicht im Widerspruch zu einer beliebigen, das heißt vom Beobachterinteresse abhängigen Fülle von Ursache-Wirkung-Beziehungen steht, die die Grenze zwischen System und Umwelt in beiden Richtungen überschreiten.

Schließlich ist das Prinzip der kybernetischen Erklärung durch Verweis auf Einschränkungen abzugrenzen gegen das in der Diskussion immer wieder für den Inbegriff der Kybernetik gehaltene Prinzip der Erklärung durch Verweis auf Rückkopplungen. Die Idee der Rückkopplung ist zum Teil nur ein neues Wort für die Idee der Wechselwirkung, für den Versuch also, von operationaler auf kausale Schließung hochzurechnen und umgekehrt:[92] Von Rückkopplung zwischen Systemen oder Systemteilen spricht der Kybernetiker dann, wenn die Systeme oder Systemteile sich gegenseitig beeinflussen.[93] Karl E. Weick zum Beispiel verfolgt die Vorstellung, man könne Rückkopplungsschleifen in Organisationen regelrecht auszählen und aus dem Überwiegen negativer Rückkopplungen über positive Rückkopplungen (oder umgekehrt) auf Stabilität (oder Instabilität) der Organisation schließen.[94] Das ist eine Vorstellung, die auch andernorts zu zahlreichen kybernetischen und systemtheoretischen Konstruktionsmodellen einfacher und komplizierter Unternehmen geführt hat. Aber auch Weick weiß, daß es willkürlich ist, was man als Ursache und was man als Wirkung bezeichnet, wenn man es mit interdependenten Variablen zu tun hat. Sein Nachweis von und Umgang mit Rückkopplung ist denn auch eher therapeutisch gemeint: als Versuch der Aufklärung über die Muster der Interdependenz, und wird in der Unternehmensberatung inzwischen auch genau so eingesetzt.[95] Die Idee der losen Kopplung, die Weick später entwickelt, ist denn auch ausdrücklich so konzipiert, daß Rückkopplungen nicht zu trauen ist.[96]

[92] Bateson 1972, S. 520f.
[93] Ashby 1956, S. 87.
[94] Weick 1979, S. 111.
[95] Weick 1979, S. 112f. und 116; Senge 1990, S. 281f.
[96] Weick 1982, S. 402.

Worin das Problem des Begriffs der Rückkopplung besteht, hätte man allerdings auch schon bei Ashby nachlesen können:

»Dieser Begriff, so einfach und natürlich er in gewissen Fällen ist, wird nämlich artifiziell und so gut wie nutzlos, wenn die Interdependenzen zwischen den Teilen komplexer werden. Handelt es sich lediglich um zwei miteinander verbundene Teile, die einander beeinflussen, dann geben die Eigenschaften der Rückkoppelung wichtige und nützliche Aufschlüsse über die Eigenschaften des Ganzen. Steigt jedoch die Anzahl der Teile auch nur auf vier an, und jedes von ihnen beeinflußt die anderen drei, dann müssen bereits zwanzig Kreisläufe durch sie hindurchverfolgt werden, und selbst die Kenntnis aller zwanzig gibt *keine* vollständige Auskunft über das System. Derartig komplexe Systeme kann man nicht als eine untereinander verbundene Menge von mehr oder weniger unabhängigen Kreisläufen, sondern nur als Ganzes behandeln. Aus diesem Grund ist der Begriff der Rückkoppelung für das Verständnis der allgemeinen Prinzipien dynamischer Systeme nicht adäquat. Wichtig ist, daß komplexe Systeme, die vielfältige innere Verflechtungen haben, auch komplexe Verhaltensformen zeigen, und daß sich dabei zielsuchende Verhaltensformen ergeben können.«[97]

Auch Norbert Wiener weist im Vorwort zur zweiten Auflage seines Buches über die Kybernetik darauf hin, daß man sich zu Beginn der Kybernetik verschätzt hatte, als man große Hoffnung in das Erklärungsprinzip einfacher linearer Rückkopplungen setzte.[98] Tatsächlich seien Rückkopplungen meist alles andere als einfach und linear, so daß sich die Mathematik der Kybernetik eher an der Brownschen Bewegung denn an trigonometrischen Funktionen zu orientieren habe.

Wir müssen aus all dem den Schluß ziehen, daß wir die kybernetische Erklärung nicht ersetzen oder abkürzen können, indem wir nach Kausalität, nach Wechselwirkung oder nach Rückkopplung fragen. Wir haben es mit Unternehmen als Nichttrivialmaschinen zu tun, die nur als Ganzes, das heißt: nur

[97] Ashby 1956, S. 88.
[98] Wiener 1961, S. viii ff.

über die sie konstituierenden Einschränkungen, erklärt werden können, wobei Kausalitäten, Wechselwirkungen, Rückkopplungen und, mit Ashby, Zielsetzungen als solche Einschränkungen fungieren können.

Die Frage, die sich uns nun stellt, ist: Wie können wir sicherstellen, daß wir vom Ganzen, das heißt: von der Form der Unterscheidung, von Differenzen, ausgehen und daß wir diejenigen Einschränkungen zu fassen bekommen, die für die Konstruktion des Unternehmens ausschlaggebend sind.

Im Rahmen der kybernetischen Erklärung kann man auf diese Frage nur eine einzige Antwort geben: Es gibt keinerlei Weg, sicherzustellen, daß wir für die Konstruktion des Unternehmens ausschlaggebende Einschränkungen zu fassen bekommen. Allerdings: Es bringt uns weiter, was möglich ist, wenn wir dies einmal eingesehen haben.

Als die zentrale Intuition der Kybernetik und das wichtigste Mittel der kybernetischen Erklärung kann immer noch die Theorie der Black Box gelten. Die Metapher des schwarzen Kastens ist im wesentlichen nichts anderes als die Aufforderung, a) die Tatsache anzuerkennen, daß wir laufend mit Phänomenen, Organismen, Systemen konfrontiert sind, deren innere Mechanismen uns unzugänglich sind, und b) uns genau anzusehen, was wir tun, um dennoch Schlußfolgerungen über die Verhaltensmöglichkeiten des Phänomens, Organismus, Systems ziehen zu können.[99] In genau diesem Sinne ist die Theorie des schwarzen Kastens eine Theorie realer Objekte:

»Die Theorie der schwarzen Kästen ist nichts weiter als die Theorie realer Objekte oder Systeme, wenn man seine ganze Aufmerksamkeit der Frage zuwendet, welche Information vom Objekt kommt und wie man sie erhält. Die Theorie des schwarzen Kastens ist daher einfach die Untersuchung der Beziehungen zwischen dem Experimentator und seiner Umgebung, wobei der Frage des Informationsflusses besondere Aufmerksamkeit gilt.«[100]

Man lasse sich nicht von der Rede vom »Informationsfluß« irreführen. Ich weiß nicht, warum Ashby hier und andernorts

[99] Ashby 1956, S. 132 f.
[100] Ashby 1956, S. 165.

diesen Begriff, der in offenkundigem Widerspruch zur Idee informationaler Schließung steht, verwendet. Jedenfalls kann nicht gemeint sein, daß der schwarze Kasten Informationen an den Beobachter überträgt, aus dem dieser sich ein Bild des schwarzen Kastens macht. Es kann nur gemeint sein, daß der Beobachter sich aufgrund von Informationen ein Bild vom schwarzen Kasten macht, die er selbst produziert und für die er Gründe (Referenzen) sucht, sie dem schwarzen Kasten und nicht sich selbst zuzurechnen.

Damit sind wir wieder genau da, wo wir schon zu Anfang waren: bei der Aufforderung, den Beobachter zu beobachten. Diese Aufforderung können wir nun allerdings in eine »Theorie realer Objekte« einführen, die eine ausreichende Grundlage schafft, es auch mit einer Theorie des Unternehmens zu versuchen. Denn, wie Ashby sagt, wir haben es unser Leben lang mit nichts anderem als mit schwarzen Kästen zu tun. Offensichtlich ist es uns gelungen, erfolgreiche Techniken zu entwickeln, mit ihnen umzugehen. Um uns über diese Techniken zu informieren, beobachten wir den Beobachter.

Aber es bleibt auch dabei, daß wir es mit einem realen Objekt, dem Unternehmen, zu tun haben, das ein sehr komplexes System darstellt. Und noch wissen wir nichts über die Einschränkungen, die dieses System konstituieren. Wir wissen nur: Es hat etwas mit den Unterscheidungen eines Beobachters zu tun. Das aber heißt: Die kybernetische Erklärung läuft darauf hinaus, die Beziehung zwischen Objekt und Beobachter mit der Einschränkung identisch zu setzen und die Bedingung dafür, daß das funktioniert, im Sachverhalt der Kommunikation zu orten.[101] Die Unterscheidung zwischen Subjekt und Objekt wird dadurch unterlaufen, daß das Subjekt Teil des Objekts ist: Alle Realität, die zustande kommt, ist Korrelat einer Beobachtung, die rekursiv an sich selber arbeitet, nur so zu stabilen oder instabilen Eigenwerten kommt und genau dazu auf Autonomie, Freiheit, Selbstregulierung angewiesen ist.[102]

Das Vorgehen, das wir hier wählen, ist nicht kantischer Natur. Es kommt uns nicht darauf an, das, was wir über die Welt wissen, auf Erkenntnismöglichkeiten eines erkennenden Sub-

[101] Ashby 1961, S. 53f.
[102] Von Foerster 1981, S. 288-309 und S. 273-285.

jekts zurückzuführen und diesem Subjekt eine Welt an sich gegenüberzustellen, die unerkennbar bleibt. Wir geben mit Luhmann[103] die ebenso privilegierende wie überlastende Beschränkung des Subjektstandpunkts auf das menschliche Bewußtsein auf und sehen überall dort Konstruktionsmöglichkeiten eines Beobachters, wo ein selbstverwalteter Umgang mit Einschränkungen stattfindet. Das heißt in der Sprache der Philosophen: Wir geben die Annahme einer kontinuierlich zweiwertig arbeitenden Ontologie – ein Wert für die Welt, ein Wert für das Subjekt – auf und arbeiten statt dessen mit der Annahme einer diskontinuierlichen, Differenzen setzenden Autologie, die unendlich viele Beobachterstandpunkte akzeptiert und eine Welt konstituiert, die insgesamt nur als ein mehrwertiges, polykontexturales System beschrieben werden kann.[104]

Schließlich werden wir überall dort einen Beobachter vermuten, wo wir ein nichttriviales System ausmachen können. Beobachtungen finden überall dort statt, wo – in der Begrifflichkeit der Nichttrivialmaschine – Kommunikation zwischen Transformationsfunktion und Zustandsfunktion stattfindet. Unter der Prämisse dieser Differenz zwischen Transformationsfunktion und Zustandsfunktion muß man dann sagen: Alle Beobachtung ist primär Selbstbeobachtung. Und dabei bleibt es auch. Alle Fremdbeobachtung ist Selbstbeobachtung, die an eigenen Differenzen auf externe Sachverhalte schließt.

Der Joker

Mit der Kybernetik erster Ordnung hatte man es einfacher. Hier hatte man es mit Regelungs- und Kontrolltechniken zu tun und wußte, woran man war. Viel kann dabei ja auch nicht passieren. Wer kontrolliert und regelt, hat entweder Erfolg oder er scheitert. Hat er Erfolg, kann er bei dem bleiben, was er tat. Hat er Mißerfolg, muß er sich etwas anderes einfallen lassen. Aber was? Und was ist, wenn sich die Mißerfolge häufen? Schaut man sich an, worin die Idee des Reglers in der frühen Kybernetik bestand, dann sollte man eigentlich gewarnt sein. Rege-

[103] Luhmann 1990a, S. 11 ff.
[104] Günther 1976-1980 II, S. 181-202.

lung ist nicht Steuerung, sondern Schutz wesentlicher Systemvariablen vor Störungen aus der Umwelt des Systems. Was mithilfe von Regelung, und zwar entweder durch Abschirmung, durch Gegenmaßnahmen oder durch Korrektur von Abweichungen, verhindert werden soll, ist die Übertragung unerwünschter Vielfalt.[105] Die Regelung ist eine polizeiliche Maßnahme des Umgangs mit Störungen.

Das wäre nun nicht weiter schlimm (in der Beschränkung zeigen sich die Meister), wenn nicht jede Regelungsmaßnahme mit massiven Konsequenzen für die Binnengestaltung des geregelten Systems zu rechnen hätte. Wer regelt, steuert auch – und zwar in Hinsichten, die sowohl erwünscht wie unerwünscht sein können. Schon das Planen eines Reglers ist eine Kommunikation: Ein Modell des zu regelnden Systems muß festgelegt und die Auswahl des Modells gegenüber möglichen anderen Modellen gerechtfertigt werden.[106] Jede Regelung, es sei denn die zufällige, ist auf Regelungsabsichten und auf das zugrundegelegte Modell hin durchschaubar. Jede Regelung hat dann damit zu kämpfen, daß sie auch regeln muß, daß und wie geregelt werden kann. Es entsteht eine Kaskade von Regelungen, die in dem regelnden System Modell auf Modell türmt – Modell des zu regelnden Systems, Modell der Regelung, Modell der Regelung der Regelung... –, bis das System schließlich nur noch damit beschäftigt ist zu regeln, wie es regelt. Auch das wäre nicht weiter schlimm – Hauptsache, das System ist beschäftigt –, wenn damit nicht dem Zufall überlassen bliebe, wie lange das funktionieren kann.

Ranulph Glanville hat vorgeschlagen, sich den kybernetischen Begriff der Kontrolle genauer anzusehen, um herauszufinden, was eigentlich passiert, wenn erfolgreich kontrolliert wird. Am leichtesten ist das zu sehen, wenn man sich den klassischen Fall des Thermostaten ansieht.[107] Das System des Thermostaten besteht aus einem Ofen, einem oder mehreren Radiatoren, einer Wärmeabfuhr (die Kälte draußen), einer Pumpe, dem die Wärme transportierenden Medium (Wasser) und einem Schalter, der auf eine gewünschte Temperatur ein-

[105] Ashby 1956, S. 288 ff. und 321 ff.
[106] Ashby 1956, S. 363; Conant/Ashby 1970.
[107] Glanville 1988, S. 202 f.

gestellt werden kann. Fällt die Temperatur des Raumes unter die gewünschte Temperatur, werden Ofen und Pumpe einge-schaltet, wird die Wärme zu den Radiatoren gebracht und der Raum geheizt, bis die gewünschte Temperatur erreicht ist, wor-aufhin Ofen und Pumpe wieder ausgeschaltet werden. Es scheint sich um einen klassischen Fall von Kausalität zu han-deln: Der Schalter ist der einzige Systembestandteil, der über eine Wahl zwischen »Ein« und »Aus« verfügt; er kontrolliert das System.

Aber, so die Rückfrage von Glanville, was bewirkt, daß der Schalter seine Zustände wechselt, seine Wahl trifft? Offensicht-lich bewirkt dies die Raumtemperatur, also die Kälte draußen, die Radiatoren, die Pumpe, der Ofen. »Was also kontrolliert den Schalter? Antwort: alles andere.«[108] Kontrolle, wenn sie funktioniert, ist zirkulär. Das Kontrollierte kontrolliert das Kontrollierende und das Kontrollierende kontrolliert das Kon-trollierte. Wer erfolgreich kontrollieren will, muß sich von dem, was er kontrollieren will, kontrollieren lassen. Wir haben es mit einer Paradoxie zu tun: Das Kontrollierte ist das Kontrollieren-de, die sich durch eine Tautologie: Kontrolle ist Kontrolle, nur dann auflösen läßt, wenn man eine Unterscheidung trifft: die Unterscheidung zwischen Kontrolliertem und Kontrollieren-dem. Diese Unterscheidung jedoch ist nur willkürlich zu treffen. Sie unterbricht die Zirkularität der Kontrolle an einem be-stimmten Punkt und legt nur denjenigen fest, der die Unter-scheidung trifft.

Es läge ja nahe, dort die Unterscheidung zu treffen, wo die Möglichkeit der »Ein«/»Aus«-Entscheidung gegeben ist. Aber ist diese Entscheidung wirklich nur am Schalter des Thermo-staten gegeben? Auch der Ofen kann ja auf den Schalter nur reagieren, weil er über beide Zustände verfügt, ebenso die Pum-pe, die laufen kann oder nicht, das Wasser, das warm ist oder nicht, die Radiatoren, die die Wärme abgeben oder nicht, die Luft, die warm ist oder nicht, das Wetter draußen, das kalt ist oder nicht. Wir haben es überall mit digitalisierbaren Kontinua zu tun, von denen jedes einzelne sich dazu eignet, als Kontrol-lierendes ausgewiesen zu werden. Der einzige Vorteil des Schal-ters besteht darin, daß dort ein externer Zugriff möglich ist.

[108] Glanville 1988, S. 203.

Hier kommt der Mensch – der es warm haben will oder doch etwas kühler – als Kontrollierender ins Spiel.

Also sollten wir den Menschen unterscheiden, um uns aus Tautologien und Paradoxien zu befreien? Das können wir tun. Aber dann müssen wir ausblenden, daß der Mensch auch nur zwei Zustände hat: Er kann den Schalter auf eine höhere oder eine niedrigere Temperatur einstellen. Und das hängt davon ab, wie kalt es draußen ist, welche Leistung der Ofen bringt, ob die Pumpe stark genug ist, ob die Radiatoren ausreichen oder Luft in den Rohren ihre Leistung dämpft. Auch der Mensch kann die Temperatur nur kontrollieren, wenn er sich von ihr kontrollieren läßt. »Control is and must be opportunism riding the shoulders of structure«, schreiben Harrison C. White und Robert G. Eccles.[109]

Und nur bei der Heizung ist es noch der Fall, daß der Mensch sie abstellen kann.

Es bleibt dabei: Wir haben es mit einer Paradoxie zu tun, der wir nur mit einer Tautologie abhelfen können, die es uns erlaubt, eine Unterscheidung zu treffen. Wer die Unterscheidung trifft, wird als Beobachter sichtbar, der eine Entscheidung trifft, die Regelungsabsichten verfolgt, die man auch nicht oder anders verfolgen könnte. Mit jeder Unterscheidung ist gleichzeitig eine Entscheidung über Systemgrenzen getroffen. Nimmt man den Menschen hinein in das System des Thermostaten? Dafür spricht, daß er derjenige ist, für den der Thermostat Sinn macht. Oder läßt man ihn draußen? Dafür spricht, daß dann die technischen Abläufe, spezifischen Verkettungen von Ursachen und Wirkungen, besser geplant und installiert werden können. Man kann dann das Sichern des Funktionierens des Thermostaten von der Frage der Funktion, die er erfüllt, abkoppeln. Aber es bleibt eine Entscheidung, die der Benutzer anders trifft als der Systementwickler.

Wir können jetzt genauer beschreiben, was passiert, wenn man eine Tautologie als Unterscheidung verwendet, die es ermöglicht, eine Paradoxie aufzulösen. Wir sollten allerdings nicht von der Auflösung, sondern von der Entfaltung der Paradoxie sprechen, denn sie verschwindet ja nicht, sondern sie wird zum Bestandteil der Konstruktion eines Systems. Wir kön-

[109] White/Eccles 1986, S. 150.

nen genauer beschreiben, was man darunter verstehen kann, daß der Beobachter als die Einschränkung funktioniert, die Organisation, und zwar: Selbstorganisation, ermöglicht. Wir greifen dafür noch einmal auf die Idee des schwarzen Kastens zurück. Glanville spricht vom »whitening the black box«, um den entscheidenden Punkt zu benennen, daß jede funktionierende Regelung, jede gelungene Kontrolle nur als Kommunikation zu beschreiben ist, die im Verhältnis zwischen einem Beobachter und seinem Gegenstand Transparenz ermöglicht, weil und obwohl sowohl der Beobachter wie der Gegenstand füreinander schwarze Kästen sind.[110] Der Beobachter fertigt von seinem Gegenstand eine Beschreibung an, und der Gegenstand, wenn er seinerseits ein Beobachter ist, tut dies auch, so daß das, was dann möglich ist, aufgrund des Funktionierens und der Koordination von Beschreibungen möglich ist. Die Beschreibungen bestehen aus den Unterscheidungen, die die Beobachter treffen. Diese Unterscheidungen werden als Beschreibungen des Gegenstands behauptet, sind jedoch Beobachtungen, die der Beobachter anstellt. Wenn man wissen will, wie eine Beschreibung zustande kommt, muß man den Beobachter beobachten, nicht den Gegenstand.

Der weiße Kasten einer gelungenen Kommunikation und funktionierenden Kontrolle ist nur in bezug auf Kommunikation und Kontrolle weiß. Er besteht jedoch, wenn man nachsieht, aus schwarzen Kästen, dem Beobachter und seinem Gegenstand, die füreinander schwarz bleiben. »Inside every white box, there are two black boxes trying to get out«, formuliert Glanville.[111] Jedes Aufbrechen eines schwarzen Kastens hat es mit Teilen zu tun, die wiederum schwarze Kästen sind. Und es gilt auch für den externen Beobachter gelungener Kommunikation und funktionierender Kontrolle, daß er es mit einem schwarzen Kasten zu tun hat. Er hat keine andere Möglichkeit, als Unterscheidungen zu treffen, um Beschreibungen anzufertigen, die ihrerseits, wenn sie gelingen und funktionieren, einen neuen weißen Kasten herstellen, dem der externe Beobachter jetzt angehört, jedoch unter der Bedingung, daß er selbst schwarz bleibt und auch sein Gegenstand schwarz

110 Glanville 1988, S. 99-118.
111 Glanville 1988, S. 119.

bleibt. Kommunikation und Kontrolle, das ist alles, was gelingt.

Und auch für den Beobachter, der sich zu kennen glaubt, gilt, daß er für sich nur so lange weiß ist, wie er sich nicht beobachtet. Denn dann muß er eine Unterscheidung treffen, muß Sich-als-Beobachter von Sich-als-Beobachtetem unterscheiden und kann über Sich-als-Beobachteten nur etwas sagen, indem er Sich-als-Beobachter im dunkeln läßt. Aber was ist er als Beobachteter, wenn er sich als Beobachter beobachten wollte? Beobachtet er sich als Beobachteten, wird er auf sich als Beobachter zurückverwiesen, den er nicht beobachten kann, ohne ihn nicht wiederum zum Beobachteten zu machen. Auch er besteht aus zwei schwarzen Kästen, von denen er nur hoffen kann, daß sie ein und derselbe und mit dem für sich weißen Kasten identisch sind. Von dieser Qualität ist jeder weiße Kasten. Es ist leicht, ihn anzuschwärzen.

Wir sehen, daß wir auf den Wegen einer Erkundung von Regelung und Kontrolle zu demselben Ergebnis kommen wie oben bereits auf dem Wege der Erkundung von Unterscheidungen. Glanville behauptet denn auch mit Recht, daß die Kybernetik nichts anderes sei als das Studium von Formen und daß man erst heute die Subtilität ermessen könne, die Norbert Wiener bereits in den Titel seines Kybernetikbuches gebracht habe: »Cybernetics: or Control and Communication in the Animal and the Machine«.[112] Der Punkt, auf den sowohl die Unterscheidungstheorie wie die Kybernetik zusteuern, ist die Entdeckung der Zirkularität von Kontrolle und Kommunikation.

Die Form der Kybernetik, das »whitening of black boxes«, läuft in seiner Konsequenz darauf hinaus, den Beobachter als Joker einzusetzen. Ein Joker, sagt Michel Serres, zeichnet sich dadurch aus, daß er je nach der Komplexität des Spiels, in dem er eingesetzt wird, über mindestens zwei, wenn nicht mehr Werte verfügt.[113] Der Beobachter ist der eingeschlossene ausgeschlossene Dritte. Er ist derjenige, der ausgeschlossen werden muß, will man sich über Gegenstände unterhalten. Und er ist derjenige, der eingeschlossen werden muß, will man wissen, wie man sich über Gegenstände unterhält. Er ist derjenige, der als

[112] Glanville 1988, S. 99f.
[113] Serres 1980, S. 244f.

Eingeschlossener ausgeschlossen werden muß, will man sich über eine Theorie der Dinge unterhalten. Und er ist derjenige, der als ausgeschlossener Eingeschlossener eingeschlossen werden muß, will man sich über alternative Theorien unterhalten. Man könnte die Serie fortsetzen, wüßten wir, worüber wir uns nach den Theorien noch unterhalten können. Vielleicht über Geld, den jokerhaftesten aller Joker?[114] Oder über Macht, über Wahrheit, über Liebe, über Gott, die Welt und den Teufel?

Bleiben wir bei zwei Werten. Serres bietet eine interessante Interpretation für diese beiden ersten Werte an, eine Interpretation, die sich vermutlich auch auf alle folgenden anwenden läßt, so daß so etwas wie eine einfache Unterscheidung zur Ordnung mehrwertiger Kalküle dabei herauskommt. Serres setzt den Beobachter mit dem Rauschen »identisch« und unterscheidet als die ersten beiden Werte einen Konstruktionswert und einen Destruktionswert.[115] Der Beobachter, so Serres, das sind nicht nur wir, das sind auch die anderen. Und die anderen, das sind wir – für alle anderen. Sollte man sich nicht, um so viel Transparenz wie möglich zu schaffen, darauf einigen können, daß wir alle, als Beobachter, Parasiten sind, die von der Identifizierung (Unterscheidung) von Beziehungen leben, in und von denen sie leben können? Ist das nicht ein Ausgangspunkt, der einen Konsens ermöglicht, der in jede Art Pragmatik, auch die diskursive, umgemünzt werden kann, nur in die eine nicht, die den Parasiten leugnet? Wenn das so ist, dann können wir den Beobachter als das Rauschen setzen, als genau jenes Rauschen, das Ordnung im Sinne des »order from noise«-Prinzips Heinz von Foersters erst ermöglicht. Wir können dann auch sagen: Der Beobachter »rauscht geräuschlos«[116] – zunächst einmal. Denn es bedarf einer Entscheidung, einer Unterscheidung, will man ihn beobachten.

Und wir können die Zweiwertigkeit, die Serres für das Rauschen ansetzt, als Zweiwertigkeit des Beobachters festhalten. Das Rauschen, der Lärm, seinerseits ein Joker, verfügt über einen Konstruktionswert und einen Destruktionswert. Es stört, und es stiftet Ordnung. Es bringt durcheinander, und es hält

[114] Serres 1980, S. 245.
[115] Serres 1980, S. 103.
[116] Luhmann 1991a, S. 65.

auseinander. »Die Stadt macht den Lärm«, schreibt Serres, »aber der Lärm macht die Stadt.«[117] Wer trifft die Unterscheidung? Wer spricht von Kommunikation? Man kann auf den Destruktionswert verweisen und den Beobachter anschwärzen. Man kann auf den Konstruktionswert verweisen und den Beobachter hineinholen zur Aufhellung des schwarzen Kastens. Letztlich ist die eine Möglichkeit nur die Kehrseite der anderen, das Anschwärzen nur die andere Seite der Aufklärung. Und beides ist nur als Entscheidung eines Beobachters möglich, für den wiederum dasselbe gilt: Auch ihn kann man anschwärzen oder zur Aufklärung nutzen. Und auch hier handelt es sich um die beiden Seiten einer Medaille.

Wir nähern uns damit einer anderen großen Tradition, die im Hintergrund sowohl der Kybernetik wie der Systemtheorie steht: der Informationstheorie. Diese Theorie erlaubt die Formulierung, daß jede Information nur dank einer Unterscheidung zwischen Nachricht und Rauschen zustande kommt und daß diese Unterscheidung vom Beobachter getroffen werden muß.[118] Auch hier ist eine Unentscheidbarkeit zwischen registrierender und registrierter Einheit zumindest in dem Bereich, dem es um die Konstruktion von Automaten zu tun ist, der Fluchtpunkt der Theorieentwicklung.[119] Und auch hier ist es die Zurechnung, die der Beobachter vornimmt, die zum Ansatzpunkt für Ordnungsbildung wird. Die Zurechnung reflektiert auf die Form der Unterscheidung zwischen Nachricht und Rauschen und bezeichnet entweder für die Nachricht oder für das Rauschen eine Quelle, deren Identifizierung dann innerhalb einer Zehntelsekunde einen gerade noch ruhenden Beobachter in Aufregung, Flucht, Lachen, Verzweiflung, Handeln oder Kontemplation versetzen kann.[120]

Alles, was weder Information noch Redundanz, weder Form noch Einschränkung ist, ist Rauschen. Nur das Rauschen kommt daher in Frage, wenn wir nach der Quelle neuer Möglichkeiten suchen.[121] Wir setzen im folgenden den Beobachter,

117 Serres 1980, S. 29.
118 Ashby 1956, S. 272.
119 Hagemeyer 1979, S. 62 f.
120 Von Foerster 1969 a, S. 3.
121 Bateson 1972, S. 529.

unseren Joker, an die Stelle des Rauschens und rechnen damit, daß der Joker überall da, wo er eingesetzt wird und wo er sich bemerkbar macht, eine Verzweigung ermöglicht, aus der eine neue Geschichte folgt.[122] Und müssen dann nach Information und Redundanz, nach Form und Einschränkung fragen.

Der blinde Fleck

Die Form des Unternehmens reduziert sich nicht auf den Mechanismus, den man zur Produktion knapper Güter, zur Erzielung von Gewinnen, zur Versorgung mit Arbeitsplätzen oder zur Bereitstellung von Steuerabzugsmöglichkeiten einsetzt. Die Form des Unternehmens reduziert sich auch nicht auf den Organismus, den man jüngst gerne der Maschinenvorstellung der auf eine Optimierung von Teilfunktionen abstellenden älteren Betriebswirtschaftslehre gegenüberstellt, um die ganzheitlichen Funktionen des Managements im Kreise der Mitarbeiter zu betonen. Die Form des Unternehmens ist eine Unterscheidung mit zwei Seiten. Sie ist eine Operation, die einschließt und bezeichnet, was das Unternehmen ist, und ausschließt und unbezeichnet läßt, was das Unternehmen nicht ist. Es handelt sich um eine Operation eines Beobachters und damit um eine empirische Operation, die von anderen Beobachtern auf das hin, was sie einschließt und ausschließt, also auf ihre Form hin beobachtet werden kann.

Wir benutzen diese Formbestimmung des Unternehmens, um zwei Absichten nachgehen zu können. Erstens soll die Unternehmenstheorie, die wir aus ihr gewinnen, den blinden Fleck der überlieferten Organisationstheorien korrigieren. Die Form der Beobachtung in diesen Theorien ist die Bezeichnung von etwas unter Ausschluß dessen, der die Bezeichnung vornimmt. Der Beobachter selbst kommt nicht vor. Die im folgenden erarbeitete Unternehmenstheorie soll dagegen als Bestimmung der Form des Unternehmens zugleich eine Bestimmung dieser Form der Beobachtung sein. Das bedeutet, wir schließen den Beobachter als Ausgeschlossenen in die Beobachtung der Form mit ein.

[122] Serres 1980, S. 244 und S. 247.

Zugleich und zweitens jedoch zielen wir auch auf eine Theorie des blinden Flecks. Dieser blinde Fleck ist ja nicht etwas, das sich beobachten und aufklären ließe, so daß man es anschließend mit einer ausgeleuchteten und sich selbst transparenten Welt zu tun hätte. Jeder blinde Fleck kann nur mit Hilfe einer Beobachtung beobachtet werden, von der man, was immer sie zu sehen bekommt, eines schon mit Sicherheit weiß: Sie hat ihren eigenen blinden Fleck. Der blinde Fleck ist die Voraussetzung dafür, daß eine Beobachtung überhaupt möglich ist.[123] Wir brauchen darum eine Theorie der Beobachtung, die um den blinden Fleck jeder Beobachtung weiß. Erst dieses Wissen um Blindheit, so von Foerster, macht sehend.[124]

Niklas Luhmann und Elena Esposito haben vorgeschlagen, die Theorie der Beobachtung als Theorie der Differenz zwischen Operation und Beobachtung anzulegen, um dieses Wissen um den blinden Fleck immer mitführen zu können:[125] Danach ist jede Beobachtung von etwas zunächst ihrerseits eine Operation. Als Operation verläuft alle Beobachtung blind: Sie sieht etwas, das heißt sie verwendet eine Unterscheidung, die etwas im Unterschied zu unbestimmt anderem bestimmt; aber sie sieht nicht die Unterscheidung selbst, die sie gerade verwendet. Dazu wäre eine neue Beobachtung erforderlich, für die dasselbe gilt. Jede Operation vollzieht eine Unterscheidung, für die sie zugleich blind ist. Und jede Beobachtung bestimmt etwas im Rahmen einer Unterscheidung, die nichts anderes ist als eine Operation. Einfacher formuliert: Wenn man etwas sehen will, darf man das Sehen nicht mitsehen müssen. Und wenn man das Sehen sehen will, ist man blind für alles andere. Oder wiederum anders: Jede Operation verstellt sich ihre Selbstreferenz, wenn und indem sie ihre Fremdreferenz zum Einsatz bringt. Und jede Beobachtung der Selbstreferenz einer Operation muß sich im Hinblick auf Fremdreferenzen unterbrechen, um nicht im leeren Kreis der Selbstbestimmung zu versanden.

Die Unterscheidung zwischen Operation und Beobachtung läuft auf die Paradoxie hinaus, Blindheit und Einsicht als ein

[123] Von Foerster 1981, S. 288-309.
[124] Von Foerster 1991, S. 75.
[125] Luhmann 1990a, S. 61 ff.; Luhmann 1991a; Luhmann 1991b; Esposito 1991; Esposito 1992.

und dasselbe zu bestimmen. Wir werden sehen, daß wir diese Paradoxie nur entfalten können, wenn wir die Unterscheidung zwischen Operation und Beobachtung als eine Unterscheidung behandeln (beobachten!), die nur als System möglich ist.[126] Als System bezeichnen wir dann nichts anderes als eine rekursive Vernetzung von Operationen der Beobachtung (oder Kognitionen), die sich aufeinander beziehen, indem sie (1) aneinander, das heißt an das, was sie jeweils bezeichnen, anschließen oder (2) das in bestimmten Operationen jeweils Ausgeschlossene aufgreifen und mithilfe zusätzlicher Bestimmungsleistungen unterscheiden oder (3) den blinden Fleck der Beobachtung thematisieren, das heißt die Form der Beobachtung selbst zum Thema machen.

Als Kurzformel für das Thema unserer Überlegungen können wir daher formulieren: Die Form des Unternehmens ist eine sich selbst beobachtende und darüber zum System werdende Operation. Diese Operation greift Möglichkeiten auf und schließt andere aus. Die einzige Bedingung, die sie erfüllen muß, um Wirklichkeit anzunehmen, ist ihre Wiederanwendbarkeit, ihre Rekursivität, ihre Möglichkeit, im Bezug der Operation auf die Operation aufzuschieben und nachzutragen, was keine einzelne Operation tragen kann. In der Operation des Ausschließens liegt das Moment der Konstruktion der Form. Und in der Beobachtung dieser Form liegen Möglichkeiten des Wiederaufgreifens und Miteinschließens des Ausgeschlossenen. Die Schwierigkeiten, die in der Rekonstruktion der Form des Unternehmens liegen, bestehen darin, daß wir es mit einem Verweisungssystem von Operationen zu tun haben, mit der Bewegung einer »différance« im Sinne Jacques Derridas,[127] das uns nur um den Preis der Verstellung seiner wichtigsten Eigenschaft, nämlich der Rekursivität, den Gefallen tut, sich zu Elementen und Relationen zu verdichten, von denen wir den Eindruck gewinnen, wir könnten sie aufzählen und einteilen, festhalten und steuern.

[126] Luhmann 1990a, S. 80ff.
[127] Derrida 1968.

Die Form der Einschränkung

Die Korrektur

Die Geschichte der Unternehmens- und Organisationstheorien ist mit oder ohne Kenntnis des kybernetischen Erklärungsprinzips eine Geschichte des Ausprobierens von Einschränkungen, die geeignet sind, den Gegenstand hervorzubringen, und eine Geschichte der Verwicklungen, in die die Theorie gerät, wenn sie zusätzlich zur Einschränkung berücksichtigen will, daß die Einschränkung auch beobachtet wird. Die Determination durch die Einschränkung wird durch die Beweglichkeit des Beobachters, so oder anders zu bezeichnen, jeweils wieder aufgehoben. Wir versuchen darum, anders als bisherige Theorien vorzugehen: Wir beginnen mit dem Beobachter und versuchen die Formen zu bestimmen, die unter der Bedingung möglich sind, daß alle Formen beobachtete Formen sind und jede Form die Gegenform erregt.

Wie können wir sicherstellen, daß wir mit dem Beobachter beginnen? Wie können wir sicherstellen, daß wir nicht bei nächster Gelegenheit unbemerkt in das Fahrwasser »objektiver« wissenschaftlicher Verfahren geraten, den Beobachter sich selbst überlassen und unserem Gegenstand, gedeckt durch die Literatur, definierend und determinierend zu Leibe rücken? Die Antwort auf diese Fragen liegt auf der Hand, wenn wir die Erklärungsprinzipien Revue passieren lassen, über die wir bis jetzt verfügen: die Einschränkung, der Beobachter, der schwarze Kasten, die Unterscheidung, und wenn wir uns vor Augen halten, daß wir nicht weniger vorhaben, als den Beobachter zur Bedingung der Formbildung werden zu lassen. Dann läßt sich die Konsequenz gar nicht vermeiden: Wir setzen den Beobachter mit der Einschränkung identisch. Und wir beschreiben die Unterscheidungen, die ein Beobachter trifft, als Möglichkeiten der Beschreibung und Aufhellung von schwarzen Kästen.

Allerdings ist die Formulierung, den Beobachter mit der Einschränkung identisch zu setzen, zu drastisch. »The same is different«, müßte man einer solchen Formulierung mit Ranulph

Glanville sofort entgegenhalten,[1] da Einschränkungen ihrerseits beobachtet werden können. Tatsächlich geht es uns darum, dem Beobachter die Einschränkung zuzuweisen, um auf diese Art und Weise beides erklären zu können, die Determination durch Einschränkung wie auch die Auflösung einer Determination durch das Setzen einer anderen Einschränkung. Wir machen den Beobachter für beides verantwortlich, für die Einschränkung und für die Beweglichkeit gegenüber jeglicher Einschränkung. Beweglichkeit heißt dann nicht Beliebigkeit, sondern: Unterscheidung von Unterscheidungen. Auch damit wollen wir nicht auf irgendeine Art von Relativismus hinaus, sondern auf eine bestimmte Art von Konstruktivismus, nämlich auf einen operativen Konstruktivismus, der in den Unterscheidungsoperationen des Beobachters den Grund dessen sieht, was wir mit entsprechend gutem Grund Wirklichkeit zu nennen uns angewöhnt haben.

Unser Versuch, dem Beobachter die Einschränkung zuzuweisen, löst das Dilemma zwischen Einschränkung und Beweglichkeit nicht auf, sondern übersetzt es in die Möglichkeit permanenter Korrektur. In diesem Sinne werden wir von der Form der Einschränkung sprechen. Jede Einschränkung setzt eine Unterscheidung voraus, die eine andere Seite hat. Das in der Unterscheidung der Einschränkung Ausgeschlossene ist die Auflösung der Einschränkung. Die Form der Einschränkung ist daher die Beweglichkeit gegenüber Einschränkungen: die Korrektur. Wir werden einige semantische Figuren untersuchen, zu denen die Einschränkung durch den Beobachter in der bisherigen Unternehmensgeschichte geführt hat. Und wir werden einige Begriffe erarbeiten, die in diesem Sinne auf die Korrigibilität aller Einschränkungen durch neue Einschränkungen abstellen. Wir werden Begriffe bereitstellen, die geeignet sind, den Beobachter über von Beobachtern zu verantwortende Konstruktionen aufzuklären: Begriffe also, die Sachverhalte derart zu beschreiben erlauben, daß der Beobachter seine Beobachtungen wiederzuerkennen in der Lage ist: Begriffe, die auf Einschränkungen verweisen, die Beweglichkeit ihnen gegenüber gerade nicht ausschließen, sondern einschließen.

[1] Glanville 1988, S. 61-78.

Der Beobachter ist nicht die Entdeckung dieser Arbeit. Es hat ihn immer schon gegeben, auch wenn er bisher nur selten aufgefallen ist. Unsere Vermutung ist, daß er sich in prinzipiell jeder Organisationstheorie aufspüren lassen muß, die auf die Komplikation beweglicher Einschränkungen aufmerksam geworden ist. Ohne ihm einen wie auch immer bestimmten Platz einzuräumen, dürfte es unmöglich sein, eine Organisationstheorie zu formulieren, die über der Identität ihres Gegenstandes seine Varietät und Variabilität nicht aus den Augen verlieren will. In allen diesen Theorien muß es einen Platz geben, wo sich der Beobachter verstecken konnte: einen Platz, der als Platzhalter für den Beobachter diente. Und wir wissen, wo wir den Beobachter zu suchen haben: in Einschränkungen, in Verzweigungen, in Überforderungen durch Widersprüchliches – und natürlich auch in der Akklamation reibungsloser Effizienz, im Festhalten am Bewährten und Gelingenden. Aber wir wissen nicht, wo wir ihn finden werden.

Wer sich über den Stand der Organisationsforschung orientieren will, kann dies anhand ausgezeichneter Handbücher, Sammelbände, Lehrbücher und Zeitschriften tun. Auffällig ist, daß in den Sachregistern fast aller dieser Bücher und unter den Stichwörtern fast aller Artikel in diesen Zeitschriften ein Eintrag für den Beobachter fehlt. Vermutlich könnte man sehr viel Struktur in die verwirrende und vielfältige und auch wieder überraschend redundante Organisationsforschung hineinbringen, wenn man die Korrekturen, die die verschiedenen Theorien und Modelle aneinander vornehmen, als Korrekturen eines Beobachters und als Korrekturen im Hinblick auf den Beobachter begreifen und rekonstruieren würde. Das ist bisher nicht geschehen, und ob es sich lohnt, werden wir erst entscheiden können, wenn der Versuch dieser Arbeit abgeschlossen ist, den Beobachter explizit und mit Priorität in die Analyse einzubeziehen.

Es wird sich herausstellen, daß es zu kurz gegriffen wäre, Unternehmenstheorie als einen Spezialfall von Organisationstheorie zu begreifen. Zwar ist das Unternehmen ein bestimmter Typ von Organisation: eine Organisation im System der Wirtschaft. Zugleich ist das Unternehmen aber jener Spezialfall von Organisation, in dem die Organisation ihrerseits Gegenstand unternehmerischen Kalküls ist. Das Unternehmen ist nicht einfach eine Organisation, sondern, mit einer Formulierung Daniel Bells, ein erneuerbares System der Organisation.[2] Den Kontext für unsere Suche nach den Beobachterperspektiven, denen wir die Form der Einschränkung zuweisen können, die die Form des Unternehmens, seinen Erneuerungsbedarf und seine Erneuerungsfähigkeit, konstituieren, können wir daher nicht auf die Organisationstheorie und erst recht nicht auf die Theorie der Organisation im Wirtschaftssystem begrenzen. Sondern wir müssen sie als Theorie der Unternehmensorganisation im Wirtschaftssystem der Gesellschaft anlegen und mit einem entsprechend weiten Umgriff der semantischen und strukturellen Ressourcen rechnen, auf die unser Beobachter zugreift. Die Form des Unternehmens erschöpft sich nicht in der Form der Organisation, sondern realisiert auch in und gegenüber der Organisation noch einmal einen Unterschied, dessen Sensomotorik, obwohl hoch selektiv, nichts fremd bleibt, was Sinn macht.

Ich habe nicht die Absicht, eine Epochenabfolge der Formen der Einschränkung zu schildern. Vielmehr haben wir es mit Kumulationen, Überlagerungen, Akzentverschiebungen, Entfaltungen zu tun, die kaum etwas von dem, was historisch gewonnen wird, aufgeben, aber fast alles in immer wieder neuen Konstellationen auftauchen lassen. Sobald der Beobachter auch die Perspektive des Büros nutzen kann, ist das Abenteuer nicht mehr, was es vorher war. Sobald Funktionen sich mit Interessen messen müssen, leisten sie nicht mehr, was sie für das Büro leisten. Sicherlich würde man, wenn man weiß, wonach man sucht, für alle Perspektiven mehr als die historischen Anhaltspunkte finden, die ich jeweils andeute. Auch würde man, konfrontiert mit dem »Vetorecht der Quellen« (Koselleck), zu erheblichen weiteren Differenzierungen nicht nur gezwungen, sondern vor allem angeregt. Aber mein Ziel ist hier allenfalls der Entwurf bestimmter Aspekte einer Geschichte des Unternehmens, nicht jedoch die Geschichtsschreibung selbst.

Die Geschichte der Formen der Einschränkungen, wenn ich trotzdem bei diesem Ausdruck bleiben darf, ist seit jeher von Einblendungen theoriegeleiteter Art gekennzeichnet, die immer

[2] Bell 1973, S. 276.

wieder das, was aktuell passiert, mit Möglichkeitshorizonten ausstatten, die in jede Geschichtsschreibung mit aufgenommen werden müßten. Die Bindung jeden Unternehmens an die Mitbeachtung des Gemeinwohls, die vom Recht bereitgestellten Eigentumsdefinitionen und Eigentumsdurchsetzungschancen, die von der Buchführung betreuten Ausgrenzungen des Unternehmens aus den Zahlungsströmen der Wirtschaft, die merkantilistische Situierung des Unternehmens gegenüber den Steuereinnahmewünschen des Staates, die Funktionalisierung des Unternehmens zur Durchsetzung technologischer Innovationen, die Ausblendung des Unternehmens im Interesse der Ökonomen am Markt und seinen Gleichgewichten als der anderen Seite des Unternehmens, schließlich die Soziologisierung des Unternehmens angesichts einer durch das wirtschaftliche Kalkül nicht mehr zu bewältigenden gesellschaftlichen Komplexität – all dies und mehr sind an das Unternehmen von innen und außen herangetragene Gesichtspunkte, die dem Unternehmen nicht nur jeweils fremd sind, sondern auch jeweils neue Beobachterperspektiven eröffnen, die sich unternehmerisch ausbeuten lassen.

Eine Soziologie des Unternehmens ist vor allem an diesen neu auftauchenden Möglichkeiten interessiert sowie an den Unterscheidungen, die das Unternehmen treffen kann, um einige dieser Möglichkeiten wahrzunehmen, andere nicht. Jede dieser Möglichkeiten wird an den Möglichkeiten gemessen, die das Unternehmen selbst darstellt. Meist gibt es die einen nicht ohne die anderen. Dieses Spiel der Möglichkeiten interessiert die Soziologie. Man könnte ihr mit einer Geschichtsschreibung zu Hilfe kommen, die zusätzlich zu den realisierten Möglichkeiten auch die Veränderung des Möglichkeitenhorizonts als solchen festhält – einschließlich des Prekären jeder Möglichkeit, einschließlich der nicht wahrgenommenen und der wieder verschwundenen Möglichkeiten.

Vorsichtshalber noch eine weitere Bemerkung: Ich habe nicht vor, einen vollständigen Katalog aller denkbaren oder auch nur aller erfolgreichen Formen der Einschränkung aufzustellen. Ich beschränke mich auf einige besonders markante Formen. Man wird bald sehen, daß die Art unserer Fragestellung Komplexitäten aufdeckt, die rasch alle Vorstellungen einer Klassifikation nach welchen Kriterien auch immer als illusionär erscheinen lassen. Statt dessen geht es darum, sich Möglichkeiten vorzustellen, die an weitere Möglichkeiten denken lassen.

Das Abenteuer

Die Rede von Einschränkungen überrascht wahrscheinlich vor allem im Hinblick auf die Frühgeschichte des Unternehmens, im Hinblick auf eine Zeit, aus der die Heldensagen stammen, die für das unternehmerische Selbstverständnis bis heute unverzichtbar scheinen, im Hinblick auf eine Zeit auch, die sich für jedes Unternehmen in dem Moment, in dem es Gründungsentscheidungen trifft, zu wiederholen scheint. Die Frühgeschichte des Unternehmens ist nicht abgeschlossen. Sie ist nicht abzuschließen. Sie wiederholt sich mit jeder Unternehmensgründung, ja mit jeder unternehmerischen Entscheidung. Es ist immer noch Zeit für Heldensagen. Allenfalls wandelt sich der Stoff, aus dem sie gewebt sind, da das Unternehmen heute nicht mehr das Unternehmen der Frühgeschichte ist.

Aber wie ist die Rede von den Einschränkungen zu rechtfertigen? Handelt es sich bei jener bis in die Endzeit des Unternehmens reichenden Frühgeschichte des Unternehmens nicht gerade um das Überwinden von Einschränkungen? Handelt es sich nicht gerade darum, Grenzen nicht zu akzeptieren, die die Sitten und Gepflogenheiten der häuslichen Subsistenzwirtschaft, der staatlich verwalteten Vieh- und Getreideversorgung, des Tausches des Nötigsten auf lokalen Märkten jedem Wirtschaften auferlegten? Ist der Unternehmer nicht jener, der unbekümmert um die Feinbalancierung des Sozialgefüges mehr Rinder erwirbt und züchtet, als er jemals brauchen wird, mehr Frauen in seinem Harem versammelt, als seinem Seelenfrieden förderlich sein kann, mehr Schmuck aufhäuft, als diese Frauen jemals vorführen können? Ist der berühmte Potlatsch, jener Verschwendungswettstreit archaischer Völker, nicht die erste Notbremse gegen jene Art von Unternehmertum – und gleichzeitig seinerseits ein Unternehmen strengsten, kreditempfindlichsten Kalküls?[3] Ist es nicht ein Unternehmen bereits gigan-

[3] Mauss 1923, S. 38 ff.; Bataille 1949, S. 93 ff.

tischen Ausmaßes, die Subsistenzwirtschaft durch zentrale Verwaltung der Vorräte und Aufbau von Bewässerungssystemen zunächst zu sichern, dann aber durch ihr eigenes Wachstum treffsicher zu zerstören?[4] Ist der Unternehmer nicht gerade jener, der auf der Türschwelle zu den Reisvorräten der Daimyos zunächst nur Verteilungsaufgaben wahrnehmen soll, dann aber entdeckt, daß aus dem Reis mehr herauszuholen ist, als die Daimyos glauben, und ihr Kreditbedarf diese Daimyos von ihm abhängiger machen kann, als gut für sie ist?[5] Ist der Unternehmer nicht gerade jener, der dort, wo andere die Fremde beginnen sehen, eine Weggabelung sieht, die diese oder jene Handelschance wahrzunehmen erlaubt?

»Les échanges quadrillent le monde«,[6] sagt Fernand Braudel: »So überzieht der Güteraustausch die Welt mit einem dichten Raster, an dessen Kreuzungen und Schnittpunkten man sich jeweils dauerhaft oder auch nur vorübergehend einen Kaufmann vorstellen muß. Seine Rolle hängt ganz von seinem Standort ab: ›Sag mir, wo du sitzt, und ich sage dir, wer du bist.‹«[7] Und ist nicht, letzte Frage, derjenige, der als freier Handwerker »auf die Stör geht« (sich mit seiner Arbeitsgeschicklichkeit gegen Kost, Unterkunft und Lohn verdingt), ebenso ein Unternehmer wie derjenige, der sein Handwerk im Rahmen der Zunft betreibt, Jagd auf die Störer macht und das Preiswerk an die Stelle des Lohnwerks, die Vergütung der Ware an die Stelle der Entlohnung der Arbeit setzt?[8]

Sicher, jedes Unternehmen ist in diesem Sinne eine Entschränkung und wird auch als genau das seit jeher mißtrauisch beobachtet. Aber es ist eine Entschränkung nur in dem Maße, in dem es gleichzeitig eine Einschränkung ist. Es setzt ein Abenteuer an die Stelle des Gewohnten. Und dieses Abenteuer ist das Komplement einer genau kalkulierten Angst, wie man früher sagte:[9] Es übernimmt ein Risiko, um das es weiß. Die unmittelbaren Vorfahren der Kaufleute sind zwar, Henri Pirenne

---

[4] Amiet 1985.
[5] Takizawa 1927, S. 85 ff.
[6] Braudel 1979 II, S. 125.
[7] Braudel 1986 II, S. 155.
[8] Bücher 1893, S. 175 ff.
[9] Kuske 1949.

zufolge, Besitzlose und Landlose.[10] Doch ist er einmal auf seine Spur gesetzt, ist der Unternehmer weder Vagabund noch Ritter: Weder überläßt er sich gegenwartszufrieden einem unbekannten Schicksal noch sucht er, sein Ansehen steigernd, seinen Gegner.[11] Er weicht aus auf Techniken der Sicherung des Gewonnenen, der Risikovermeidung, der Ausdehnung vertrauter Kreise.

Die erste Form, die das Unternehmen annimmt, ist das Abenteuer. Es profitiert davon, daß in jedem Abenteuer die Form eines Unternehmens steckt. Das gilt seit jeher und gilt noch heute. Das Unternehmen heftet sich an jede Grenzüberschreitung, sobald nur sicher ist, daß die Grenze zwei Seiten hat und beide zugänglich bleiben. Es macht sich ungern selbst zum Pionier, ist ihm aber unmittelbar auf den Fersen. Es macht sich nicht selbst zum Projektmacher, läßt ihn jedoch nicht oder zumindest nicht ungestraft aus den Augen. Wie das Projekt des Projektmachers[12] zielt das Abenteuer des Unternehmens weder auf das Gesicherte noch auf das Unbekannte noch auf den Ausstieg, sondern ganz im Gegenteil auf einen Abschluß, der anschließbar ist. Das Unternehmen nimmt die Beobachtungsposition des Abenteuers nicht deswegen ein, um aufzubrechen und allem Bekannten Lebewohl zu sagen, sondern um zurückkehren zu können und das Bekannte mit Unbekanntem zu bereichern.

Durch die klassische Logik ist die Form des Unternehmens schon in dem Moment nicht mehr abzubilden, in dem es abenteuernd in die Gänge kommt. Die Zukunft des Unternehmens ist kontingent, jeder einzelne Schritt dorthin zwar entweder wahr oder falsch, aber eben nicht: mit Sicherheit und Notwendigkeit das eine und nicht das andere.[13] Das Unternehmen lehnt alle Unterscheidungen ab, die dazu dienen, das Gewohnte in den Grenzen des Bekannten zu halten, und besetzt einen dritten, einen imaginären Wert.[14] Und dennoch nutzt es die Rejektionen nicht, um das ganz andere zu erreichen, sondern dazu, ein

[10] Pirenne 1936[3], S. 179 f.
[11] Kugler 1988.
[12] Stanitzek 1987, S. 137.
[13] Aristoteles 4. Jh. v. Chr., 9.
[14] Günther 1976-1980 I, S. 351.

Neues im Alten zu verwirklichen: dazu, neue Praktiken zu erproben, die mit den bewährten substitutiv oder komplementär harmonieren; dazu, mit neuen Leuten ins Geschäft zu kommen, die den Geschäften mit den alten nicht im Wege stehen; dazu, neue Produkte anzubieten, die sich als immer schon gesuchte darstellen lassen. Die Form des Unternehmens ist die Reflexion auf das Andere im Selben – mit dem Ergebnis einer internen Differenzierung, die in dem Maße weitere unternehmerische Möglichkeiten schafft, wie sie mit jeder neuen Praxis, mit jedem neuen Geschäftspartner, mit jedem neuen Produkt auch wieder neue überschreitbare Grenzen schafft.

Schon an diesem Punkt könnte eine differenzierte Unternehmensgeschichte einsetzen, die überall dort, wo überschreitbare Grenzen auffällig werden, Möglichkeiten für neue Unternehmungen identifiziert. So entstehen etwa Banken da, wo zeitliche Differenzen zwischen Geldausgabe und Geldeinnahme zu überbrücken sind, so daß jene Institute, die sich zunächst nur mit der Überbrückung von Währungsdifferenzen (Geldwechsel) und räumlichen Differenzen (Wechselgeschäfte) befassen, über Einlagen- und Kreditgeschäfte zu dem werden, was wir heute Banken nennen. Oder Versicherungen entstehen dann, wenn Grenzen auffällig werden, die nur in einem Kollektiv profitabel überschritten werden können, in dem zunächst Kaufleute, später jedermann, sich wechselseitig absichern, um Grenzen überschreiten zu können, die für jeden einzelnen viel zu gefährlich sind. Am Beispiel Versicherung wird auch deutlich, daß das Überschreiten jeder Grenze, insofern es die Grenze als zweiseitige verfügbar macht, unmittelbar als Produktionsfaktor wirksam wird,[15] der auch dort verfügbar ist, wo ganz andere Grenzen bearbeitet werden.

Aber auch für die einfacheren Fälle von Unternehmungen, die sich in der Versorgung mit Gütern und Dienstleistungen engagieren, wäre die Sprache der Grenzüberschreitung tauglich, Ansatzpunkte für Unternehmensbildungen auf eine Art und Weise zu beschreiben, die einerseits Kontingenz, Riskanz und Erfolgsbedingungen solcher Unternehmensbildungen deutlich macht und andererseits jede erfolgte Unternehmensgründung als Ansatzpunkte für weitere beschreibbar macht. Dabei ginge

[15] Sinn 1986; Sinn 1988.

es darum, einen allgemeinen Punkt zu benennen (die wieder-eingeführte Unterscheidung), der unabhängig von allen Vorein-stellungen anthropologischer, historischer, ideologischer oder sonstiger Art geeignet ist, erstens tatsächlich erfolgte Unterneh-mensgründungen auf die zugrundeliegende Differenz abzufra-gen und zweitens das Feld möglicher Differenzen sachlicher, sozialer und zeitlicher Art als Feld möglicher Kristallisations-punkte von Unternehmen zu beschreiben, das man dann im Hinblick auf Sonderbedingungen erfolgter und nicht erfolgter Unternehmensbildungen hin untersuchen kann.

Man kann sich regionale Grenzüberschreitungen vorstellen und die unternehmerische Bedeutung Marco Polos weniger in seiner Reise durch China als vielmehr vor allem in seiner Rück-kehr und in seinem Bericht über Reisewege, Handelsmöglich-keiten, Sitten und Rückwege sehen. Man kann sich sachliche Grenzüberschreitungen vorstellen und die Geschichte der Ein-führung der Kartoffel in Europa unter dem Gesichtspunkt der Reformation bäuerlicher Lebensweise untersuchen. Je mehr mit der Entwicklung der Gesellschaft neue Systemreferenzen ins Spiel kommen, desto zahlreicher werden solche Möglichkeiten von Grenzüberschreitungen, in denen es auf Hin- und Rückweg als Ansatzpunkte für Unternehmensgeschäfte ankommt. Die Kirche, im Mittelalter ein wichtiger Propagandist einer ge-schlossenen Gesellschaft, sorgt mit ihrem Bedarf an Weihrauch mit dafür, daß der Handel mit dem Orient nie ganz abreißt.[16] Eine sich ausdifferenzierende interaktive Geselligkeit steigert den Bedarf für Puder und Romane. Jules Michelet zählt drei Zeitalter des Kaffees allein im 18. Jahrhundert, dem »Jahrhun-dert des Geistes«: das Zeitalter des arabischen Kaffees, der Paris die Sehnsucht nach dem Orient lehrt; das Zeitalter des indi-schen Kaffees, der den rhetorischen Funkenschwarm der Auf-klärung freisetzt; und schließlich das Zeitalter des Antillenkaf-fees, schwarz und stark, der die Enzyklopädie ermöglicht und die Revolution erahnen läßt.[17] Jeder Krieg, werde er vorbereitet, abgewehrt, durchgeführt oder verhindert, versorgt eine ganze Branche mit Einkünften und Arbeitsplätzen, der jedes Aben-teuer recht ist, ihrem eigenen Abenteuer der Entwicklung neuer

[16] Pirenne 1933, S. 15.
[17] Barthes 1980, S. 210f.

72

Waffen für Angriff und Verteidigung nachzugehen. Die Literatur stellt Beobachtungen der Wirtschaft bereit, die, wieder zurückgeführt in die Wirtschaft, Wachstumsimpulse freisetzen: In Defoes »Robinson Crusoe« studiert man die Reichweite der rationalen Beurteilung von Situationen durch ein vernünftiges Individuum (und die Heilsamkeit der Beschäftigung mit Budgetfragen, wenn moralische oder psychische Zweifel drohen); in Balzacs »Comédie humaine« läßt sich lernen, wie Kredite bis zum Sankt-Nimmerleins-Tag zu diskontieren sind (und welche Manöver erforderlich sind, die Kreditwürdigkeit dennoch aufrechtzuerhalten).[18] Wissenschaft und Technik stellen in mehr oder minder direktem Kontakt zur Wirtschaft neue Maschinen, Düngetechniken, elektrisches Licht, Telekommunikation, Formen künstlicher Intelligenz bereit, bei denen es immer eines ist, die Erfindung auf den Weg zu bringen, und etwas ganz anderes, sie wieder zurückzubinden an Bedarfs- und Verwendungsmöglichkeiten. Alles, was einen Preis hat, ist eine wiedereingeführte Unterscheidung: eine Grenzüberschreitung, die die Verhältnisse dynamisch stabilisiert, unter denen sie zustande kommt.

Eine Unternehmensgeschichte ist hier jedoch ebensowenig unser Ziel wie eine Produktgeschichte. Allerdings muß bezweifelt werden, ob die Markierung des Ansatzpunktes der fachlichen Unternehmensgeschichte bereits einleuchtet, bemüht diese sich doch gerade erst darum, Ansätze ökonomischer Theorien zur Kenntnis zu nehmen, um über die Niederschrift von Unternehmensbiographien und Branchengeschichten hinauszukommen.[19]

Die Logik, die dem Phänomen der Grenzüberschreitung entspricht, ist die Logik der distribuierten Werte und Wertsysteme, die Gotthard Günther aus seiner an Hegels Reflexionsbegriff orientierten Interpretation des von Foersterschen order from noise-Prinzips gewinnt.[20] Es handelt sich um die Logik des Wiedereintritts von G. Spencer Brown, die dasselbe Problem der Reflexion auf das Außen im Innen in die Fassung der Wiedereinführung des Unterschieds im Unterschiedenen bringt.[21]

[18] Hutter 1991, S. 25, 27 f. und 39 f.; Balzac 1827.
[19] Harvey 1989; Lee 1990.
[20] Günther 1976-1980 I, S. 277 ff. und 318 ff.
[21] Spencer Brown 1969, S. 69 ff.

Aber wir lassen auch die Frage der Logik hier auf sich beruhen; wir wollen sie nur andeuten, um festzuhalten, daß wir sie immer noch mit uns führen. Wir bleiben bei der Frage nach der Form.

Eine der klassischen soziologischen Formulierungen für die einschränkende Entschränkung, die das Unternehmen als Abenteuer in die Welt einführt, ist der Hinweis auf die Rolle des Fremden, die der Unternehmer in traditionellen Gesellschaften einnimmt und die in der modernen Gesellschaft nur deswegen so nicht mehr kenntlich ist, weil hier in einem präzise zu benennenden Sinne jeder jedem fremd geworden ist. Fremder ist derjenige, so Georg Simmel, »der heute kommt und morgen bleibt.«[22] Der Fremde löst sich von seiner Herkunft und bindet sich an Verhältnisse, die ihre eigene Herkunft haben, deren Zukunft jedoch mit dem Fremden eine andere wird. Der fremde Händler führt dort Bifurkationen ein, Entscheidungsmöglichkeiten, Geschichte sogar, wo man sich bisher im Vertrauten glaubte. Die Verhältnisse werden abstrakter, weil das hergebrachte Besondere nicht mehr dazu taugt, auch das Neue begrifflich zu fassen, selbst wenn das Neue nicht anders denn höchst spezifisch auftreten kann. Und kaum verfügt man über die allgemeineren Gesichtspunkte, beginnt man zu vergleichen und als austauschbar zu behandeln, was bisher als je einzigartig galt.[23]

Der Fremde, ergänzt Alfred Schütz, und das gilt auch für den Unternehmer, zeichnet sich dadurch aus, daß er nicht versteht, was allen anderen als selbstverständlich gilt. Vor allem versteht er nicht, daß es nichts zu verstehen gibt:[24]

> »the cultural pattern of the approached group is to the stranger not a shelter but a field of adventure, not a matter of course but a questionable topic of investigation, not an instrument for disentangling problematic situations but a problematic situation itself and one hard to master.«

Wenn er anfängt zu verstehen, hat er die Verhältnisse schon verändert. Denn wenn andere sehen, was er verstanden hat,

[22] Simmel 1908, S. 509.
[23] Simmel 1908, S. 511.
[24] Schütz 1943/44, S. 506.

verstehen sie sich selbst nicht mehr. Dieses Unverständlichsetzen des Verständlichen und Verständlichwerden des dann nicht mehr Verständlichen hat einiges mit Wissenschaft zu tun,[25] weswegen man auch auf dieser Linie, und nicht nur auf der eher abgeleiteten Linie der methodischen Absicherung des Vorgehens durch Geometrie und Mathematik, nach koevolutionären Zusammenhängen zwischen der Wirtschaft und der Wissenschaft suchen sollte. Der zugrundeliegende Sachverhalt ist hier wie dort der der Auflösung und Rekombination; und die einschränkende Beobachtungsperspektive ist hier wie dort die Betrachtung des Selbstverständlichen als unwahrscheinlich, und das heißt: als abhängig von latenten (abwesend anwesenden) Sicherungen, deren Aufdeckung und Manifestwerdung nur um den Preis zu haben ist, daß nicht nur die Wahrscheinlichkeit des Unwahrscheinlichen, sondern auch die Möglichkeit alternativer Sicherungen vor Augen geführt wird. Dem Fremden, als der der Unternehmer wie der Wissenschaftler auftreten, übrigens beide begleitet vom Lachen der Mägde,[26] erscheint jede Lösung als Problem und daher jedes Problem als auch anders lösbar. Er sieht dort Kontingenz, wo andere erst gar nichts sehen und dann, in Abwehrreaktion auf den Fremden, nur noch Notwendigkeit.

Es ist klar, daß der Fremde nicht schutzlos auftreten kann. Und klar ist auch, daß die Gesellschaft nicht schutzlos auf ihn reagieren kann. Der Schutz des Fremden, der zum Unternehmer wird, liegt typischerweise darin, daß er eine eigene Kultur wenn nicht mitbringt, so zumindest ausbildet, die in der Lage ist, den Unterschied zwischen dem Fremden und der Gesellschaft, in der er lebt, zu markieren und für beide Seiten wechselseitig anschlußfähige Bezeichnungen zu liefern. Es geht nicht nur um die Bezeichnung des anderen zur Fixierung der eigenen Identität. Es geht vor allem um die Bezeichnung der eigenen Identität als das andere des anderen. Im Fremden reflektieren sich daher die Gesellschaft ebenso wie der Fremde in dieser Gesellschaft: und zwar letzterer als nicht nur Fremder, sondern als die andere Möglichkeit derselben Gesellschaft. Der Fremde ist daher immer auch ein Stück gegenwärtige Zukunft der Ge-

[25] Stichweh 1991.
[26] Blumenberg 1987; Stanitzek 1987, S. 136.

sellschaft, ein Gast,[27] der nie weiß, wie lange die Gastfreundschaft währt.

Werner Sombart hat einige der Kulturen genannt, denen die Auszeichnung des Fremden als des anderen Desselben und damit als Unternehmer gelungen ist:[28] zuvörderst (aber vergessen wir die Land- und Besitzlosen nicht!) der aufgeklärte und merkantilistisch aufklärende, um die Finanzierung des Staatshaushalts besorgte Fürst; dann der Grundherr, den die Geldwirtschaft in die Erwerbswirtschaft zwingt; dann der Bürger, um des gesellschaftlichen Aufstiegs willen »wagender« Kaufmann oder »wagender« Handwerker; dann die in ihren Ideen Halt findenden Projektmacher und die auf ihre Zukunft spekulierenden Gründer; und immer wieder die Ketzer, denen die Staatsreligionen den Zugang zu anerkannten Würden versperren; die Fremden, die mit Sombart als eine Art Wiedereinführung des Unterschieds in das Unterschiedene und damit zur Reflexion des Unterschieds und, falls erforderlich, zu seiner Kontrolle noch einmal gesondert genannt seien; und die Juden.

Werner Sombart vermutet das Gemeinsame dieser Fremdkulturen in ihrer Bestimmung zur »schöpferischen Tat«,[29] und viele, nicht nur Joseph Schumpeter,[30] werden ihm darin folgen. Zur Bestimmung des Halts, den der Unternehmer finden muß, reicht eine solche Formulierung nicht aus, weil sie zu schnell bereit ist, dem Unternehmer zu konzedieren, daß er eine (bessere) Zukunft an die Stelle einer (abwertbaren, ja sogar zerstörbaren) Vergangenheit setzen kann und will. Was aber befähigt den Unternehmer zu einer solchen Spekulation auf die Distanzierbarkeit der Gegenwart und Wiedergewinnbarkeit einer (dann veränderten) Gegenwart? Die von der Soziologie seit Max Weber gegebene Antwort auf diese Frage kann angesichts des Sachverhaltes, um den es geht, nämlich den Wiedereinschluß des Fremden in die ihn ausschließende Gesellschaft, nur verblüffen: Der Unternehmer spekuliert auf die Möglichkeit von Rationalität. Und findet in ihr seinen Halt. Rationalität ist die Formel, die eine Kontinuität von Denken und Sein genau in

[27] Pirenne 1933, S. 30.
[28] Sombart 1916-1927 I, S. 842 ff.
[29] Sombart 1916-1927 I, S. 836.
[30] Schumpeter 1912, S. 170 ff.

dem Moment zu sichern hat, in dem die »schöpferische Zerstörung«[31] als das diskontinuierende Merkmal der unternehmerischen Tat offenkundig wird. Doch die Rationalität ist haltlos, oder besser: sie findet ihren Halt nur in sich selbst. Sie muß offenlassen, welche Richtung ihr gegeben wird,[32] leistet dann aber die Einführung und Durchsetzung eines Blickwinkels, dem die Mittel im Hinblick auf die Zwecke und die Zwecke im Hinblick auf die Mittel als vergleichbar und austauschbar gelten.

Rationalität ist die Fremdkultur schlechthin. Sie löst auf, kombiniert neu und behauptet, immerhin bleibe sie selbst dieselbe, auch wenn alles andere sich ändert. Die Gesellschaft beginnt zu driften. Und entwickelt erst jetzt einen Begriff der Kultur, der die Richtungslosigkeit anerkennt und leugnet zugleich, indem er sie als wählbar darstellt: indem er Kultur als Kultur austauschbarer Werte begreift.[33] Es ist dann nur konsequent, jede Kultur im Anschluß an Mary Douglas als »bias« zu definieren, der sich über die Rekrutierung genügend vieler Anhänger zum »way of life« mausert.[34] Das aber heißt umgekehrt: Es gibt keine Kultur, die nicht Kultur für Fremde, und dann: von Fremden, wäre. Die Kultur ist ein Unternehmen des Fremden. Und das wiederum heißt: Sie wird auf die Rationalität nicht verzichten können, als deren Gegengewicht und Kontrolle sie sich gleichzeitig darstellen muß. Die Kultur ist, weil sie vergleichbar macht, was sie kontrolliert,[35] und damit laufend auf neue Möglichkeiten aufmerksam macht, eine nicht stillzustellende Errungenschaft.

Vielleicht ist dies ja tatsächlich eine europäische Errungenschaft. Vielleicht treten Rationalität und Kultur nur in einem Gespann auf, von dem man mehr und mehr lernen wird, es als Grundlage der Ausbreitung eines europäischen Modells der Weltgesellschaft zu begreifen. Das aber wird bedeuten anzuerkennen, daß dieses Gespann von Rationalität und Kultur nichts anderes bewerkstelligt als die Wiedereinführung der Unter-

31 Schumpeter 1942, S. 137 f.
32 Weber 1905, S. 20 und 65.
33 Weber 1904, S. 217.
34 Thompson/Ellis/Wildavsky 1990, S. 2.
35 Luhmann/De Giorgi 1992, S. 166 f.

scheidung und damit nicht auf Identität, sondern auf Differenz beruht.[36]

Soviel zur Frage danach, wie sich der Fremde in der Gesellschaft schützt, in der er sein Unternehmen verfolgt. Die andere Frage, wie sich die Gesellschaft vor dem Fremden schützt, ist damit bereits zum Teil gleich mitbeantwortet: Sie lernt es, ihm seine Kultur und seine Rationalität abzukaufen. Sie lernt es, das Kapital des Unternehmers zu kapitalisieren. Aber das setzt Vertrauen voraus, und mehr als fraglich ist, woher dieses zu gewinnen ist. Die Untersuchungen Max Webers zur »protestantischen Ethik« sind an dieser Stelle hilfreich. Die protestantische Ethik ist eine Fremdkultur, also Kultur, im genannten Sinne: Ihr Effekt besteht darin, nicht nur überlieferte Formen der Lebensführung aufzulösen, sondern, wichtiger noch, eine neue Lebensführung an deren Stelle zu setzen.[37] Und nur diese Lebensführung, im Fall der Protestanten eine ethisch rigorose Askese (die so lange vorhält, bis der Reichtum gewonnen ist, der den Gnadenstand belegt),[38] kann die Beobachter des Unternehmers dazu bringen, ihn für verläßlich zu halten, obwohl er als Neuerer und Umkrempler, gegenüber den Arbeitern als Antreiber und gegenüber den Kunden als willfähriger Liebediener auftritt.[39]

Wer Vertrauen aufbringt, vollbringt eine Abstraktionsleistung, die denen der Rationalität und Kultur kongenial ist. Man hält sich nicht an das austauschbar Besondere, sondern an das Allgemeine, erbringt eine »riskante Vorleistung«,[40] fragil und effizient, und ausschließlich in historisierten Gesellschaften vonnöten, in denen Zukunft und Gegenwart differieren.[41] Vor allem aber ist Vertrauen geeignet, den zu binden, dem es entgegengebracht wird. Wer einmal gelernt hat, welche Taten und Unterlassungen vonnöten sind, um Verläßlichkeit zu signalisieren, wird diese Taten und Unterlassungen auch dann kommunizieren, wenn er nur auf deren Signalcharakter setzt. Aber das genügt, weil Vertrauen asymmetrisch gebaut ist: Nichts hindert

---

[36] Derrida 1991; Luhmann 1992a, S. 51-91.
[37] Weber 1905, S. 30, 42 u.ö.
[38] Weber 1905, S. 182f.
[39] Weber 1905, S. 58.
[40] Luhmann 1968a, S. 23.
[41] Leibenstein 1987.

daran, ein Vertrauen auszubauen und zu nutzen, solange es währt; aber kaum etwas ist schwieriger, als ein Mißtrauen wieder auszuräumen, in das das Vertrauen bei geringster Enttäuschung umzukippen bereit ist.[42]

Wir werden sehen, daß es nicht bei der protestantischen Ethik oder einer anderen bleiben kann, wenn diese Aufgabe der Sicherung von Verläßlichkeit in einem den Beobachter des Unternehmers zufriedenstellenden Sinne gewährleistet werden soll. Schon bei Max Weber spezifiziert sich die Ethik mit zunehmender Ausdifferenzierung der Wirtschaft und aus dem Geist der Lutherschen Bibelübersetzung zur Berufsethik, bis sich schließlich der Beruf zur Professionalität verselbständigt und man ihm die Ethik hinterhertragen muß.[43] Und auch dabei bleibt es nicht, seit zur Ausdifferenzierung der Wirtschaft die Steigerung der inneren Komplexität und Unruhe der Wirtschaft hinzukommt und mehr und mehr die innere Umwelt, der Markt, an die Stelle des Grenzbegriffs Beruf tritt, wenn man Bedingungen beobachten will, aus denen sich gleichsam nah genug an den guten Gründen für Mißtrauen noch Vertrauen schöpfen läßt. Aber wie auch immer sich die Konstellation vertrauensbildender Maßnahmen von der Ethik über den Beruf zum Markt verschiebt, entscheidend bleibt der Punkt, den schon Weber mit Verweis auf Benjamin Franklins berühmte Regeln: »Bedenke, daß Zeit Geld ist! Bedenke, daß Kredit Geld ist!« hervorhebt: die Sicherung der Kreditwürdigkeit.[44]

Belassen wir es dabei. Eine der historisch, systematisch und evolutionär ersten Formen der Einschränkung, die das Unternehmen annimmt, ist das Abenteuer, das die Gesellschaft mit sich als einer fremden bekannt werden läßt. Der Unternehmer tritt auf als der »Supernumerarius«, der noch im geschlossensten Wirtschaftskreis neue Kombinationen erschließt.[45] Bald ist niemand unabkömmlicher als dieser Überzählige. Das Unternehmen ist die Ausbeutung der Schlagseite, in die es die Gesellschaft bringt. Es bezieht eine Beobachterposition, die mit den Mitteln der Logik, die daraufhin entwickelt wird, schon nicht

---

[42] Luhmann 1968a, S. 78 ff.
[43] Weber 1905, S. 66 ff. und 171 ff.; Tyrell 1990.
[44] Weber 1905, S. 40 f. und 42.
[45] Simmel 1908, S. 510.

mehr zu fassen ist, sondern eine neuartige Arithmetik erforderlich macht, die erst heute zur Verfügung steht. Die aristotelische Logik räumte die Kontingenz ein, um das Prinzip des ausgeschlossenen Dritten nur um so sicherer, gleichsam abwartefähig, zu verankern. Das Unternehmen ist jedoch das ausgeschlossene Dritte, der ewige Parasit, die Aktion, die stattfindet, bevor diejenigen, die abwarten, ihr Plazet geben. Nur wer mit der Wiedereinführung der Unterscheidung rechnen kann, die das Ausgeschlossene, dem Eingeschlossenen anverwandelt und doch gegenübergestellt, im Eingeschlossenen verfügbar macht, kann diese erste Form, ohne die es keine weiteren geben würde, begreifbar machen. Rationalität, Kultur und Vertrauen geben dieser Form ihren Flankenschutz und dem Beobachter einen Halt, der sich gerade darin bewährt, daß er abstrakt genug gehalten ist, genau die Abweichungserzeugung zu ermutigen, die ihn erforderlich macht.

Das Büro

Im Büro, so wird oft vermutet, nimmt der Beobachter diejenige Vernunft an, die die Rationalität um ihre Spitze bringt. Woher er diese Vernunft hat und wozu er sie braucht, bleibt offen. Aber darauf kommt es auch nicht an. Wichtig ist nur, daß der Abenteurer sich niederläßt und Bericht erstattet. Er läßt sich auf die Rationalität hin überprüfen, mit der er zu Werke ging. Zur Entscheidung steht, ob die Grenzüberschreitungen, die er sich leistete, kulturell anschlußfähig sind und das Vertrauen rechtfertigen, mit dem man ihn ziehen ließ.

Örtlichkeit, Schriftlichkeit und Hierarchie sind die Einschränkungen, die das abenteuernde Unternehmen in ein bürokratisches Unternehmen transformieren. Das Kontor, die Akte und der Befehl tragen dafür Sorge, daß die Position, die der Beobachter eingenommen hat, adressierbar, protokollierbar und kontrollierbar wird. Sie bekommt einen Namen, eine Niederschrift und eine Autorität. Formal gesehen geschieht nichts anderes als eine Absicherung der Zweiseitigkeit der Grenze, die der Abenteurer überschritten hat. Örtlichkeit, Schriftlichkeit und Hierarchie sichern die Wiederholbarkeit der Überschreitung und die Möglichkeit der Rückkehr zum Ausgangspunkt ab, indem sie das Fremde und das Eigene auf verschiedene Plätze und Namen verteilen, indem sie festhalten, wie der Wechsel jeweils stattfindet, und indem sie Strukturen bereitstellen, die den Wechsel anweisungsfähig machen. Der Beobachter verteilt sich. Und er verliert sich, weil er über der Absicherung der beiden Seiten der Unterscheidung diese selbst aus den Augen verliert. Jedes Abenteuer ist dann bald nur noch trotzdem möglich und nur noch als Gründungsakt. Zumindest wird es schwierig, die Abenteuerperspektive als die »originäre« gegen die bürokratische als die »abgeleitete« durch- und aufrechtzuerhalten. Zu vieles scheint gewonnen und kann verloren werden, wenn das Unternehmen nicht mehr allein auf das Abenteuer angewiesen ist.

Es ist erstaunlich, wie schnell sich noch die gewagtesten Abenteuer ordnen und kombinieren lassen, sobald man ihr räumliches Muster erkennt, sobald Handelswege, Schleichwege und Stapelplätze kenntlich werden. Man muß Darstellungen der Wirtschaftsgeschichte wie die von Henri Pirenne oder Fernand Braudel lesen, um zu begreifen, wie man anfangen kann zu rechnen, sobald man weiß, was an den Ufern des Mittelmeers und was an den Ufern der Nord- und Ostsee gehandelt wird und welche Wege durchs unübersichtliche Kontinentaleuropa (oder um es herum) bereitstehen müßten, um Chancen hier und dort wahrnehmen zu können.[46] Denn »alles war damals lokal gebunden.«[47] Sobald die Wege gefunden sind, sobald die Orte verteilt sind, sobald der Raum segmentiert ist, sobald Trennung und Verbindung gesichert sind und zum Spielmaterial unternehmerischer Kalküle werden, rasten die Abenteuer ein, werden neue denkbar und wird der Handel berechenbar.

»L'échange se boucle alors sur lui-même. Il y a circuit … Der Tauschvorgang beschreibt also eine Schleife, einen Kreis, der, genau wie ein Stromkreis, nur dann funktioniert, wenn er sich schließt.«[48] Die économie monde, die Weltwirtschaft, strukturiert sich räumlich: um Stadt und Land, Zentrum und Peripherie, die Thünenschen Zonen, Nischen der Rückständigkeit und

[46] Pirenne 1933, S. 35 ff.
[47] Pirenne 1936³, S. 180.
[48] Braudel 1979 II, S. 117, 1986 II, S. 145.

Nischen der Verfeinerung.[49] Die Bewegungen, die hier möglich sind, die Dauer der Reisen, die Rhythmen der Jahreszeiten und die Zyklen der agrarischen und handwerklichen Produktion, liefern zugleich ein Maß der Zeit, das zunächst auszureichen scheint.

Mit der Erkundung der Wege geht Schriftlichkeit einher. Auf jedem Schiff fährt ein »Sekretär« mit,[50] der anfangs auch den Weg protokolliert, später jedoch nur noch die Geschäfte, ihren Gewinn und ihren Verlust. Da der Handel, je ausgreifender die Kombinationen von Wegen und Zeitpunkten werden, nicht nur Ware gegen Ware tauscht, auch nicht nur Ware gegen Geld, sondern Ware-gegen-Geld-gegen-Ware-gegen-Geld, kommt ein zweites schriftliches Element ins Spiel: der Wechselbrief,[51] auf den man sich nicht verlassen könnte, wüßte man nicht um die Rückkehr der Händler, von wo auch immer sie aufbrechen. »Kann sich der Kreislauf des Handels aus diesem oder jenen Grund nicht auf irgendeine Art und Weise schließen, droht die betreffende Verbindung gänzlich abzureißen. Die in früheren Zeiten [Ergänzung der Übersetzerinnen, Braudel spricht nur von »guerres fréquentes«] so häufigen Kriege führen in der Regel nicht zum Abbruch der Geschäfte, doch gibt es (...) auch Ausnahmen.«[52] Der Krieg, vor allem der heilige, ist die Verlängerung der Schrift mit anderen Mitteln. Er ist eine Kopfgeburt der Kontore, Kanzeln und Kanzleien. Er schließt einen Kreis, dessen Vorteilhaftigkeit die Opfer nicht erkennen wollen.

Das Faszinosum der Schrift liegt nicht zuletzt darin, daß sie von den Adressen und Protokollen unabhängig ist, auf denen sie beruht. Örtlichkeit und Zeitlichkeit werden zu ihrem Material, das für wechselnde Bezeichnungen zur Verfügung steht, gerade weil sie die Unterschiede zwischen Hier und Dort, Anwesenheit und Abwesenheit, Jetzt und Nicht-Jetzt, Vergangenheit und Zukunft übergreift und damit jeweils beide Seiten zugänglich macht. Die Schrift wurde ja nicht für Leser erfunden,[53] sondern als ein Mittel des Denkens, eines Gedächtnisses nämlich, das

[49] Braudel 1979 III, S. 11 ff., 1986 III, S. 17 ff.
[50] Pirenne 1933, S. 22.
[51] Braudel 1979 II, S. 119, 1986 II, S. 147 f.
[52] Braudel 1979 II, S. 121, 1986 II, S. 150.
[53] Luhmann 1992b.

Zeichen produziert, die (anders) wiederverwendbar sind.[54] Die Schrift legt Spuren, aus denen man heraustreten kann, um andere Spuren zu legen. Sie ist das Medium der Wiedereinführung von Unterscheidungen schlechthin. Das übersieht man jedoch leicht, weil man geneigt ist, sie beim Worte zu nehmen, das heißt ihre Leistung in der Bezeichnung von Sachverhalten, Orten und Zeitpunkten zu sehen, und gerade nicht im Wechsel zwischen den Bezeichnungen und der Wiedereinführung des Ausgeschlossenen. Auch die Buchführung macht sich dies zunutze.

Auf dem Umweg über die Logbücher der Kapitäne, die Protokolle der »Sekretäre«, die Wechselbriefe der Kaufleute und die Sudelbücher und Hauptbücher der Kontoristen kippt die Form des Unternehmens allmählich aus dem Abenteuer in das Büro. Formal gesehen findet das Abenteuer jetzt im Büro statt. Aber das fällt kaum noch jemandem auf, beziehungsweise dies zu wissen, wird zu einem Sonderwissen, das gerade denen vorenthalten wird, die in den Büros arbeiten. Der Beobachter zieht um. Er sitzt nicht mehr in der kalkulierten Angst vor dem Abenteuer, sondern in der Akte. Unter dem Deckmantel der Wiederholung des Immergleichen weitet er die Kreise aus, die Potentielles in Aktuelles zu verwandeln erlauben, sobald es nur schon gegenwärtig als möglich dargestellt werden kann. Die Akte ist ein Formular, das zwar Leerstellen bereithält, deren Ausfüllung jedoch nicht ins Belieben stellt.[55] Sie ist damit die rekursive Operation schlechthin und zugleich der Eigenwert ihrer selbst.[56] Im »Prinzip der *Aktenmäßigkeit* der Verwaltung« kann die Herrschaft des Büros, die Bürokratie, begründet werden.[57]

Die Akte ist zunächst nichts anderes als eine Form im Medium der Schriftlichkeit. Sie systematisiert die Auswechselbarkeit der Einschränkungen, mit denen die Schrift operiert. Sie setzt das Protokoll und die Adresse unter Bedingungen, die ihrerseits durch Akten geregelt und ausgewechselt werden können. Das gilt für die wichtigsten Elemente einer Akte: die Auszeichnung einer Stelle, die die Akte führt, die Auszeichnung

[54] Derrida 1967a, S. 48.
[55] Frese 1985, S. 155 ff.
[56] Von Foerster 1981, S. 273-285.
[57] Weber 1918, S. 126 und 570.

von Fristen, innerhalb derer sie zu bearbeiten, weiterzureichen, abzuschließen, abzulegen und so weiter ist, und die Auszeichnung der Akte selbst als Formular, in dem Stellen und Fristen ausgewiesen werden müssen, um sie Gültigkeit annehmen zu lassen. Die Akte ist also formal gesehen genau das, worauf es im Hinblick auf die Wiedereinführung der Unterscheidung, der wir im Abenteuer begegnet sind, ankommt: Sie ist eine Technik des Differenzmanagements. Sie spannt die Differenzen auf, die im Laufe der Bearbeitung der Akte abzuarbeiten sind.

Als Arthur Stinchcombe die Bedingungen einer erfolgreichen Entwicklungspolitik in Lateinamerika untersuchte, hat er mit Recht darauf verwiesen, daß schon fast alles gewonnen wäre, wenn es nur gelänge, zunächst administrative und dann unternehmerische Entscheidungen in diesem Weberschen Sinne auf Schriftlichkeit und Aktenmäßigkeit festzulegen.[58] Die Leistung der Akte liegt darin, daß sie die Verarbeitung von Sachwissen fördert, ohne die Regulierung, wie dieses Sachwissen zu erwerben und einzusetzen ist, aus der Hand zu geben. Jede Akte ist Teil eines Aktenvorgangs, und Aktenvorgänge sind durch Aktenvorgänge steuerbar. Es gibt kein Fachwissen, das nicht zu einem Dienstwissen gemacht werden kann,[59] und kein Dienstwissen, das nicht durch ein Dienstwegwissen konterkariert werden könnte. Allerdings impliziert jede Auszeichnung eines Vorgangs seine Korrumpierbarkeit und es ist unklar, inwieweit andere Vorgänge, etwa rechtlicher Art, geeignet sind, dem nicht nur zuzuarbeiten, sondern gegenzusteuern, solange in den Büros und nicht außerhalb entschieden wird, was attraktiv ist.

Die Akte hat alle Eigenschaften eines »rhizome« (Wurzelstocks) im Sinne von Gilles Deleuze und Félix Guattari:[60] Sie verknüpft Heterogenes, sie ist beliebig multiplizierbar und kombinierbar und sie funktioniert wie eine Kartographie oder ein Abziehbild des Milieus, in dem sie gedeiht. Aktenführung ist azentrisch, multidirektional, extrem beweglich, sowohl gedächtnisfähig wie vergessensfähig: ein Management von Differenzen, Indikationen und Signifikationen, das kein allgemeines Prinzip, keinen Anfang und kein Ende, kein Ziel und kein Zen-

[58] Stinchcombe 1974.
[59] Weber 1918, S. 129.
[60] Deleuze/Guattari 1980, S. 9 ff.

trum kennt, sondern nur die Zirkulation der Akten selbst: ein Fließgleichgewicht im Sinne Gregory Batesons.[61]

Man muß diese Struktur der Akte von der Struktur der Bürokratie unterscheiden, mit deren Analyse wir seit Max Weber vertraut sind. Nichts schließt aus, auch die Bürokratie so rhizomatisch anzulegen wie die Akte selbst. Deleuze und Guattari vermuten, daß die orientalische Bürokratie, die des Nahen wie die des Fernen Ostens, in diesem Sinne rhizomatisch funktioniert.[62] Für die amerikanischen Regierungsbürokratien wird man, wenn man sich etwa die Aktenführung im Zusammenhang der Budgetpolitik anschaut, ähnliches vermuten dürfen.[63] Und auch die Eurobürokratie scheint eher in die rhizomatische Richtung zu tendieren, wenn man neueren Untersuchungen glauben darf, die auf die Rolle von ambulanten Experten, Reisekadern und Informationsmärkten hinweisen.[64] Man muß die Struktur der Akte von der Struktur der Bürokratie unterscheiden, um Büroformen beschreiben zu können, die nicht in dem Maße an die formale Organisation gebunden sind, wie es die gängige Bürokratietheorie unterstellt. Der Beobachter, der in den Akten sitzt, legt auf Protokolle und Verfahren fest. Mehr kann er zunächst gar nicht unterscheiden. Und auf andere Einschränkungen kommt es ihm zunächst nicht an.

Erst Zusatzkonditionierungen der Protokolle und Verfahren bringen die Bürokratie hervor, mit der wir es im kontinentalen Europa in den Augen Max Webers als »unentrinnbarer« zu tun haben.[65] Erst Zusatzkonditionierungen stellen dem Prinzip Akte das Prinzip Beamter zur Seite, das die amerikanische Rezeption der Weberschen Bürokratietheorie so sehr erschreckt hat, daß sie hier, am Menschenbild der Bürokratie, an der autoritären Unpersönlichkeit, die sie mit sich bringt, an der »Taktunfähigkeit des Routinehandelns«[66] den Hebel zur Kritik ansetzt.[67] Erst Zusatzkonditionierungen kappen das Prinzip Abenteuer, dem das Differenzmanagement durch die Akte kor-

[61] Deleuze/Guattari 1980, S. 32; Bateson 1972, S. 156-181.
[62] Deleuze/Guattari 1980, S. 30.
[63] Wildavsky 1988b; Roe 1988.
[64] Bach 1992.
[65] Weber 1918, S. 128, 569f. u.ö.; Weber 1905, S. 11.
[66] Luhmann 1971, S. 135.
[67] Merton 1949, S. 195-206; Robert K. Merton et al. 1952.

respondiert, indem dem Büro die Verfügung über die Zwecke entzogen, die Akte auf den Umgang mit den Mitteln zur Verfolgung extern vorgegebener Zwecke beschränkt und der Beamte auf Gehorsamshandeln eingeschworen wird.[68] Das Prinzip Abenteuer wird der Bürokratie vorgeschaltet und diese qua Befehl darauf verpflichtet, durchzuführen, was ihr als Zweck aufgetragen wird oder was sie sich als ihr aufgetragenen Zweck erfindet.

Dennoch darf man die Bürokratie nicht mit der Herrschaft des Büros gleichsetzen. Das Verhältnis des Büros zur Hierarchie ist komplizierter als es das Befehlsmodell, das die Bürokratie als Vollstrecker extern vorgegebener Zwecke durch mittelneutrales Verwaltungshandeln sieht, wahrhaben kann. Auf Befehle angewiesen, wird die Bürokratie erfinderisch in der Identifizierung und Interpretation von Befehlen. Das Büro steht zu seinen Zwecken in einem Verhältnis hierarchischer Opposition, mit Louis Dumont zu reden: in einem Verhältnis, das ein dauernder »logischer Skandal«[69] ist, weil es Identität zwischen Büro und Zweck zum einen und Differenz zwischen Büro und Zweck zum anderen in einer »englobement du contraire« umgreift. Der Trick der Hierarchie, in die die Bürokratie eingespannt ist und die sie selbst entfaltet, liegt darin, das Büro, jedes einzelne Büro, unabhängig zu machen von dem, wovon es abhängig ist. Es gibt keine Beziehung zwischen Teil und Ganzem, also auch keine Hierarchie, die nicht von diesem Skandal geprägt ist, daß sich der Teil in den Gegensatz zu dem setzen muß, wovon er ein Teil ist. Das aber heißt, daß die Funktion einer hierarchischen Differenzierung von Organisationsebenen nicht etwa darin liegt, Befehlsketten zu installieren, sondern darin, Kontinuitäten der Befehlslinie zu unterbrechen und Artikulationschancen von jeweils eigenständigen Problemwahrnehmungen an deren Stelle zu setzen.[70] Die Hierarchie sichert die Kontinuität der Diskontinuierung, beziehungsweise, mit Roy Radner, sie leistet Dezentralisierung durch Zentralisierung.[71]

Das Büro ist eine Form der Einschränkung, die das Problem

[68] Mayntz, Hrsg., 1968; Luhmann 1971, S. 90-112; Tyrell 1981.
[69] Dumont 1983, S. 214.
[70] Parsons 1960, S. 59-96.
[71] Radner 1992.

der iterierbaren Grenzüberschreitung, die sich in Aktenvorgängen einschließlich der Buchführung zu ihrem eigenen Ausgangspunkt und Rückkehrpunkt macht, in der Paradoxie der Konditionierung von Autonomie auf Dauer stellt. Sowohl der Zugriff hierarchisch vorgeordneter Stellen auf das Büro wie der Zugriff des Büros auf nachgeordnete Stellen haben es laufend mit dieser Paradoxie zu tun und beziehen aus nichts anderem als der jeweils prekären Bewältigung, Verstellung und Ausnutzung der Paradoxie jene »balances of agreement«,[72] in denen die Entscheidungsvorgänge innerhalb eines Unternehmens sprungbereit ihre Ruhepunkte finden. »We never ceased to attack this paradox«, stellt Alfred P. Sloan in seinem Rückblick auf die Pioniertätigkeit von General Motors auf dem Gebiet der Koordination von Dezentralisierung fest.[73]

Die Paradoxie muß von beiden Seiten gesichert und bewältigt werden, von der Seite der Autonomie ebenso wie von der Seite der Konditionierung, von der Seite des Teils, das auf seinen eigenen Problemwahrnehmungen beharrt, ebenso wie von der Seite des Ganzen, das seinen Anteil an der Aufrechterhaltung der Operationen sowohl der Teile wie des Ganzen gewürdigt sehen will. Und mehr ist nicht nötig, um jene »managerial revolution« zu starten, als deren Beschreibung sich mit Alfred Chandler ein Großteil der Unternehmensgeschichte seit Beginn der Industrialisierung betreiben läßt[74] und die in nichts anderem besteht als in der Selbstinstallierung, Professionalisierung und Diffusion des Managements im Brennpunkt dieser Paradoxie der Konditionierung von Autonomie. Der Manager ist derjenige, der um die beiden Seiten weiß und Kontrollchancen ebenso wie Gelegenheiten zu Alleingängen unter Bedingungen auszubeuten versteht, die das Unterlaufen von Kontrollen und das rasche Adoptieren von Gelegenheiten durch andere prämieren. Aus diesem Wissen bezieht der Manager eine Spezialisierung, die ihm vor allem der Eigentümer kaum noch streitig machen kann.

Nach außen hin wird die Hierarchie als Bedingung einer Transparenz dargestellt, die auch dort noch einsehbare Verhält-

[72] Parsons 1960, S. 67.
[73] Sloan 1972, S. 159 und S. 57f.
[74] Chandler 1977; Chandler/Daems, Hrsg., 1980; Chandler 1990.

nisse schafft, wo man es mit einer über den Lohn vermittelten Unterwerfung freier Individuen zu tun hat.[75] Nach innen hat die Hierarchie die Zusatzfunktion, Sicherheiten und Mobilitätschancen bereitzustellen, die die Absichten von Karrierewilligen auf die eigene und nicht auf andere Organisationen richten.[76] Ebenso wichtig ist jedoch, daß die Hierarchie eine Form der Einschränkung realisiert, die dort eine Spannung aufrechterhält, wo Kommunikation sowohl möglich wie unmöglich bleiben muß. Die Hierarchie ist die Bedingung dafür, daß zusammengehalten werden kann, was nur so zusammenpaßt: die Motivation mitzuspielen einerseits und die Kleinsteuerung des Verhaltens andererseits. Die Motivation zieht sich zurück auf den Lohn und die Beschwörung wechselseitigen Vertrauens.[77] Die Kleinsteuerung dagegen setzt auf Schriftlichkeit. Immer mehr Wissen der Arbeiter und Angestellten wird – gegen deren Widerstand, aber im Zeichen einer wiederum Vertrauen schaffen sollenden »objektiven Wissenschaftlichkeit« – über die von Frederick Taylor propagierten Zeitstudien erhoben, systematisiert, in Planungsbüros neu kombiniert und über schriftliche Anweisungen, deren Erfüllung schriftlich rückzumelden ist, wieder an die Arbeiter zurückgegeben.[78]

Damit sind die wesentlichen Elemente beisammen, die eine Form des Unternehmens aufrechtzuerhalten erlauben, das sich über die Einführung von Örtlichkeit, Schriftlichkeit und Hierarchie der Adressierbarkeit, Protokollierbarkeit und Kontrollierbarkeit eines Abenteuers vergewissert, das auch im Büro nicht stillgestellt werden kann und soll, sondern ganz im Gegenteil mit neuartiger Spannung aufgeladen wird.

Die Funktion

In der Bürokratisierung des Abenteuers gelingt dem Beobachter eine Fixierung des Status quo auf dem Wege einer Verwaltung der Grenzüberschreitung. Beide Seiten der Grenze werden als

[75] Miller/O'Leary 1989.
[76] Jacoby 1984, S. 39.
[77] Bendix 1956, S. 248f.
[78] Taylor 1903, S. 63ff.; Friedman 1987.

bekanntes Terrain gesetzt. Die Grenze selbst wird gezähmt: normalisiert und trivialisiert. Sie ist bald nur noch die Differenz, die die Terrains miteinander in Beziehung und nach Bedarf und Möglichkeit die eine Kombination von Wegen, Terrains und Gelegenheiten an die Stelle einer anderen Kombination zu setzen erlaubt. Das Meer wird dafür zur verbreiteten Metapher: »Der Trieb, über das Meer hinauszugehen und die Grenzen zu überschreiten, entsteht durch den Handel. Der Mensch geht darauf aus, dadrüben nicht ein Anderes zu lassen und dieses ungeheure, unindividualisierte Element des Meeres sich zu unterwerfen«, sagt Hegel in seinen Vorlesungen zur Philosophie des Rechts.[79]

Die Grenze wird zur Weltinnengrenze, zum Element der Binnendifferenzierung, die Formen verschiedener Unternehmen aufeinander zu beziehen erlaubt. Es entsteht eine Ordnung der Grenzen, die den Namen Arbeitsteilung erhält. Für einen langen Moment setzt sich der Eindruck durch, man könne die Ökonomie als einen Organismus beschreiben, dessen Ganzes sich dem Zusammenspiel seiner Teile verdankt.[80] Tatsächlich ist die Arbeitsteilung eine Form der Einschränkung, die das Andere jedes einzelnen Unternehmens als Dasselbe zu beobachten erlaubt: als unähnlich, aber solidarisch, als gegensätzlich, aber komplementär, wie es dann bei Emile Durkheim heißt.[81] Am »Pathologischen« das »Physiologische«, am Differenten die Einheit zu zeigen,[82] wird zu einer paradoxalen Versöhnungsformel, mit der Durkheim Programm und Methode der entstehenden Soziologie vorzeichnet.

Adam Smiths Beschreibung der Arbeitsteilung hatte vor allem auf die Identität der Unterschiedlichkeit der beteiligten Interessen hingewiesen. Seine Beschreibung der Vorteile der Arbeitsteilung, nämlich größere Produktivität durch schnellere Erlernung der Arbeit, geringere Materialverschwendung beim Lernen, Fortfall des Zeitverlustes durch Verzicht auf einen Wechsel zwischen verschiedenen Beschäftigungen, Geschicklichkeitserwerb durch Repetition und im Arbeitsprozeß mitlau-

[79] Hegel 1819/20, S. 200.
[80] Hutter 1992.
[81] Durkheim 1893, S. 102.
[82] Durkheim 1893, S. 90.

fende Aufmerksamkeit auf Verbesserbarkeiten,[83] hatte jedoch eine Spur gelegt, die durch Charles Babbage und andere primär im Hinblick auf die Identität der Unterschiedlichkeit der Arbeit ausgelegt werden konnte. Der entscheidende Vorteil der Arbeitsteilung, so heißt es bei Babbage, der im Unterschied zu Smith die Durchsetzung der maschinellen Industrialisierung direkt vor Augen hat, besteht darin, daß jede einzelne Geschicklichkeit, sei es die einer Maschine oder die eines Arbeiters, exakt in der Menge und exakt in der Ausprägung eingesetzt werden kann, die an einer bestimmten Stelle des Gesamtprozesses erforderlich ist.[84] Man hat es weder mit Problemen der Überqualifizierung noch der Unterqualifizierung zu tun. An jeder Stelle des Arbeits- und Kapitaleinsatzes kann man genau die Qualifikation vorsehen und einsetzen, die genau dort und nirgendwo anders erforderlich ist. Und man kann sie entsprechend entlohnen, ohne eine Überqualifizierung mitfinanzieren oder eine Unterqualifizierung durch Zusatzvorkehrungen ausgleichen zu müssen.

Diese Idee konnte wahrscheinlich zu keinem Zeitpunkt perfekt realisiert werden, und sei es nur, weil es Jahrzehnte gedauert hat, bis die tayloristische Arbeitsorganisation einschließlich ihrer Verfügung über den Einsatz der Arbeitskräfte sich gegenüber der lokalen Betriebsherrschaft der Vorleute, die die Leute nach eigenen Kriterien einstellten und entließen, durchsetzen konnte.[85] Aber solange solche Widerstände als Durchsetzungsschwierigkeiten interpretiert werden, solange, etwas anders gewendet, das Problem nur darin gesehen wird, daß »die Anarchie der gesellschaftlichen und die Despotie der manufakturmäßigen Arbeitsteilung einander (bedingen)«,[86] die despotische also nur dort eingesetzt werden muß, wo die gesellschaftliche noch anarchisch ist, um die Despotie selbst zu erübrigen, können sie die Formulierung einer Idee nicht behindern. Und die Idee lief auf die Beschreibung der Wirtschaft der Gesellschaft als ein »machine process« hinaus, in dem die verschiedenen Teile so präzise ineinandergreifen, daß die Form des Unternehmens mit

[83] Smith 1776, S. 9 ff.
[84] Babbage 1835, S. 175 f.
[85] Litterer 1963, S. 386 f.; Edwards 1979, S. 54; Jacoby 1984.
[86] Marx 1867-1894 I, S. 377.

der industriellen Technik des Arbeits- und Maschineneinsatzes zusammenfallen kann – oder zumindest zusammenfallen könnte, gäbe es nicht immer wieder Störmanöver spekulierender und machtorientierter Unternehmer.[87]

Auch die Organisationstheorie ließ sich durch die Idee der Arbeitsteilung beeindrucken. Die Teilnahme am Ganzen des »machine process« ließ sich als Ziel jedes einzelnen Teils interpretieren und jedes Ziel als eine Relation, die die Form des Unternehmens aus seiner Bezugnahme auf die Situation ableitet, in der es operiert. Das Ziel, so Talcott Parsons in der ausgereiften Version dieser Organisationstheorie, ist geeignet, die Form des Unternehmens sowohl nach außen wie nach innen zu determinieren, nämlich einerseits auf dem Wege der reintegrierenden Ausdifferenzierung der Organisation in dem übergreifenden System, in dem sie operiert, und andererseits auf dem Wege einer Strukturierung der Verfahren, die innerhalb der Organisation dazu beitragen, dieses Ziel zu erfüllen.[88] Das Ziel, das die Organisation verfolgt, ist die Unterscheidung, die das Unternehmen konstituiert.

Einen Moment lang glaubte man tatsächlich, den Unterschied, den das Unternehmen macht, mithilfe des Ziels, das es zu erfüllen erlaubt, auf die Einheit des Ganzen hin auslegen und beruhigen zu können. Erst als man daran ging, diese Lösung auszubauen und in alle Details des Zusammenspiels des Ganzen und seiner Teile hinein zu verästeln, stieß man auf den Sprengstoff, der auch in der Zielorientierung noch enthalten war. Denn der entscheidende Dreh, mithilfe dessen die Verästelung vorgenommen wurde, war die funktionale Analyse. Jeder Teil, der einen Beitrag zur Erreichung eines Ziels leistete, wurde im Hinblick auf die Funktion beschrieben und gerechtfertigt, die er im Rahmen des Ganzen erfüllte. Zu Recht verwies Frederick Taylor darauf, daß dieser Gedanke der funktionalen Organisation geeignet war, den bis dahin vorherrschenden Typ der militärischen, also auf dem Befehlsprinzip beruhenden Organisation zu ersetzen.[89] Was man dabei jedoch übersehen hatte, war, daß man sich die Beschreibung und Rechtfertigung einer

[87] Veblen 1904, S. 20 ff. und 32 ff.
[88] Parsons 1960, S. 16-58.
[89] Taylor 1903, S. 99.

Funktion nicht sichern kann, ohne sich zugleich auch den Vergleich, und zwar den Vergleich mit Alternativen, einzuhandeln. Wer auf Funktionen abstellt, legitimiert all das, was zuvor seinen Grund nur in den Gründen hatte, die dazu motivieren, Befehlen Gehorsam zu leisten. Aber wer legitimiert, muß sich auf jedes Argument einlassen, das das eine im Vergleich mit dem anderen als vernünftiger, nämlich funktionaler, darzustellen erlaubt.

Parsons hat dieses Problem sehr genau gesehen: In dem Moment, in dem Einzelfunktionen nicht nur ihre Existenz zu rechtfertigen haben, sondern im Hinblick auf diese Existenz und die zu erfüllende Funktion mit anderen Einzelfunktionen in einen Wettbewerb um knappe Ressourcen geraten, werden zwar noch nicht die Funktionen, aber die Ressourcen und die Zugriffe auf diese Ressourcen so massiv problematisiert, daß »organizational arrangements of many different kinds« erforderlich werden, die daraus resultierende Unruhe zu bändigen.[90] Es bedeutet dann nur einen weiteren Schritt, auch die Funktionen selbst in den Prozeß der Auseinandersetzung hineinzuziehen, so daß man schließlich entdeckt, daß Ziele ebenso wie Funktionen je nach Beobachterstandpunkt sich anders darstellen und anders darstellen lassen. Der Bezug aufs Ganze gönnt dem Beobachter keinen Ruhepunkt, weil, noch einmal mit Louis Dumont, jeder Teil sich in »hierarchischer Opposition« zum Ganzen befindet und der Widerspruch, der daraus resultiert, nach Belieben in Widerspruch auch gegen andere Teile diffundiert. Der Bezug aufs Ganze multipliziert die Beobachterperspektiven, wie es kaum ein Gesichtspunkt vorher vermochte.

Wer auf Arbeitsteilung setzt, kann nicht gut behaupten, daß ausgerechnet über die an ihren Funktionen orientierte Optimierung aller Teile nur an einer zentralen Stelle, »nur ungeteilt«, entschieden werden kann.[91] Die Organisationstheorie gerät ins Oszillieren zwischen dem Prinzip der Arbeitsteilung einerseits und einer Koordination durch Autorität, und zwar durch die unity of command (»a man cannot serve two masters«),[92] an-

[90] Parsons 1969, S. 61.
[91] Luhmann 1968b, S. 121.
[92] Gulick 1937, S. 6.

dererseits.[93] Schon bei Luther Gulick wird diese Oszillation dadurch entschärft, daß nicht mehr die Funktion jede einzelne Abteilung eines Unternehmens mit dem Ganzen der Organisation und jedes Unternehmen mit dem Ganzen der Wirtschaft verknüpft, sondern jede einzelne Abteilung und jedes einzelne Unternehmen jeweils als koordinierbare Nahwelt ausgelegt wird, deren Zusammenhang mit dem Ganzen der Organisation beziehungsweise der Wirtschaft ganz der Überzeugungskraft von Ideen, heute würde man sagen: Visionen, überlassen wird.[94] Anders ist der Zusammenhang nicht mehr zu sichern, denn jede Nahwelt, jede »Auflösung in enge Identifikationen«, trägt nur weiterhin bei zum »inneren Zerfall« der Arbeitsteilung.[95] Ideen haben gegenüber Funktionen den Vorteil, daß sie mehr auf mögliche Leistungen des Teils als auf den Bedarf des Ganzen abstellen. Sie haben stärkere Bindungskraft, weil sie unverbindlicher sind und schneller gewechselt werden können.

Die Kraft der funktionalen Perspektive liegt darin, daß sie über die Unwahrscheinlichkeit der Realisierung ihrer selbst hinwegformuliert und sich gleichsam trotzdem behauptet. Sie trifft auch dann zu, wenn die Wechsel platzen und die Knechte rebellisch werden. Aber es sind nur wenige Momente, in denen die Form des Unternehmens darauf abstellen muß. Etwa dann, wenn es darum geht, ob Kredite aufrechterhalten und verlängert werden können. Oder auch dann, wenn es darum geht, mit der Arbeiterbewegung ins Gespräch zu kommen. Entsprechend finden Banken und Gewerkschaften ihre eigenen unternehmerischen Anknüpfungspunkte dort, wo die Unwahrscheinlichkeit mit Blick auf die funktionale Perspektive treuhänderisch zu verwalten ist. In allen anderen Momenten jedoch zählt nicht der Blick aufs Ganze, sondern das Interesse an Unterschieden, einschließlich solcher, die prekäre Finanzierungsmechanismen zugunsten anderer Techniken und anfällige Personalführungspraktiken zugunsten anderer Umgangsformen nahelegen.

[93] March/Simon 1958, S. 12 ff.
[94] Gulick 1937, S. 37 ff.
[95] Luhmann 1964, S. 83.

Es bleibt natürlich dabei, daß es möglich ist, die Arbeitsteilung mit Durkheim als ein Prinzip der sozialen Ordnung zu beschreiben.[96] Allerdings setzt das voraus, die Arbeitsteilung als eine Form der Differenzierung zu betrachten und die Differenzierung nicht am Schema vom Ganzen und seinen Teilen, sondern von Systemen und ihren Umwelten zu orientieren.[97] Es setzt voraus, nicht die Einheit der Unterschiede, sondern den Unterschied der Einheiten in den Vordergrund zu stellen, handele es sich nun um verschiedene Arbeiten oder um verschiedene Unternehmen, in denen diese Arbeit organisiert wird. Die Form des Unternehmens erschöpft sich nicht in der Ausgrenzung bestimmter Arbeitszusammenhänge aus dem Ganzen der Wirtschaft und der Rücksteuerung dieser Arbeiten in dieses Ganze. Die für Adam Smith bedeutsame Form der Einschränkung, die denjenigen Beobachterstandpunkt generiert, an den die Unternehmensbildung anschließen kann, ist auch nicht die Arbeitsteilung, die trotz ihrer Veranschaulichung am Beispiel der Nadelfabrik eher die Form der Wirtschaft denn die Form des Unternehmens beschreibt, sondern das Interesse. Das unternehmerische Prinzip der Arbeitsteilung ist die Spezialisierung aus Eigenliebe: »Gib mir, was ich wünsche, und du bekommst, was du benötigst.«[98]

Während Funktionen auf die Identität des Ganzen abstellen, unterstreichen Interessen die Differenz des je Eigenen. Funktionale Orientierungen haben die paradoxe Wirkung, dem Hang zur Bürokratie entgegenzukommen, obwohl sie die Differenz zwischen Teilen und Ganzem zu einer geradezu ökologischen, also nicht auf Einheit hin auslegbaren, Differenz verstärken. Wahrscheinlich passen sie deswegen in die Perspektive des Büros, weil sie es erlauben, den Überblick zu wahren, ohne ihm alle anderen Aspekte unterzuordnen. Funktionale Orientierungen würden nicht funktionieren, würden sie nicht den Blick aufs Ganze jeweils wieder zurückdirigieren auf die Eigenheiten der Teile. Die Frage ist dann nur, wie man reagiert, wenn man dort,

[96] Parsons 1937, S. 308 ff.
[97] Tyrell 1985.
[98] Smith 1776, S. 17.

in den Teilen, auf Interessen stößt, die weder funktional einzubinden sind noch das Teil als Teil eines Ganzen zu behaupten erlauben. Die Bürokratie, die Herrschaft des Büros, stößt genau hier an ihre Grenzen: Entweder sie räumt diese andersartigen Interessen ein, zieht sich selbst auf ein Sonderinteresse an der funktionalen Orientierung zurück und transformiert sich dadurch aus einer Ordnungsinstanz in ein Dienstleistungsangebot. Oder sie räumt diese Interessen nicht ein, behauptet die Überlegenheit ihres Zugriffs auf Fachwissen, Dienstwissen und Dienstwegwissen – und begreift dann nie, warum »der private Erwerbsinteressent. Also: der kapitalistische Unternehmer (...) die *einzige* wirklich gegen die Unentrinnbarkeit der bureaukratischen rationalen Wissens-Herrschaft (mindestens: relativ) *immune* Instanz« ist.[99] Tatsächlich, so Max Weber, ist die Interessenperspektive in jeweils dem Feld, in dem das Interesse greift, der Bürokratie gerade in dem überlegen, was sonst deren Überlegenheit ausmacht: im Zugriff auf Fachwissen und Tatsachenkenntnis.

Die Interessen bringen die Differenzen wieder zum Vorschein, die in der bürokratischen Perspektive, unterstützt durch die funktionale, zugunsten der Ordnung des Ganzen unterbelichtet wurden. Diese Unterbelichtung geriet der Interessenperspektive nicht zum Schaden. Im Gegenteil. Mit jeder Absicherung von Grenzüberschreitungen, mit jeder Ausstaffierung und Auspolsterung der Welt, die auf dem Weg der Bürokratisierung des Abenteuers zustande kommen, werden neue Differenzen kenntlich, an denen sich Interessen entzünden können. Das gilt sowohl für den wirtschaftlichen Eigenbedarf der Bürokratie wie für ihre Finanzierung, sowohl für die Inseln der Verläßlichkeit, die sie dort schafft, wo sie sich niederläßt, wie für den Bedarf an Bürokratievermeidung, der an jeder ihrer Grenzen auftritt. In welcher Form auch immer, ob als Kontor, Kanzlei, Dekanat oder Heeresverwaltung, das Büro legt Raster über die Welt, die nicht nur im Sinne des Büros, sondern immer auch anders interpretiert werden können und als Orientierungspunkte für Aktivitäten dienen, die anders gar nicht zustande kämen. Die Beobachter sitzen ja nicht nur im Büro, sie tummeln sich auch außerhalb. Zu-

[99] Weber 1918, S. 129.

nächst draußen, dann auch drinnen entwickeln sie ihre eigenen Interessen.

Das Interesse liefert eine Form der Einschränkung, deren Vorteil gegenüber jeder anderen ihre extreme Tauglichkeit zur Beobachtung sowohl eigener wie fremder Positionen ist. Genauer gesagt: Wer auf Interessen achtet, dirigiert seine Aufmerksamkeit vielleicht erstmals auf eigene und fremde Positionen als Positionen, die sich von anderen unterscheiden und deren Unterschied zu allem anderen ihr Eigenstes ausmacht. Die Herkunft des Interessenbegriffs aus dem römischen Schuldrecht im Zusammenhang mit Schadensregulierungen bestätigt das ebenso wie die späte Ausformulierung des Begriffs in der europäischen Ästhetik im Zusammenhang mit (wenn sie sich ernst nimmt: bereits mimesisskeptischer) Anteilnahme am anderen in seiner ihm eigenen Bedeutung.[100] Je unüberschaubarer Politik und Wirtschaft in der Entwicklung der modernen Gesellschaft werden, desto mehr bewährt sich die zunächst auf die (Selbst-)Beobachtung der Fürsten gemünzte Maxime des Duc de Rohan (1638): »L'interest seul ne peut jamais manquer.«[101] Schließlich reflektiert die Interessenperspektive sich selbst als Form der Einschränkung, indem sie Kausalität für sich in Anspruch nimmt und sich zum einzigen Grund ihrer selbst macht.

Interessen gibt es nicht erst, seit sie konzediert werden. Aber sie erhalten enormen Auftrieb, seit sich unter Bürgern die Möglichkeit herumspricht, das Interesse als eine Leidenschaft auszulegen, die Fürsten, Adligen und dann auch Bürgern zugebilligt werden kann, um Schlimmeres, nämlich andere Leidenschaften, zu verhindern und andernfalls Wirkungslosem, nämlich der Berufung auf Vernunft, zu Hilfe zu kommen.[102] In Kants Wort vom Interesse als einem »Prinzip, welches die Bedingung enthält, unter welcher allein die Ausübung« eines Vermögens des Gemüts wie auch der Vernunft selber »befördert wird«,[103] erhält diese Begriffsstrategie ihre abschließende Weihe. Die eigentümliche Widerborstigkeit dieses Begriffes, ein Interesse an der Vernunft sowohl in ihr selbst wie außerhalb

[100] Fuchs 1976.
[101] Gunn 1968.
[102] Hirschman 1977, S. 49 ff.; Luhmann 1980a, S. 91 f.
[103] Kant 1788, A 216.

ihrer, in einem moralischen Gefühl zum Beispiel oder in der diesem Gefühl so zuarbeitenden wie widersprechenden Dialektik der »privat vices publick benefits«[104], zu verankern, hat Jürgen Habermas beleuchtet.[105] Aber eine solche Widerborstigkeit, eine Art Wiedereinführung der Differenz in den Begriff selbst, der die Differenz bearbeitet, ist die beste Voraussetzung für die Karriere eines Begriffs, der nur so, mit Italo Calvino zu sprechen, genug Unbestimmtheit mit sich bringt, um zu immer neuen Bestimmungen tauglich zu sein.[106]

Entscheidend ist, daß der Begriff des Interesses wie auch die ihm verwandten der Selbstliebe und Selbstbeherrschung eine, wie Luhmann sagt, »Theorie der selbstreferentiellen Bestimmung«[107] anleitet und gleichzeitig bereits mit Inhalt füllt, die zweierlei leistet: Einerseits wird das Interesse als Gesichtspunkt formuliert, »aus dem heraus Partikulares wirksam wird«, und andererseits kann das Interesse genau deswegen, nämlich im Hinblick auf seine Wirkungen, auch als »Ursache des Handelns« angesetzt werden, die andere Ursachen in Distanz zu setzen erlaubt.[108] Die Radikalität einer solchen Vorstellung kann man wahrscheinlich gar nicht überschätzen. Sie ist das Kind des Tugendkosmos der alteuropäischen Gesellschaft, das genau diesen Kosmos zum Einsturz bringt und aus der alteuropäischen Gesellschaft eine moderne oder zumindest, denn das ist der hier übliche Beruhigungsbegriff, sich laufend modernisierende macht.

Der Interessenbegriff ist ein autologischer Begriff. Auch für ihn gilt, was er aussagt: Er ist ein interessierter Begriff. Das stärkt seine Selektivität so sehr, daß man, unterwirft man sich seiner Perspektive, kaum noch sieht, was nicht unter ihn fällt. Zu schnell wendet sich der Blick ab von dem, was nicht interessiert. Um zu beobachten, was die Interessenperspektive ausblendet, muß man die Perspektive wechseln. Diese Autologik des Interesses geht mit bemerkenswerten Schnelligkeitsvorteilen einher. Nur die Geschmacksurteile sind schneller, zu denen

[104] Mandeville 1714.
[105] Habermas 1968, S. 249 f.
[106] Calvino 1988, S. 81 ff.
[107] Luhmann 1980a, S. 85.
[108] Luhmann 1980a, S. 282 f.

die Interessen denn auch ein höchst ambivalentes, ebenso folgebereites wie widerständiges, Verhältnis pflegen.

Im Interesse reflektiert der Beobachter auf die Diskontinuität der beiden Seiten jener Grenze, die unter der Perspektive des Büros nicht viel mehr als Kontinuitätsübergänge markierte. Geht es dem Büro um Differenzminimierung, um die Grenzüberschreitungen reibungsloser zu gestalten und letztlich auf Akte der Verwaltung zu reduzieren, so wird unter dem Gesichtspunkt des Interesses die Grenze als eine von beiden Seiten her gesehen steigerbare Leistung erfahren: Wer sein Interesse im Auge behält, der schafft sich sowohl mehr Zeit, sein eigenes Vermögen zu entfalten, als auch mehr Hinsichten, um dieses Vermögen mit dem zu koppeln, was es erst zu einem Vermögen macht, nämlich die Welt jenseits des eigenen Verfügungsbereiches. Im Rückbezug auf sich selbst entdeckt der Interessierte den Kontakt zu allem anderen. Nichts interessiert das Interesse mehr als jenes Dazwischen, das das Eigene mit allem anderen unter der Voraussetzung ihrer Differenz, nicht ihrer Identität, zu koppeln vermag.

Und nichts war der Herausbildung der Interessenperspektive förderlicher als die zunehmend sich verstärkende Erfahrung, daß nicht nur regionale, sachliche und soziale Differenzen Anknüpfungspunkte für unternehmerische Aktivitäten bilden, sondern primär zeitliche Differenzen. Regionale, sachliche und soziale Differenzen kann man noch, wenn man global genug denkt, die »great chain of being« im Auge behält und auf eine allenfalls karnevalistisch umkehrbare, aber nicht ersetzbare Hierarchie vertraut, zur Einheit des Ganzen runden. Auch die Zeit fügt sich diesem Bild, solange ihr mit christlicher Hilfe Anfang und Ende gegeben scheinen. Sobald jedoch deutlich wird, daß Wirtschaft, Gesellschaft und schließlich auch Unternehmen (oder war die Reihenfolge umgekehrt?) mit offenen Zeithorizonten arbeiten, kann die Einheit des Ganzen weder im Zyklus noch im Telos verankert werden.[109] Dann kann man nur noch am eigenen Interesse – und, fast noch wichtiger, an kooperationswilligen, neutralen oder zuwiderlaufenden Interessen anderer – ablesen, welche der eigenen gegenwärtig zugänglichen Möglichkeiten so zu seligieren sind, daß Aussichten

[109] Rammstedt 1975, S. 50ff.

bestehen, an bestimmten gewünschten Zukünften partizipieren zu können.

Das Interesse reflektiert auf zeitliche Differenzen, um heute etwas zu tun oder zu unterlassen, was morgen bestimmte Folgen haben kann. In diese Reflexion auf zeitliche Differenzen wird die Reflexion auf beliebige regionale, sachliche und soziale Differenzen hineinkopiert. Nur die Reihenfolge ist wichtig, weil dem Führungsgesichtspunkt Zeit mehr Komplexität zugänglich ist als den Gesichtspunkten Raum, Sache, Soziales. Nur in die Zeit kann man die innere Unruhe hineintragen, die unterschiedliche Zeitläufe mit sich bringen. Nur die Zeit kann man nutzen, um je nach Interessenlage abzuwarten oder zu beschleunigen. Der Raum ist nur geeignet, Terrains abzugrenzen, auszuweichen oder Beharrungsvermögen zu demonstrieren, die Sache nur dazu, Qualität oder Innovativität zu beweisen, und das Soziale schließlich, der Umgang mit Kunden, Konkurrenten und Kollegen, sollte, will man sich die erforderliche Vertrauensbasis nicht verscherzen, nicht als Spielmaterial der Interessenkalküle, sondern als deren verläßliches Endprodukt dastehen. Das heißt dann auch umgekehrt, daß jederzeit im Raum, an der Sache und am Sozialen Differenzen sichtbar werden können, die nur dank zeitlicher Differenzen, also der Unterschiede, die man innerhalb jeder Gegenwart im Hinblick auf verschiedene Zukünfte machen kann, wahrgenommen und ausgebeutet werden können.

Die Karriere des Interessenbegriffs verläuft parallel zu der Karriere zeitlicher Orientierungen. Das heißt, es gibt Interessen, seit die Differenz zunächst von Vorher und Nachher, schließlich von Vergangenheit und Zukunft aufgefallen ist. Aber erst in dem Moment, in dem auch dank der Wahrnehmung dieser zeitlichen Differenzen eine zunehmende Komplexität räumlicher, sachlicher und sozialer Beziehungen ins Spiel kommt, stellt sich heraus, daß die Temporalisierung der Komplexität leistungsfähiger, weil sowohl reduktionsstärker als auch geeigneter zur Wiederauflösung der Reduktionen, ist als eine etwaige Topologisierung, Objektivierung oder gar Sozialisierung der Komplexität. Rekurse auf Räume, Dinge und soziale Situationen können sich dann darauf beschränken, nachzuziehen, Irreversibilitäten einzuführen und Reversibilitäten vorstellbar zu machen. Die Interessenperspektive ist, neben und auch dank der mitlaufenden Risikoperspektive,[110] der geeignete Kandidat, eine temporalisierte Komplexität wieder sowohl auf die Differenz der Zeitpunkte wie auf Differenzen des Raums, der Sache und des Sozialen zurückzuprojizieren.

Bemerkenswert ist, daß die Interessenperspektive als Perspektive der Reflexion auf die Differenz der Zeitpunkte und als Perspektive der Reflexion auf die Leistung dieser Reflexion erst in dem Moment bewußt und damit auch weiter ausgearbeitet zu werden scheint, in dem Außenbeobachtungen zunächst die Interessiertheit des Interesses anprangern und dann die Berechtigung des Rückgriffs auf eigene Zeitkalküle anzweifeln. Interesse ist ein Begriff, der sich, wie Reinhart Koselleck vermutet, zunächst als Euphemismus für Wucher einbürgert und durchsetzt.[111] Wucher ist gleichsam die sachliche und soziale Codierung eines Phänomens, das sich erst dann als Interesse darstellt, wenn sich, ohne daß sich der Zinssatz deswegen ändern müßte, der Verweis auf die Risiken der Überbrückung verschiedener Zeitpunkte, auf die Abwartenotwendigkeit und den einstweiligen Konsumverzicht als Verweis auf die zeitliche Codierung vor jenen auf die sachliche und soziale Codierung schiebt. Ist dies gelungen, kann man den Zinssatz auch senken, weil der Wucherer entdeckt, daß nicht im Wucher, sondern im kontinuierlichen Ausbau seines Geschäfts sein Interesse steckt.

Daß der Kaufmann auf eigene Zeitkalküle zurückgreift, wird ihm möglicherweise erst bewußt, als ihm die Kirche in ihren eigenen Geschäften darin folgt, entdecken muß, daß sie gegen die Idee verstößt, nach der nur Gott über die Zeit verfügen darf, und genau dies dann dem Kaufmann vorwirft. Zuvor hatte der Kaufmann seine Wechsel, seine Kredite, seine Lagerhaltung zwar an Fristen orientiert, aber das war noch kein Zeitkalkül, sondern eher daraus begründet, daß den Reisen seiner Geschäftspartner, der Entwicklung eines kreditierten Geschäfts, den natürlichen Zyklen der neuerlichen Verfügbarkeit agrarischer Güter die Zeit einzuräumen war, die sachlich angemessen und sozial verträglich schien. Daß man die Zeit messen kann und das abstrakte Maß zum Leitgesichtspunkt der Geschäfts-

---

[110] Luhmann 1980a, S. 284.
[111] Koselleck 1982, S. 307.

führung machen kann, fiel dem Kaufmann vermutlich nicht an seinen eigenen Kalkülen, sondern erst dann auf, als sich die gemessene Zeit zur Ordnung der Arbeitsstunden und der Marktstunden in den Städten des Mittelalters mit den ersten Uhren durchsetzte und die Kirche, bedroht durch die städtische Gesellschaft, mit ihrem Vorwurf aufwartete.[112]

Wahrscheinlich stellt die Möglichkeit, die Zeit zu messen, nur den Abschluß einer interessegeleiteten Reflexion auf die Zeit dar, deren Anstoß vor allem in der von der Kirche markierten Differenz der Zeit Gottes und der Zeit des Kaufmanns lag. Erst jetzt entdeckt der Kaufmann, daß es nicht nur Zeiten der Sünde und Zeiten der Gnade gibt,[113] sondern auch verschiedene Zeiten für verschiedene Sünden. Und auch dabei hilft ihm die Kirche, deren Beichtspiegel so etwas wie frühe Handbücher der verschiedenen Möglichkeiten sündigen Verhaltens darstellen, deren Sündigkeit in dem Maße verlorengeht, wie sich die Beichtspiegel zu Handelslehrbüchern und die Priester zu Unternehmensberatern säkularisieren. Ohne die Beichte jedenfalls, so vermuten Jacques Le Goff und mit ihm Alois Hahn, wäre es vielleicht nie (oder nur anders und dann auch mit anderen Effekten) zu jener intensiven Erforschung der Handlungen und Motive des Kaufmanns, zum Versuch, das Mögliche vom Sündigen zu trennen, und zur zunehmenden Entwicklung eines Geschicks der Selbstthematisierung und Systematisierung gekommen,[114] die Punkt für Punkt die Momente zu benennen erlauben, an denen das Interesse einhaken kann. Auch und gerade die Entfaltung von Interessen ist nur möglich im Zuge einer Selbsterforschung, der ein Gegenüber auf die Sprünge hilft und der ein Gegenüber das Terrain markiert, das sich diese Interessen zugänglich machen können.[115]

Für die Form der Einschränkung, deren diverse Ausprägungen wir im Hinblick auf die Form des Unternehmens durchmustern, ist damit Entscheidendes gewonnen. Die Beobachtung von Interessen im Spiegel von Zeithorizonten, die, wie verzerrt auch immer, Kombinationen regionaler, sachlicher und sozialer

---

[112] Dohrn-van Rossum 1992, S. 211 ff.
[113] Le Goff 1977, S. 59.
[114] Le Goff 1977, S. 60 ff.; Hahn 1982, S. 409 und 412 f.
[115] Hahn 1987, S. 12.

Operationen nahelegen, die andernfalls gar nicht in den Bereich des Möglichen gerückt wären, fungiert, mit den angelsächsischen Soziologen gesprochen, als ein »disembedding mechanism«,[116] der so tauglich ist wie kaum ein anderer zuvor, ein »embedding«[117] auch neuartiger Abenteuer anzuregen und durchzuführen. Denn das Interesse liefert genau die Einschränkungen, die man braucht, um die selektiven Möglichkeiten, die man wahrnehmen kann, nicht nur zu finden, sondern auch durchzusetzen und durchzuhalten, und liefert genau die Anschlußpunkte für Geschäftspartner, Kunden und Beschäftigte, die sie brauchen, um ihre eigenen Interessen daraufhin zu prüfen, ob ihnen mit diesen selektiven Möglichkeiten gedient ist oder nicht. Es handelt sich um eine extrem einfache Form der Einschränkung, die jedoch extrem unterschiedliche und nach Belieben raffinierte Beobachtungsperspektiven auszuwerfen erlaubt.

Überdies lassen sich in die Interessenperspektive schließlich auch jene Risikoperspektiven einblenden, an denen sich die ersten expliziten, am Abenteuerlichen und Bürokratischen ebenso wie am Funktionalen und Pathologischen interessierten Unternehmenstheorien entzünden. An jedem Interesse ist, wie gesagt, das Risiko ablesbar, sich auf genau dieses Interesse angesichts der Unwahrscheinlichkeit seiner Realisierbarkeit einzulassen. Immerhin ist ja mit jedem Interesse, mit jedem »Dazwischen«, eine Wette darauf abgeschlossen, daß sich weder die Welt noch das Unternehmen in dem zu überbrückenden Zeitraum in gerade den Hinsichten ändert, die für eine Einlösung des Interesses erforderlich sind. Mit jeder Konzentration auf ein bestimmtes Interesse riskiert man, daß inzwischen andere Dazwischen zwischen Welt und Unternehmen sichtbar werden, die nur deswegen nicht wahrgenommen werden können, weil die Konzentration die knappen Ressourcen bindet. Opportunitätskosten treten nur auf, weil das primäre Interesse der Wahrnehmung der Interessen gilt und nicht etwa der Realisierung bestimmter Zustände und Möglichkeiten. Mit jedem bestimmten Interesse riskiert man daher, seine Interessen nicht mehr ausreichend oder schnell genug wahrnehmen zu können.

[116] Giddens 1990, S. 20.
[117] Granovetter 1985, S. 493.

In diese seltsamen Faltungen zwischen Interessen und Risiken hinein formulieren die ersten Unternehmenstheorien ihre Konzepte. Der Angelpunkt der Unternehmenstheorie Alfred Marshalls ist das Substitutionsprinzip, nach dem jeder Unternehmer jede einzelne seiner Investitionen unter dem Gesichtspunkt prüft und laufend beobachtet, welche Interessen er haben könnte, sie durch eine andere Investition zu substituieren.[118] Unter diesem Gesichtspunkt entwirft Marshall eine Theorie der Wirtschaft, die sich dadurch vom Unternehmen unterscheidet, daß in ihr alle die Anpassungen an neue Situationen kurzfristig möglich sind, die in jedem einzelnen Unternehmen nur langfristig möglich sind. Diese Unterscheidung zwischen kurzfristig und langfristig gibt es »in nature« nicht, wie Marshall hinzufügt,[119] sie ist das Produkt der Form einer Einschränkung, die sowohl Unternehmen wie auch die Wirtschaft als die andere Seite der Unternehmen erst möglich macht. Die Versöhnung der beiden Seiten der Unterscheidung findet im Grenznutzenprinzip statt,[120] das einerseits dem Unternehmen eine Kalkulation des Ressourceneinsatzes im Hinblick auf den erwarteten Nutzen der Investition ermöglicht, also als Stopregel für die Verfolgung bestimmter Investitionen und Umlenkung der Aufmerksamkeit auf Alternativen fungiert, und andererseits auch den Vergleich zwischen den Unternehmen im Hinblick auf durch günstigere Kostenkonstellationen anbietbare günstigere Preise ermöglicht. An dieser Schnittstelle des Grenznutzenprinzips findet der take off der neoklassischen ökonomischen Theorien statt – ohne noch in Rechnung zu stellen, daß diese Einheit der Differenz nicht nur im Hinblick auf die Einheit, sondern auch auf die Differenz Sinn macht.

Bei Frank H. Knight findet sich eine andersartige Versöhnung der beiden Seiten der Unterscheidung. Er verfolgt den Gedanken, daß die sich im Wirtschaftsprozeß zunehmend einspielende Identifizierung der Risiken jedes einzelnen Unternehmens innerhalb der Gesamtwirtschaft die Schaffung und Ausleuch-

[118] Marshall 1890, S. 355.
[119] Marshall 1890, S. 378.
[120] Marshall 1890, S. 403 ff.

tung eines Ereignisraumes ermöglicht, in dem jedem einzelnen Risiko eine Wahrscheinlichkeit zugeordnet und somit die Ungewißheit unbekannter Möglichkeiten auf das Risiko bekannter Wahrscheinlichkeiten reduziert werden kann.[121] Unternehmenstheorie wird zu einer Theorie all der Unternehmen, die das jeweils im Fokus befindliche Unternehmen nicht ist, also zu einer Unternehmenskontexttheorie, die dann Konsolidierung, Spezialisierung, Planung, Folgenabwälzung und Risikoaversion als verschiedene Möglichkeiten der Transformation von Ungewißheit in Risiko durchzuprüfen erlaubt.[122] Und der Profit wird zu dem Motiv, das jedes einzelne Unternehmen dazu bringt, an dieser Transformation von Ungewißheit in Risiken teilzunehmen.[123] Interessant ist, daß Knight aus dieser Unternehmenskontexttheorie wieder eine Unternehmenstheorie machen kann, indem er das Konzept der Spekulation nicht nur auf die Ausdifferenzierung eines Unternehmens gegenüber anderen Unternehmen, sondern auch auf die Binnendifferenzierung des Unternehmens in verschiedene Abteilungen anwendet.[124] Es ist dann nur konsequent, daß man in jüngeren Organisationsdesigns versucht, die verschiedenen Abteilungen eines Unternehmens als »profit center« anzulegen. Denn auch unternehmensintern muß der Profit als jenes Motiv herhalten, das sicherstellen kann, daß dem Ausschluß durch Differenzierung jener Einschluß durch Spezialisierung entspricht, auf den die Spekulation sich richtet.

Allerdings bleibt unternehmensextern wie unternehmensintern die entscheidende Prämisse dieser Knightschen Theorieanlage, daß jene Schaffung und Ausleuchtung des Ereignisraums tatsächlich möglich ist, der erst die Zuordnung von Wahrscheinlichkeiten und damit die Kalkulation von Risiken möglich macht. Je ungewisser die Grenzen dieses Ereignisraumes werden, desto mehr setzt sich die Ausgangsungewißheit wieder gegen die kalkulierbaren Risiken durch. Desto erforderlicher wird es dann auch, von einem probabilistischen wieder auf einen possibilistischen Risikobegriff zurückzuschalten. Wenn

---

[121] Knight 1921, S. 47 und 233.
[122] Knight 1921, S. 238 ff.
[123] Knight 1921, S. 197 ff.
[124] Knight 1921, S. 257.

die Grenzen des Ereignisraums ungewiß werden, können sowohl der externe Kontext eines Unternehmens wie der interne Kontext einer Unternehmensabteilung nicht mehr mit jener Verläßlichkeit bestimmt werden, die sich unmittelbar in Spezialisierungsdirektiven umsetzen läßt. Die Spiegel zerbrechen und die Bestimmungsleistung fällt wieder ausschließlich dem Unternehmen oder der Unternehmensabteilung zu, die sich auf ein nun nicht mehr quantifizierbares Risiko einlassen, sich auszudifferenzieren.

Immerhin hat die Knightsche Unterscheidung zwischen Ungewißheit und Risiko wieder auf die Differenz zwischen Unternehmen und Wirtschaft abgestellt, die der ökonomischen Theorie, glücklich über die auf beide Seiten der Differenz anwendbaren Substitutions- und Grenznutzenprinzipien Marshalls, aus dem Blick geraten war und weiterhin ist. Eine der wenigen Einsprüche gegen das Abstellen der ökonomischen Theorie auf Einheit anstelle von Differenz stammt von Ronald H. Coase, der sein Konzept des Vergleiches von Transaktionskosten im Unternehmen und im Markt eben nicht darauf abstellt, daß sie hier wie dort auftreten, sondern daß sie hier und dort je unterschiedlich auftreten.[125] Seinen wichtigsten Einwand gegen die ökonomische Theorie kann man vielleicht dahingehend ausformulieren, sie sei eine »analysis of choice«,[126] die über dem auf Wählbarkeit abstellenden Vergleich des Unterschiedlichen die zu Entscheidungen zwingende Unterschiedlichkeit des Verglichenen vernachlässige. Der Vergleich von Transaktionskosten macht nur dann Sinn, wenn man die Vorteile aus der Überwachung festgelegter Ressourcenverwendung im Unternehmen mit den Vorteilen rascher Austauschbarkeit unkontrollierbarer Ressourcen am Markt vergleicht.

Der Differenzpunkt ist die Kontrolle, an der Coase die Unterscheidung des Unternehmens wiederum im Anschluß an Marshalls Unterscheidung langfristiger und kurzfristiger Anpassung festmacht. Die Kontrolle und Überwachung eines kooperativen Ressourceneinsatzes sowohl im Hinblick auf die Kooperation wie auf die Ressourcen und deren Einsatz ist nur

---

[125] Coase 1988, S. 33-55.
[126] Coase 1988, S. 2.

im Unternehmen möglich. Sie ist nur dann möglich, wenn der Preismechanismus in Distanz gesetzt wird:

> »the distinguishing mark of the firm is the supersession of the price mechanism. It is, of course, as Robbins points out, ›related to an outside network of relative prices and costs,‹ but it is important to discover the exact nature of this relationship.«[127]

Und diese Einsetzung des Unternehmens anstelle des Preismechanismus liegt genau so lange im Interesse des Unternehmens, wie die Kosten, die ihm aus der Festlegung entstehen, geringer sind als die, die in anderen Unternehmen entstehen, oder geringer sind als die, die eine Koordination des Ressourceneinsatzes mit den Mitteln des Marktes ermöglicht.[128]

Die »exakte Natur dieser Beziehung« zwischen Unternehmen und Preismechanismus analysiert Coase mithilfe einer Anwendung des Preismechanismus auf den Preismechanismus: Er fragt nach den Kosten der Verwendung des Preismechanismus, den Kosten einer am offenen Markt ausgetragenen Transaktion oder schlicht den Marketingkosten im Vergleich mit Möglichkeiten, ebendiese Kosten zu reduzieren, wenn man die Transaktionen nicht am offenen Markt, sondern innerhalb eines Unternehmens durchführt.[129] Diese Fragestellung ermöglicht eine reichhaltige Transaktionskostenanalyse als Analyse der in der Wirtschaft aufgrund von Wirtschaft auftretenden Kosten, die von Oliver Williamson bis in eine Institutionenanalyse des Kapitalismus hinein verlängert wird.[130] Aber diese Analyse verpaßt, ebenso wie die Kritik an ihr, die in der Transaktionskostenanalyse ein Verfahren zur Rechtfertigung von Autorität, Hierarchie und »governance« erblickt,[131] den entscheidenden Punkt bei Coase.

Dieser Punkt liegt in der doppelten Auswirkung der Anwendung des Preismechanismus auf sich selbst. Einerseits nämlich

[127] Coase 1988, S. 36; Robbins 1935, S. 71.
[128] Coase 1988, S. 54f.
[129] Coase 1988, S. 6f.
[130] Williamson 1975; Williamson 1979; Williamson/Ouchi 1983; Williamson 1985.
[131] Tinker/Neimark 1990.

führt diese Selbstanwendung zu einer Aussetzung des Preismechanismus und zu der Entstehung eines Unternehmens, für die es im Moment der Entstehung keinen wirtschaftlichen Grund, sondern nur auf Wirtschaft bezogene Gründe gibt: Die Bewertung wird aufgeschoben in der Erwartung von Preisen, die man erzielen kann, wenn man etwas unter Bedingungen produziert, die für diesen Moment keinen Preisbewertungen unterzogen werden. Und andererseits gewinnt man mit genau dieser Aussetzung des Preismechanismus und der Entstehung eines Unternehmens einen neuartigen, aus der Wirtschaft ausgegrenzten Bereich, das Unternehmen nämlich, das seinerseits allen Bewertungsmaßnahmen unterzogen werden kann, die der Vergleich mit auf den Märkten in der Umwelt dieses Unternehmens erzielten Preisen ermöglicht.

Die Anwendung des Preismechanismus auf den Preismechanismus trifft den Punkt der Konstitution eines Unternehmens durch eine Unterscheidung. Coase muß diese Unterscheidung, »the emergence of the firm«,[132] postulieren, weil es andernfalls in der Selbstanwendung des Preismechanismus zu einem Kurzschluß käme. Erst das Unternehmen entfaltet die Selbstreferenz. Erst das Unternehmen ist in der Lage, Festlegungen zu produzieren, die in der Wirtschaft zu der Wirtschaft auf eine Art und Weise Distanz schaffen, die dann sowohl den Kalkülen der Wirtschaft wie auch anderen Ansprüchen ausgesetzt werden kann. Das Unternehmen ist gleichsam der wunde Punkt der Wirtschaft, aber auch der einzige Ort, von dem aus eine Kostenkontrolle der Wirtschaft in Gang gesetzt werden kann: der wichtigste Fall des Marktversagens und der eindrucksvollste Mechanismus der Korrektur dieses Versagens, den Ökonomen zu untersuchen hätten: die Externalität, die nicht aufhört, an ihrer Internalisierung zu arbeiten.

Schumpeters Bild von der »schöpferischen Zerstörung« ist für den Sachverhalt, um den es hier geht, nur eine andere Bezeichnung. Wo es Schumpeter darum geht, den Dänenprinzen wieder in den »Hamlet« einzuführen,[133] da geht es uns darum, die Unterscheidung hervorzuheben, die in der Form des Unternehmens innerhalb der Wirtschaft, oder genauer: auf der

[132] Coase 1988, S. 7.
[133] Schumpeter 1942, S. 142.

Grenze zur Wirtschaft, jene Festlegungen produziert und wieder aufhebt, auf die die Wirtschaft zur Entfaltung ihrer eigenen Geschichte angewiesen ist. Wenn Schumpeter darauf hinweist, daß es nicht die Konkurrenz unter gleichen Waren, gleichen Techniken, gleichen Versorgungsquellen und gleichen Organisationstypen, sondern »die Konkurrenz der neuen Ware, der neuen Technik, der neuen Versorgungsquelle, des neuen Organisationstyps« ist, die das Wesen der kapitalistischen Konkurrenz ausmacht,[134] dann zielt er auf genau den Punkt, auf den es auch uns ankommt: auf den Punkt des Herausspringens des Unternehmens aus dem, was in der Wirtschaft bekannt ist, und Rückprojizierens dessen, was bei diesem Sprung (wohin auch immer) gefunden wird, auf die Wirtschaft. Dieses Herausspringen, so mit Schumpeter weiter, geht fast immer mit einer momentanen Verletzung der Gebote der Wirtschaftlichkeit einher und entschlüsselt seinen Sinn nur dann, wenn man es im Kontext des Gesamtprozesses betrachtet.[135]

Die Festlegung durch die Unterscheidung produziert eine Form der Einschränkung, die man von zwei Seiten, nämlich von innen und von außen, betrachten kann. Erst wenn man, wie wir das hier vorschlagen, von der Unterscheidung als solcher ausgeht, fällt der Umstand auf, daß die Betriebssoziologie ebenso wie die ihr zum Teil folgende, zum Teil andere Fragestellungen entwickelnde Organisationssoziologie, die Unterscheidung von innen betrachten, also im Hinblick auf die nichtwirtschaftlichen Aspekte des Unternehmens, im Hinblick auf Plan, Kooperation, Hierarchie und Technik.[136] Umgekehrt findet die Betriebswirtschaftslehre mit Erich Gutenberg ihren Startpunkt in der Betrachtung der Unterscheidung von außen, das heißt in der ökonomischen Analyse des Unternehmens unter expliziter Ausschaltung aller organisatorischer Aspekte des Unternehmens.[137] Die Betriebswirtschaftslehre setzt genau dort an, wo sich das sich von der Wirtschaft unterscheidende Unternehmen wieder auf die Wirtschaft zurückbezieht.[138] Das ermöglicht eine reich-

---

[134] Schumpeter 1942, S. 141.
[135] Schumpeter 1942, S. 138.
[136] Briefs 1931.
[137] Gutenberg 1929, S. 29.
[138] Gutenberg 1983, S. 236.

haltige und ausgefeilte ökonomische Prüfung verschiedener Typen von Organisation,[139] ohne die man sich bis heute keinerlei Betriebswirtschaft vorstellen kann. Aber man verpaßt damit den für die Konstitution des Unternehmens ebenso entscheidenden Sprung aus der Wirtschaft heraus: die Festlegung, die zunächst einmal allen wirtschaftlichen Kriterien zuwiderläuft, aber nur so den Boden gewinnt, auf dem sich wirtschaften läßt.

Die Festlegungen, die von der Unterscheidung produziert werden, sind ein geeigneter Ausgangspunkt, die Frage nach der Unterscheidung als solcher, nach ihren beiden Seiten, nach der Form der Unterscheidung, wieder aufzugreifen. Denn genau hier, an den Festlegungen, entzünden sich einige der spannendsten Fragen der gegenwärtigen Unternehmens- und Wirtschaftstheorien. Seit Spezialisierungen welcher Art auch immer nicht mehr als Konstanten gesehen werden, die das reibungslose Spiel des zwischen Komplementarität und Substitution schwankenden arbeitsteiligen »machine process« ermöglichen, sondern als Variable, auf die sich festzulegen das Risiko impliziert, Komplementaritätschancen zu verspielen und Substitutionen ausgeliefert zu sein, ist nichts mehr wie zuvor. Die Festlegung ist nicht zu vermeiden. Nur sie produziert die »asset specificity«, die Anschlüsse ermöglicht.[140] Und nur sie eröffnet allen anderen Wirtschaftsteilnehmern Opportunitätschancen, deren Wahrnehmung das Vermögen der Spezialisierung von einem Moment auf den nächsten in eine Hypothek verwandeln kann, deren wirtschaftliche Verwertung nicht ausgeschlossen ist, aber andersartige Voraussetzungen erfordert.

Jede Unternehmenstheorie ist bereit, dem Unternehmen die Festlegung zu konzedieren. Man versteht das als ein Zugeständnis an die Realität, um das keine Theorie herumkommt. J. M. Clark hat sogar eine Kostentheorie vorgeschlagen, die für die Festlegung, die Verwaltung der Festlegung und die Wiederauflösung der Festlegung jeweils eigene Kostenkategorien bereitstellt, indem sie sie als »sunk costs«, »overhead costs« und »abandonment costs« behandelt.[141] Üblich ist jedoch eine ganz

[139] Gutenberg 1983, S. 242ff.
[140] Williamson 1985, S. 30 und 54.
[141] Clark 1923, S. ix, 1ff. und 54f.

anders geartete Kostenrechnung, die sich nicht für die Reduzierung unvermeidbarer volkswirtschaftlicher Kosten, sondern für die Optimierung vermeidbarer betriebswirtschaftlicher Kosten interessiert. Und das sind Folgekosten der Festlegung, meist als Personal-, Kapital-, Material- und Gemeinkosten klassifiziert. Nur in den Gemeinkosten kommt es zu einer partiellen Überschneidung mit der volkswirtschaftlichen Perspektive, jedoch in einer in den Betrieb wiedereingeführten Fassung. Jede dieser Kostenkategorien ist ein Einfallstor für den Beobachter, der die Festlegung als Festlegung zwar akzeptiert, aber jede einzelne Folgefestlegung unter dem Gesichtspunkt der Substituierbarkeit betrachtet.

Der ökonomische Dauerskandal des Unternehmens besteht darin, daß die Festlegung über das Ziel hinauszuschießen scheint. Obwohl von der Investitionsrechnung über die betriebliche Kostenrechnung bis zur Konkursrechnung ausgeklügelte Verfahren der internen und externen Wirtschaftsprüfung bereitstehen und laufend verfeinert werden, ist nicht von der Hand zu weisen, daß diese Verfahren immer nur begrenzt anwendbar sind. Offensichtlich gibt es einen Grenznutzen nicht nur des Verzichts auf kostengünstige Substitutionen von Produktionsfaktoren (Arbeit, Kapital, Organisation), sondern vor allem des Verzichts auf die Anwendung des Grenznutzenprinzips selbst. Offensichtlich darf man bei aller Optimierung betriebswirtschaftlicher Verfahren nicht aus dem Auge verlieren, daß die Optimierung ihrerseits ein Verfahren ist, das organisatorisch implementiert werden muß, also seinerseits Kosten produziert, deren Optimierung dasselbe Problem aufwirft.

Die Verkörperung

Mindestens dreimal mußte die Entdeckung des Beobachters innerhalb des Unternehmens neu inszeniert werden, bis sie endlich Tritt faßt und nun aus keiner soziologischen Untersuchung des Unternehmens mehr wegzudenken ist: zunächst unter dem Titel des die Arbeit ausbeutenden Kapitals,[142] dann unter dem Titel der Trennung von Unternehmenseigentum und Unterneh-

[142] Marx 1867-1894 I, S. 328f. u.ö.

mensmanagement[143] und schließlich unter dem Titel der Eigendynamik von Arbeitsgruppen.[144] Jede dieser Inszenierungen trägt die Differenz zurück in die Einheit: bricht die Black Box des Unternehmens auf und entdeckt, daß die Einheit dieser Black Box durch eine Differenz gekennzeichnet ist, deren Streit erst das Zusammenspiel ermöglicht, das das Unternehmen aufrechterhält.[145] Jede dieser Differenzen setzt Beobachtungen frei, die als Kopplungen genutzt werden können: zunächst der beiden Seiten der Differenz, dann aber auch, meist theoretisch motiviert, der Differenzen selbst. Arbeit und Kapital, Eigentum und Management, das Interesse der einen Gruppe und das ihm zuwiderlaufende Interesse der anderen Gruppe und schließlich die Einheit dieser Differenzen: Kapitalismus, Korporation und Arbeitswelt, sind jeweils Beobachterperspektiven, die typischerweise doppelt verwendet werden können, nämlich, in den Worten Spencer Browns, einerseits dazu, die Festlegung zu motivieren, sie aufzurufen, sie mit Inhalt zu füllen und sie als Festlegung kondensieren zu lassen, und andererseits dazu, die Festlegung wieder aufzulösen, sie zu streichen.[146] Inzwischen ist unter den Titeln der Probleme von adverse selection, moral hazard und principal/agent eine umfangreiche ökonomische Forschung angelaufen, die die Struktureffekte der in Beobachtungen zweiter Ordnung in Rechnung gestellten Unterschiedlichkeit von Beobachterpositionen untersucht.[147]

Wohin man schaut: Beobachter. Die immer noch nicht beim Namen genannt werden. Statt dessen sprechen Richard M. Cyert und James G. March vom »organizational slack« und entwerfen eine »behavioral theory of the firm«, um, immer noch vorgesteuert durch den ökonomischen Skandal, sich anzusehen, worin der Sinn der Festlegungen besteht, die über das Ziel hinausschießen und anschließend auf eine Art und Weise durchhängen, die keinen ökonomischen Sinn zu machen scheint. Als »organizational slack« wird zunächst die Differenz

[143] Berle/Means 1932.
[144] Roethlisberger/Dickson 1949; Mayo 1945, S. 68 ff.
[145] Glanville 1988, S. 119-147.
[146] Spencer Brown 1969, S. 1 f.
[147] Akerlof 1984; Pratt/Zeckhauser, Hrsg., 1985; Stiglitz 1987; Milgrom/Roberts 1992.

zwischen den an die Organisationsmitglieder geleisteten Zahlungen und den für den Erhalt der Organisation erforderlichen (und, so wird fast immer angenommen: in der Summe niedrigeren) Zahlungen definiert, um diese Differenz dann anschließend als eine Art Sicherheitspolster zu beschreiben, das es dem Unternehmen ermöglicht, Ungewißheit zu absorbieren, Schocks aufzufangen, Konflikte abzufedern, als Reservoir ungenutzter Möglichkeiten zu fungieren, Suchprozesse anzuleiten, kurz: sowohl Anpassung als auch Stabilität zu ermöglichen und gleichzeitig den Widerspruch zu entschärfen, der darin besteht, daß jede Anpassung Autonomiespielräume aufs Spiel setzt, die die Stabilität gefährden, und jede Stabilität Forderungen an die Aufrechterhaltung von Strukturen stellt, die die Anpassung erschweren.[148]

Mit anderen Worten, ein Unternehmen, das Organisation werden will und bleiben soll, muß die Möglichkeit der Ansammlung von »organizational slack« nicht nur einkalkulieren, sondern zulassen und sogar, mit den Wirtschaftsprüfern gegen die Wirtschaftsprüfer, in einem gewissen Maße fördern. Der »organizational slack« ist, frei nach Durkheim, die nichtorganisatorische Voraussetzung der Organisation und die organisatorische Voraussetzung des Unternehmens. Man könnte ihn als das Medium betrachten, in dem die Organisation Form gewinnt, die ihrerseits das Medium ist, in dem das Unternehmen seine Form erhält. Mit Cyert und March bleiben wir einstweilen bei der begrifflich einfacheren Formulierung, den »organizational slack« als implizites Verfahren der Ungewißheitsabsorption zu betrachten, dem expliziten Verfahren in der Hinsicht vergleichbar, daß es »strukturelle Kopplungen«[149] bereitstellt, die die Unterscheidung des Unternehmens zurückbeziehen auf die Welt, in der die Festlegungen getroffen werden.

Mit einer nur zum Teil metaphorischen Wendung können wir sagen, daß das Unternehmen im »organizational slack« seine eigene Körperlichkeit entdeckt. In der Organisation sucht und findet das Unternehmen seine Verkörperung. Am Speck, den er ansetzt, entdeckt der Beobachter seinen Körper. Er beginnt zu

---

[148] Cyert/March 1963, S. 36ff.; March 1988, S. 1-21.
[149] Maturana 1982, S. 150f. u.ö.

erfahren, daß bei allem, was er erfährt, ihm etwas an ihm selbst widerfährt, was ihm entgeht, was aber zugleich die Bedingung dafür ist, daß er etwas erfährt. Ihm wird sichtbar, daß ihm unsichtbar ist, wie ihm etwas sichtbar wird.[150] Und er beginnt zu ahnen, daß er immer schon mehr weiß, als er zu sagen weiß.[151] Kein Verständnis dessen, was Kognition ist: nämlich das Treffen von Unterscheidungen durch einen Beobachter, der sich weder in dem, was er unterscheidet, noch in der Unterscheidung selbst erschöpft (oder doch?), wird ohne ein Verständnis der Sensomotorik und damit, in den Worten Varelas und Thompsons, des »Doppelsinns der Verkörperung« als Struktur einerseits und als Milieu andererseits auskommen.[152]

Der »Körper« ist eine ausschließlich intern operierende Struktur der Externalisierung, die sich durch Bewegungen mit genau den Störungen versorgt, die über die Variation interner Operationen die Variation externer Zurechnungen erreichen. Dabei ist sehr viel Kausalität im Spiel, die jedoch über die Schnittstellenfunktionen des Körpers sowohl unterbrochen wie nach den je eigenen Kriterien des Organismus oder des Milieus transformiert werden kann. Die Kognitionen, die dabei zustande kommen, sind Kognitionen, die sowohl auf die Struktur des Körpers wie auf das Milieu, das er sich durch seine Bewegungen schafft, zugerechnet werden können. Dabei ist es immer zugleich das Milieu, das sich den Körper schafft, indem es ihn sich so und nicht anders bewegen läßt. Das »Bewußtsein«, das sich ein Beobachter macht, sieht vom Körper ab, solange dieser es sehen, hören, schmecken, fühlen, riechen, tasten und denken läßt, was es sehen, hören, schmecken, fühlen, riechen, tasten und denken will und soll. Das Bewußtsein sieht darüber hinaus auch von der langen Geschichte seines Sehens, Hörens, Schmeckens, Fühlens, Riechens, Tastens und Denkens ab, die weder ihm noch seiner Umwelt, sondern immer nur beidem zugleich und alternierend zugerechnet werden kann und die das Bewußtsein, ohne es zu binden, darauf festlegt, zu sehen, zu hören, zu schmecken, zu

[150] Valéry 1973, S. 1119ff.; Valéry 1957, S. 923-931; Merleau-Ponty 1964, S. 299ff.
[151] Polanyi 1966.
[152] Von Foerster 1981, S. 288-309; Gumbrecht/Pfeiffer, Hrsg., 1988; Gumbrecht 1991, S. 846f.; Varela/Thompson 1991.

fühlen, zu riechen, zu tasten und zu denken, wie es das tut. Und schließlich und vor allem sieht das Bewußtsein davon ab, daß es der Körper ist, der über die sieben Sinne verfügt, nicht es selbst, das nur Gast in einer Struktur ist, auf die es zur Ausdehnung seiner eigenen Möglichkeiten angewiesen ist.

Erst in dem Moment, in dem dem »Bewußtsein« auffällt, in welchem Ausmaß intern produzierte externe Konditionierungen das bestimmen und in Atem halten, was intern produziert wird, beginnt es den Modus zu erforschen, in dem der Verzicht auf körperliche Selbstzurechnung dafür verantwortlich wird, an der externen Konditionierung das Moment der internen Produktion zu streichen und diese Konditionierung dann, wenn sie eine entsprechende Semantik bereithält, auch noch für die Bedingung der eigenen Freiheit zu halten. Für das menschliche Bewußtsein, so Varela und Thompson, stellt die buddhistisch angeleitete Meditation eine Möglichkeit bereit, diesen Moment zu erfahren und diesen Modus zu erforschen.[153]

Ansätze zu einer Meditationspraxis der Unternehmen, die nicht diesen Namen trägt, aber demselben Ziel dient, nämlich einen Erfahrungsmodus bereitzustellen, der es erlaubt, an den selbstproduzierten Zwängen nicht nur den Zwangscharakter, sondern vor allem die Selbstproduktion zu erkunden, gibt es etwa bei Chris Argyris und Rudolf Wimmer.[154] Diesen und anderen Ansätzen fehlt es einstweilen noch an einer klaren Erkenntnis dessen, was im Fall des Unternehmens als Struktur und als Milieu der Verkörperung aufzufassen ist, so daß im Wechsel zwischen psychischen und sozialen, organisatorischen und gesellschaftlichen, wirtschaftlichen und ökologischen Referenzen der Zurechnung sowohl der Zwänge wie der Selbstproduktion der Zwänge neben vielen wichtigen Einsichten auch viel Verwirrung geschaffen wird, der keine jahrhundertelang erprobten Kataloge, wie im Fall des Buddhismus, zu Hilfe kommen, um festzuhalten, worauf zu achten ist. Immerhin ist auffällig, daß heute keine Managementphilosophie, die etwas auf sich hält, nicht mit einem Angebot eines solchen Katalogs, einer Checkliste der Steuerung von Aufmerksamkeit, aufwartet.

Wir werden im folgenden keinen solchen Katalog erarbeiten.

[153] Varela/Thompson 1991, S. 46 ff, 92 ff. u.ö.
[154] Argyris 1990; Wimmer 1990; Heintel/Krainz 1992.

Vielleicht, weil es dafür zu früh ist, solange wir nicht über entsprechend aufbereitete Erfahrungen und eine ausgearbeitete Unternehmenstheorie verfügen. Vielleicht aber auch, weil es dafür zu spät ist, weil kaum noch vorstellbar ist, daß Kataloge, also Klassifikationen, geeignet sind, die Determinationen von Verhältnissen zu erfassen, deren Form der Einschränkung ihre Korrigibilität ist. Jeder Klassifikation würde man heute, man denke nur an das berühmte Beispiel der Einteilung der Tiere in der apokryphen chinesischen Enzyklopädie bei Jorge Luis Borges,[155] Kategorien hinzuzufügen haben, die die Klassifikation als solche in sich absichern, und zugleich andere Kategorien, die sie sprengen, und wahrscheinlich drittens auch noch Kategorien, die auf die Form der Klassifikation reflektieren und sie auf einen Beobachter zurechnen. Klassifikationen, so könnte man im Anschluß an Wittgensteins Bemerkung über die Theorie der Klassen sagen, sind nur so lange sinnvoll, wie man glaubt, daß die Allgemeinheit, die sie anstreben und ausdrücken, eine zufällige ist.[156] Die Phänomene, mit denen wir es hier zu tun haben, sind jedoch ebensowenig wie diejenigen der Mathematik schon deswegen nicht mehr durch Klassifikationen zu erfassen, weil es ihre Kontingenz ist, die ihnen Struktur gibt. Das ist einer der Gründe dafür, daß wir bisher und im folgenden auf Unterscheidungen zurechnen, und nicht auf Kategorien.

Nun scheint der entscheidende Punkt der buddhistischen Kataloge nicht in ihrer Klassifikation der Bewußtseins- als Weltzustände (und umgekehrt), sondern in ihrer Beschreibung einer Struktur zwecks Ortung ihrer Kontingenz zu liegen: Das »Rad des Lebens« beschreibt einen Kreis, der seine Zwangsläufigkeit entfaltet, wenn man ihn nicht unterbricht (karma), und seine Struktur sowie deren Kontingenz erst offenbart, wenn man ihn unterbricht (dharma).[157] Insofern ist es nicht ausgeschlossen, die buddhistische Erfahrung des »dependent-arising« gerade unter der Bedingung, daß jede Reflexion auf dieses Entstehen seine Bodenlosigkeit offenbart,[158] mit der Formanalyse Spencer Browns, die den »marked state« aus dem »unmarked state«

[155] Borges 1966, S. 212.
[156] Wittgenstein 1921, Punkt 6.031.
[157] Varela/Thompson 1991, S. 156ff.
[158] Varela/Thompson 1991, S. 298ff.; Hopkins 1983, S. 54 f. und 169ff.

gewinnt, in Beziehung zu setzen. Immerhin konvergieren der Spencer Brownsche Formenkalkül und die buddhistische Meditationspraxis in dem einen entscheidenden Punkt, daß nur die Beobachtung von Instruktionen Auskunft geben kann über die Entstehung von Form. An der Instruktion, und zwar auch und gerade an der, die man unwillkürlich befolgt, ist ablesbar, sobald man auf die Willkür reflektiert, wie Form entsteht.[159]

Die Organisation ist die Verkörperung des Unternehmens. In der Organisation gewinnt das Unternehmen die Form einer Einschränkung, die korrigierbar festlegt, wie es beobachtet, was es beobachtet. Es gewinnt einen Körper, an dessen Bewegungen ablesbar wird, wie erfolgreich oder erfolglos die Geschichte seiner Bewegungen bisher verlief. Ihm wird sichtbar, daß es sich unsichtbar ist. Und es begreift, daß ihm Teile, entscheidende Teile, der eigenen Intelligenz unzugänglich sind. Es beginnt die Doppeldeutigkeit des Körpers zu entdecken, die laut Merleau-Ponty (wie zuvor die Wertstruktur der Sprache bei de Saussure und später die Doppelstruktur der Signifikantenkette bei Lacan)[160] darin besteht, daß eine wohldefinierte, in vielen Teilen unersetzbare topologische Struktur Funktionen erfüllt, deren Zustandekommen nicht lokalisierbar ist.[161] Das Unternehmen wird reflexiv. Es beginnt sich zurückzuprojizieren auf den Körper, den es gewonnen hat. Es geht unternehmerisch mit der eigenen Organisation um, entdeckt Möglichkeiten des Abenteuers, der Bürokratisierung, der Funktionalisierung und Interessenentwicklung auch an sich selbst. Die Organisation wird zum Produktionsfaktor, die Organisationsentwicklung zum Geschäft. Für das Unternehmen sind die Grenzen der Organisation disponibel. Konzerne werden geschmiedet und wieder aufgelöst. Organisationsstrategien werden geplant und wieder aufgegeben. Funktionsketten werden in vertikale Integration umgesetzt und wieder verselbständigt. Und immer wieder wird versucht, die Interessen der Organisation und die Interessen des Unternehmens zur Deckung zu bringen. Vergeblich. »Le cœur a ses raisons que la raison ne connaît point.«[162]

159 Spencer Brown 1969, S. 77 ff.
160 Saussure 1915, S. 126; Lacan 1966, S. 259 f.
161 Merleau-Ponty 1942, S. 240.
162 Pascal 1964, S. 146.

Wenn man über die Organisation als die Verkörperung des Unternehmens nachdenkt, stößt man auf die Paradoxie einer unverfügbaren Verfügbarkeit. Der Körper ist nicht nur der Organismus, der mitspielt, sondern die Differenz, die ihre eigenen Gründe hat. Es gibt nur wenige Organisationstheorien, die es uns erlauben, diese Paradoxie der unverfügbaren Verfügbarkeit jenseits der Metapher der Körperlichkeit und Verkörperung näher zu untersuchen. Eines der Konzepte, das dabei eine wichtige Rolle spielen könnte, ist das Konzept des Verfahrens. Denn Verfahren, sei es in der klassischen Form der »standard operating procedures«,[163] sei es in den neueren Formen der verteilten Problemlösung,[164] sind geeignet, unverfügbare Teile der Organisation zu einem Mitspielen zu bewegen, dem diskriminierfähige Kohärenzen, aber nicht kontrollierende Kausalität vorgegeben werden können. Das Verfahren ist darauf angewiesen, dem Zufall Raum zu geben, wie Karl Weick betont,[165] denn nur so kann es Bedingungen schaffen, unter deren Voraussetzung es die sich selbst kooptierenden Beiträge rekrutieren kann, deren es zur eigenen Vollendung bedarf.

Man sieht, daß im Verfahrenskonzept uneingestanden bereits der Beobachter mitgeführt wird. Er ist die kooptationsfähige Instanz. Das Problem des Verfahrenskonzepts ist jedoch, daß ihm nicht nur der Beobachter, sondern vor allem die Organisationstheorie fehlt, die zu beschreiben erlaubt, wie die Differenzen beschaffen sind, deren Zusammenspiel die Kohärenz des Verfahrens entstehen läßt. Wo sitzen die Beobachter und welche Unterschiede machen sie?

Begibt man sich auf die Suche nach Organisationstheorien, die daran interessiert sind, die Organisation als diese Differenz einer unverfügbaren Verfügbarkeit zu fassen, sei es gegenüber jedem unternehmerischen Zugriff auf die Organisation, sei es gegenüber dem Zugriff der Organisation selbst, zum Beispiel orientiert an ihren Zielen, Plänen, Strategien, wird man sehr rasch fündig. Talcott Parsons' Theorie einer Ebenenhierarchie, die die Artikulationschancen der Problemperspektive jeder ein-

[163] Cyert/March 1963, S. 101 ff.
[164] Smith/Davis 1981; Reich 1991, S. 87 ff.
[165] Weick 1979, S. 372 ff.

zelnen Ebene, der technischen, geschäftsführenden und der institutionellen, aus der Diskontinuierung der Linienhierarchie bezieht, haben wir schon erwähnt.[166] James D. Thompson gewinnt daraus eine Beschreibung von »Organizations in Action«, die unsere Paradoxie der unverfügbaren Verfügbarkeit in die Fassung einer simultan geschlossenen und offenen Organisation bringt: nämlich geschlossen, gegen Außeneinflüsse abgeschirmt, auf der Ebene des »technical core« und offen, gegenüber wechselnden Einflüssen aus der gesellschaftlichen Umwelt sensibel, auf der institutionellen Ebene der Aufsichtsräte, Gewerkschaftskommissionen, Kundenräte, Rechts- und Umweltschutzabteilungen.[167] Eine interessante Konsequenz der Weiterentwicklung des Parsonsschen Ansatzes durch Thompson ist, daß sich die Geschäftsführung von einer eigenen Hierarchieebene, auf der sie Parsons noch durchaus tayloristisch lokalisiert hat, zu lösen beginnt und jede Art von Interdependenzmanagement als Aufgabe einer Geschäftsführung gefaßt werden kann, die zwischen offenen und geschlossenen Teilen der Organisation zu vermitteln hat.

Die Faszination durch die Organisationstheorie von Thompson liegt in der Weiterentwicklung der Organisationsforschung dann vor allem darin, daß man die spezifische Verteilung von Offenheit und Geschlossenheit, von Kontingenzsensitivität auf der institutionellen Ebene und Kontingenzinsensitivität auf der technischen Ebene, variieren kann. In dem Maße, in dem die neueren Informations- und Kommunikationstechnologien – von Risikotechnologien zu schweigen[168] – das geschlossene »technical core« aufbrechen und Kontingenz genau dort zugelassen werden muß, wo sie bisher ausgeschlossen werden konnte,[169] und umgekehrt die institutionelle Ebene etwa unter dem Stichwort der »corporate identity« abgedichtet wird gegen Störeinflüsse aus der Umwelt,[170] muß man mit wechselnden und zunehmend kleingearbeiteten, von Ebenen unabhängigen Konstellationen von Schließung und Öffnung rechnen. Die Idee,

---

[166] Oben, S. 86 f.
[167] Thompson 1967, S. 10 ff.
[168] Perrow 1984.
[169] Scott 1981, S. 281 ff.; Schmidt 1989a; Scott 1990; Weick 1990a.
[170] Weick 1985.

daß Integrationsleistungen nur aus der Lösung der Konflikte zu beziehen sind, die die Differenzierung der Organisationsteile laufend mit neuem Stoff versorgt,[171] verselbständigt sich ebenso wie die Idee, daß Organisationsentwicklung prinzipiell nicht an den Stellen zu erwarten ist, wo Problemlösungen bereitgehalten werden, sondern an den Stellen, wo das Auftreten von Problemen zu erwarten steht.[172]

Je weiter sich die Organisationstheorie entwickelt, desto mehr verlagert sich der Akzent bei der Beschreibung der verfügbaren Unverfügbarkeit auf die Unverfügbarkeit. Der Organisationstheorie ist jedes Bild recht, das geeignet ist, die Überraschbarkeit der Organisation durch sich selbst festzuhalten, sei es die organisatorische Anarchie der Mülltonne oder das berühmte abschüssige runde Fußballfeld, über das Tore wahllos verteilt sind, das Spieler nach Gutdünken betreten und wieder verlassen können, jeder mit seinem eigenen Ball unter dem Arm und jeder nach Belieben einen Treffer ausrufend, wenn ihm der Sinn danach steht, und all dies noch auf eine Art und Weise gespielt, als stünde der Sinn außer Frage.[173] Verglichen mit diesen Bildern sind die Differenzen, die sich einspielen, um die Widersprüchlichkeit oder, je nach Geschmack, den Alternativenreichtum der Gestaltung von Organisationen wiederzugeben, geradezu einfallslos: man unterscheidet mechanische von organischer, bürokratische von assoziativer und »crisp« von »fuzzy« Organisation, um nur einige Beispiele zu nennen.[174]

Und trotzdem ist der gemeinsame Nenner einer Vielzahl von Organisationsbildern, deren Inventar Gareth Morgan erstellt hat,[175] relativ einfach: Im Zentrum des Geschehens in der Organisationsforschung steht die Entdeckung, daß Organisationen keine Maschinen sind, denen man Ziele, Effizienzmaßstäbe und Entscheidungsregeln vorgeben kann, damit sie wissen, was sie zu tun haben. Statt dessen hört man nicht auf herauszufinden, daß Organisationen kommunizieren.[176] Die Kommunika-

[171] Lawrence/Lorsch 1969.
[172] Stinchcombe 1990, S. 5 f.
[173] Cohen/March/Olsen 1972; Weick 1976, S. 1.
[174] Burns/Stalker 1961; Bosetzky 1970; Butler 1991.
[175] Morgan 1986.
[176] Weick 1987.

tion ist die Form der Einschränkung, die dem Unternehmen jene Organisation mit auf den Weg gibt, die es ihm erlaubt, sich selbst voraussetzend an sich zu erfahren, was ihm möglich ist. Wir werden daher einen Zugang zum Problemfeld der Kommunikation zu erarbeiten haben, der in genau dem Sinne mit der Kontingenz von Strukturen bekannt macht, in dem die Kognition auf Verkörperung angewiesen ist.

Spiele

Die Zweideutigkeit

Mit einem Beobachter allein ist es nicht getan. Er hält sich nicht. Er verliert sich an die Sache. Schneller als beabsichtigt machen wir gemeinsame Sache mit ihm und verlieren über der Einschränkung und dem, was sie ermöglicht, ihre Form, die Korrigierbarkeit, aus den Augen. Darum ist die ökonomische Theorie erst jüngst über die Beobachtung Robinson Crusoes hinausgekommen. Wir müssen, um die Einführung des Beobachters als Beobachter abzusichern, einen zweiten, dritten, vierten Beobachter einführen, die den ersten beobachten und von diesem beobachtet werden können. Wir müssen den Beobachter in das Unternehmen einführen und dort von anderen Beobachtern beobachten lassen. Wir müssen das Binnengeschehen im Unternehmen als eine Dynamik der Beobachtung zweiter Ordnung beschreiben.

Dabei handelt es sich nach wie vor und erst recht auf der Ebene der Beobachtung zweiter Ordnung um Kommunikationsvorgänge. Was sich irgendein im Betrieb herumlaufender Mensch dabei denken mag, was er sieht und feststellt, ist eine Sache, und zwar seine Sache. Was er dadurch kommuniziert, daß er sich als Beobachter beobachten läßt, ist ganz etwas anderes. Für letzteres interessieren wir uns. »Beobachtung zweiter Ordnung« ist eine handliche Formulierung, die Kommunikationsvorgänge erschließt, innerhalb deren jede einzelne beobachtete Beobachtung, werde sie verbal oder stumm, über Gesten oder über auffällige Abwesenheit, schriftlich oder über Bilder kommuniziert, im Kontext einer ganzen Apparatur von Unterscheidungen gelesen wird, mit denen bereits Erfahrungen vorliegen. Die Beobachtung von Beobachtungen ist die Beobachtung einer Beobachtung im Rückgriff auf Unterscheidungen, die in vergangenen Beobachtungen zum Einsatz kamen, und im Vorgriff auf Unterscheidungen, die in künftigen Beobachtungen getroffen werden könnten. Wir haben es mit einem Netzwerk von Beobachtungen-anhand-von-Unterscheidungen zu tun, das in dem Maße Stabilität gewinnt, als sich bestimmte

Unterscheidungen, während andere verschwinden und neue auftauchen, als immer wieder getroffene herausstellen und sich derart, mit Heinz von Foerster zu reden, als Eigenwerte eines rekursiven Netzwerks der Reproduktion von Beobachtungen durch Beobachtungen erweisen.[1]

Darauf wird es uns im folgenden ankommen: auf die Klärung der Frage, welche Chancen für Varietät und Redundanz in einem Netzwerk von Unterscheidungen bestehen, in dem rekursive Prozesse der Beobachtung von Beobachtungen stattfinden, die wir als Kommunikation innerhalb des Unternehmens beschreiben wollen. Kommunikation heißt somit einstweilen nichts anderes als Beobachtung anhand von Unterscheidungen, deren Getroffenwerden wiederum beobachtet wird.

Wer sein Computerterminal vor Arbeitsbeendigung abschaltet, kommuniziert damit eine Unterscheidung, die, je nachdem, als Protesthaltung, Karriereunwilligkeit, Motivationsbedarf oder Unterforderung gelesen wird und erst als diese Unterscheidung in der Art und Weise, wie in dem Unternehmen worüber und ob überhaupt kommuniziert wird, einen Unterschied macht. Wer sein Computerterminal abschaltet, hat diese Unterscheidung nicht in der Hand. Das »wirkliche« Motiv kann eine Rolle spielen, muß aber nicht. Allerdings können sich innerhalb einer Bürogemeinschaft Konventionen herausbilden, mit deren Hilfe auch das Motiv einer solchen Abschaltung kommuniziert werden kann. Jede dieser Konventionen, jedes Zeichen, das ein bestimmtes Motiv unter Ausschluß möglicher anderer zu signalisieren erlaubt, kann dann wieder benutzt werden, ein bestimmtes Motiv vorzutäuschen, um ein anderes zu verstecken, und kann auch genau daraufhin wieder beobachtet werden.

Das bisher erfolgreichste Mittel, eine bestimmte Redundanz innerhalb der Kommunikation in einer Unternehmensorganisation zu sichern, ohne Varietät in anderen Hinsichten auszuschließen, ist die Hierarchie. Eine Hierarchie ist nichts anderes als eine Ordnung zur Strukturierung der Beobachtung von Beobachtungen durch eine spezifische Verteilung und Auszeichnung dessen, was einen Unterschied macht und was nicht. Sie erzwingt bestimmte Kommunikationen, nämlich jene, die

---

[1] Von Foerster 1981, S. 273-285; von Foerster 1984.

durch eine asymmetrisierende Unter- und Überordnung gekennzeichnet sind, und sie stellt andere Kommunikationen frei, nämlich solche, die durch eine symmetrische Gleichordnung gekennzeichnet sind. In der Tradition der Organisationstheorie spricht man auch von formeller Organisation, wenn man es mit asymmetrischer Kommunikation, und von informeller Organisation, wenn man es mit symmetrischer Kommunikation zu tun hat.[2] Bei Hierarchie geht es also, darauf hat Talcott Parsons aufmerksam gemacht, nicht um die Installation von Befehlsketten zwecks militärischer Engführung von Kommunikation und Ausschluß alles anderen, sondern um die Konditionierung von Autonomie. Hierarchische Verhältnisse sind Verhältnisse, das wird oft übersehen, die man sowohl auf Konditionierung wie auf Autonomie hin beobachten kann, sowohl im Hinblick auf Freiheit wie auf deren Beschränkung.

Und das wiederum bedeutet, das sahen wir mithilfe der Analyse Louis Dumonts, daß man die Hierarchie auf ihre Paradoxie hin beobachten kann, den Teil in den Gegensatz zum Ganzen zu setzen, von dem er ein Teil ist. Auf diese beiden Punkte der Konditionierung von Autonomie und der Paradoxie der hierarchischen Opposition haben wir bereits hingewiesen.[3] Worauf es jetzt ankommt, ist, die Asymmetrisierungsleistung zu unterstreichen, die die Hierarchie aus der Entfaltung des Widerspruchs, den sie etabliert, gewinnt. Die Hierarchie ist immerhin eine der überzeugendsten Ordnungsvorstellungen, die die Gesellschaft je entwickelt hat. Unter dem Deckmantel der Unilateralisierung von Macht ermöglicht sie die Zerstreuung der Macht, indem sie die Reichweite und Durchsetzungschancen der Macht in die Hände derer legt, die ihr unterworfen sind, also Macht an deren Anerkennung bindet.[4] Unter dem Deckmantel des Ausschlusses von externen Eingriffen und Einsichten in eine hierarchische Organisation ermöglicht sie die Aufrechterhaltung der Transparenz undurchschaubarer Verhältnisse, indem sie die Beobachtung einer hierarchischen Organisation auf deren Spitze lenkt und an der Spitze wie immer trügerisch ablesbar werden läßt, was an der Basis passiert, be-

[2] Mayntz 1958.
[3] Oben, S. 86f.
[4] Weick 1979, S. 30f.

ziehungsweise an der Spitze beeinflußbar macht, was an der Basis passieren soll.

Allerdings ist der Preis für diese in einer Paradoxie verankerte Ordnungsleistung hoch. Die Hierarchie funktioniert nur, solange die Paradoxie nicht sichtbar ist. Sie ist auf Eindeutigkeit angewiesen. Jede Zweideutigkeit gefährdet sie.[5] Davon ist natürlich besonders die Spitze der Hierarchie betroffen, denn genau dort kann das Prinzip der Hierarchie, die asymmetrisierende Unter- und Überordnung, in Richtung der Überordnung nicht weitergeführt werden – es sei, so dann auch die typische Lösung des Problems, ins Göttliche oder zumindest, qua Vision, in die göttliche Einsicht. Solange die Hierarchie funktioniert, zieht die Spitze der Hierarchie alle Zweideutigkeit auf sich, indem sie den gefährdeten Punkt, an dem nur noch Bewegungen nach unten möglich sind, mit besonderem Glanz und Pomp ausstattet,[6] der einerseits die Spitze oben hält und andererseits den künftigen Fall um so verzichtbarer macht, je wahrscheinlicher er wird. Dem König wird der Narr zugesellt, dessen Weisheit denn auch darin besteht, sich durch die Paradoxie nicht blockieren zu lassen, die er aufdeckt und veranschaulicht. Gefährdet ist die Hierarchie auch an ihrem unteren Ende, weil auch dort ihr Prinzip der Unter- und Überordnung aussetzt, diesmal nach der Seite der Unterordnung. Dort unten ist das Gelächter über die Hierarchie denn auch am größten und die Suche nach Opfern, die sich noch weiter unten ansiedeln lassen, am verzweifeltsten.

Daß all dies sehr viel mit Gewalt und ihrer nicht auszuschließenden, sondern mehr oder weniger subtil immer wieder einzusetzenden Möglichkeit zu tun hat, ist weder historisch zu bezweifeln noch theoretisch, seit René Girard die Entstehung der Gewalt aus der die Paradoxie der Hierarchie spiegelnden Paradoxie der Imitation beschrieben hat: Ich brauche den Anderen, der mich imitiert, um meine Identität als der Mühe wert absichern zu können, und muß ihn als Anderen bekämpfen, je mehr er als mit mir identisch zu meinem Rivalen wird.[7]

Die Hierarchie ist, wiewohl immer nur temporär, die Lösung

[5] Bendix 1956, S. 247.
[6] Luhmann 1980, S. 76.
[7] Girard 1972, S. 211 ff.

ihrer eigenen Paradoxie wie die Lösung der Paradoxie der Imitation. Sie lenkt die Beobachtung von Beobachtern in ganz bestimmte Bahnen, die sowohl das Gegensätzliche am Identischen (den Teil innerhalb des Ganzen) wie das Identische am Gegensätzlichen (die Imitation des anderen) stark zu machen erlauben, ohne sich von den entsprechenden Paradoxien blockieren zu lassen. Diese Bahnen sind die einer transitiven Ordnung von Werten, einer großen Kette der Wesen,[8] in der jeder Wert sich durch seine Stellung eindeutig definieren läßt als bestimmten anderen Werten übergeordnet und wiederum anderen Werten untergeordnet. Jeder Wert ist von jedem anderen Wert verschieden, indem seine Stellung eine andere ist, und jedem anderen Wert doch zugleich ähnlich, indem sich alle Werte auf dieselbe Wertordnung beziehen lassen. Diese Ordnung sichert sich ab, indem ausgeschlossen wird, daß ein Wert C, der einem dem Wert A nachgeordneten Wert B untergeordnet ist, seinerseits dem Wert A übergeordnet ist. Diese Transitivität sichert die Eindeutigkeit der Hierarchie und damit die Hierarchie selbst als die auf das Eine und Heilige zulaufende Ordnung (griechisch: hiero archein).

Die Hierarchie lenkt die Beobachtung und Zuordnung von Unterscheidungen, die jeweils für relevant gehalten werden, in die Bahnen einer transitiven Wertordnung und stellt allen anderen Unterscheidungen frei, sich nur im Zweifelsfalle der Zumutung aussetzen zu müssen, Stellung zu beziehen. Das erlaubt es, mit einer Vielzahl von Unschärfen und dunklen Flecken zu arbeiten oder auch mit Werten, die ihre Karriere einem Wiederauftauchen aus der Versenkung verdanken,[9] ohne daß die Ordnung als solche in Frage gestellt werden müßte. Allerdings bleibt die gesamte Ordnung mit genau der Zumutung von Eindeutigkeit belastet, die in der Form der Transitivität abgesichert werden soll. Diese Eindeutigkeitszumutung gefährdet die Hierarchie stärker als alles andere. Denn sie bedeutet, daß die Konditionierung letztlich immer das Übergewicht gegenüber der Autonomie hat und die Imitation die stärksten Gründe immer auf ihrer Seite weiß. Unter der Prämisse der Eindeutigkeit erscheint die Autonomie als eine gewährte, jederzeit wieder

[8] Lovejoy 1936.
[9] Thompson 1979.

zurücknehmbare Autonomie und der Andere als ein Double, in dem man sich selbst erkennt, wenn man ihm die Verkleidung nimmt – welche Vorkehrungen auch immer das erfordert. Die Hierarchie ist eine bemerkenswerte Ordnung des Verschiedenen, die sich um so mehr in die erschreckende Ordnung Desselben verwandelt, je umfassender sie das Verschiedene in die Ordnung der Transitivität bringt und am Einen und Heiligen ausrichtet.

Irgendwann ist dann der Punkt erreicht, an dem sie sich nur noch absichern kann, indem sie mehr und mehr ausschließt. Anders vermag die Eindeutigkeit, wenn man auf ihr beharrt, nicht zu überzeugen. Chester I. Barnard hat diesen Punkt präzise getroffen, als er den Führungskräften in hierarchisch geordneten Unternehmen ins Stammbuch schrieb, daß sie für ihre Anweisungen unter ihren Mitarbeitern nur so lange mit Akzeptanz rechnen können, wie sich diese Anweisungen auf ein Verhalten richten, das innerhalb einer »Indifferenzzone« liegt, die diese Mitarbeiter dem Unternehmen pauschal eingeräumt haben, indem sie den Arbeitsvertrag unterschrieben.[10] Jede Anweisung, die die Indifferenz des Mitarbeiters verletzt, gefährdet sich selbst. Die hierarchisch geordnete Kommunikation gelingt nur so lange, wie das, was kommuniziert wird, keinen Unterschied macht. Das gesamte Unternehmen wird in der Form der Hierarchie so behandelt, als könne an der Spitze mit der wünschenswerten Eindeutigkeit und informiert durch die Basis ebenso wie durch die Außenwelt, entschieden werden, was innerhalb des Unternehmens einen Unterschied macht und was nicht.[11] Und genau diese Unterschiede werden innerhalb der formalen Organisation nach unten kommuniziert, als machten sie keinen Unterschied.

Das hierarchische Unternehmen postuliert und produziert die Gleichgültigkeit seiner Mitarbeiter. Aufgrund welcher Unterschiede diese dann Informationen nach oben geben sollen und welchen Unterschied diese Informationen oben machen können, bleibt systematisch ein Rätsel und pragmatisch von Situationen, Sensibilitäten, Motiven, Karriereabsichten, Bezahlung und sowohl der momentanen wie der möglicherweise zu

[10] Barnard 1938, S. 167 ff.
[11] Jablin 1982; Jablin 1987.

erwartenden Machtverteilung abhängig. Die hierarchische Organisation produziert, mit anderen Worten, im Schatten der Gleichgültigkeit, des Ausschlusses fast aller kommunizierbaren Beobachtungen durch die formale Festlegung auf einige wenige, die oben für relevant gehalten werden, eine hochgradige Empfindlichkeit, eine Dauererregung, deren wichtigste Funktion darin besteht, daß sie weder kontrollierbar noch funktionalisierbar ist. Goetz Briefs sprach von einem »System der Reibung«, das dadurch zustande kommt, daß Bekannte durch die Zwischenschaltung der Hierarchie zu Fremden gemacht werden, die dann gezwungen werden, wie Bekannte zusammenzuarbeiten.[12] Wer sich in diesem System auskennt, wird keine Schwierigkeiten haben, sich jederzeit über den Gesamtzustand des Betriebs zu informieren. Alles, was er braucht, ist eine Antenne für Empfindlichkeiten und eine exzellente Kenntnis dessen, was in jedem Winkel des Betriebs plangemäß zu tun ist.

Diese Empfindlichkeit im Schatten der Gleichgültigkeit stattet das Unternehmen mit einer immer wieder unterschätzten, weil systematisch gar nicht vorkommenden Intelligenz aus, die mit jener Dimension der Verkörperung verbunden ist, die wir beschrieben haben. Sie sichert einerseits die Bedienung jener Automationslücken, die bei jeder Maschine auftreten und die ihrerseits nicht maschinell, sondern nur durch eine maschinell nicht festgelegte »Mehrzweckmaschine« wie den Menschen betreut werden können.[13] Sie determiniert andererseits jedoch auch jene Widerständigkeit, jene »defensive routines«,[14] die Unternehmensorganisationen gegenüber internen und externen Eingriffen an den Tag legen, wenn diese Eingriffe mühsam ausbalancierte Ungleichgewichte zu tangieren drohen, die Probleme besetzt halten, die anders als durch eine präzise Unschärfe, eine geplante Inkohärenz, einen ständig wiederholten Fehler nicht bewältigt werden können. Vor dem Hintergrund dieser Doppelseitigkeit von Empfindlichkeit und Gleichgültigkeit kann es nicht überraschen, daß alle Bemühungen um ein (wen?) überzeugendes »human resource management« immer wieder

[12] Briefs 1931, S. 40.
[13] Lüscher 1988, S. 74 f.
[14] Argyris 1990, S. 25 ff.

ungewollte Effekte produzieren,[15] indem sie genau die Empfindlichkeiten provozieren und sich in genau der Gleichgültigkeit festfahren, die sie abbauen wollen. Letztlich geht es bei diesen Bemühungen um nichts anderes als um den paradoxen Versuch, die Indifferenzzone so auszugestalten, daß Unterschiede einen Unterschied machen können.

Der Hinweis auf eine Paradoxie ist hier genausowenig wie sonst ein Einwand. Sie informiert über ein Dilemma, in dem man sich einrichten kann.[16] Sie informiert über die Zweiseitigkeit eines Sachverhalts und eine prinzipielle Unentscheidbarkeit, die man einsetzen kann, um einen Entscheidungsbedarf immer wieder neu anzumelden und immer wieder neu und je nach Situation anders zu beantworten. Und ein Bewegungsspielraum, den man sich dadurch schafft, daß man zwischen Empfindlichkeit und Gleichgültigkeit hin und her wechseln kann, ist eigentlich schon das Optimum dessen, was man sich für ein Unternehmen welcher Art auch immer wünschen kann.

Trotzdem ist es dabei auf Dauer nicht geblieben. Die von Tom Peters und Robert H. Waterman im Anschluß an Heroen der Rationalitätskritik wie Karl Weick und James G. March gestartete Managementphilosophie ist präzise durch den Versuch zu kennzeichnen, die kommunikativen Abläufe innerhalb eines Unternehmens aus der Indifferenzzone herauszubewegen und in einer wohlverstandenen Differenzzone neu zu verankern.[17] Wenn nichts anderes, so berechtigt bereits dies, von einer Revolution in der Unternehmenskultur zu sprechen, die spätestens seit der Veröffentlichung des »Management of Innovation« durch Tom Burns und George M. Stalker nicht aufhört sich anzukündigen.[18]

Der Dreh- und Angelpunkt dieser Managementphilosophie ist ihre Anerkennung von Widersprüchen und Paradoxien als Stoff, aus dem ein Unternehmen gewonnen werden kann.[19] Die Theorie der Organisation wird umgesattelt von der Eindeutigkeit auf die Zweideutigkeit. Eine große und möglicherweise

[15] Lawrence 1985.
[16] Putnam 1986.
[17] Peters/Waterman 1982; Peters 1987.
[18] Burns/Stalker 1961.
[19] Peters/Waterman 1982, S. 81 f.; Peters 1987, S. 468 ff.

entscheidende Hilfe war dabei die Idee der Matrixorganisation, der es zum ersten Mal gelang, unter Beibehaltung der Hierarchie dennoch die Zweideutigkeit und damit Unentscheidbarkeit und damit Wählbarkeit der kommunikativen Vorgänge innerhalb einer Organisation durch den denkbar einfachen Gedanken anzuerkennen und zu verankern, das »one man, one master«-Prinzip (Luther Gulick) durch ein »one man, two bosses«-Prinzip beziehungsweise durch die Vorstellung eines »multiple command system« zu ersetzen.[20] Auch die Umorientierung vom »master« auf den »boss« ist dabei nicht unwichtig, impliziert sie doch die Beobachtung der Hierarchie als Hierarchie und damit eine Zurechnung möglicher Anweisungen nicht mehr auf die Autorität des Besserwissenden, sondern auf die Autoritätsbehauptung dessen, dem durch die Hierarchie zugemutet wird, der Besserwissende zu sein. Jedem einzelnen Mitarbeiter eines Unternehmens wird abverlangt, mitzubeobachten, was seine Vorgesetzten beobachten können, und sich zu entscheiden, wer in welchem Fall wozu zu befragen ist. Dabei liegt die Antwort auf das jeweilige Problem oft schon in der Entscheidung seiner Adressierung, so daß man die Funktion der Hierarchie in den kommunikativen Abläufen einer Matrixorganisation darauf beschränken kann, Unentscheidbarkeiten zuzulassen, bereitzustellen und ihre jeweilige Entscheidung durch Parallelbeobachtung ihrer Effekte mitzutragen.

Mit anderen Worten, mit einem Mal dreht sich alles um Zweideutigkeiten. Sie sind nicht mehr das ungewollte Produkt der Eindeutigkeitsunterstellungen der Hierarchie, sondern das gewollte und direkte Produkt der Hierarchie selbst. Damit ändert sich alles. Die Transitivitätsprämisse wird ebenso fallengelassen wie die Vorstellung der einen (und heiligen) Spitze. Die Hierarchie dient, ganz im Sinne von Herbert A. Simon, nur noch dazu, Inseln intensiver Kommunikation untereinander vor allem abzuschotten, dann aber auch, durch weniger intensive Kommunikation, miteinander zu verbinden.[21] Nach wie vor geht es um die Konditionierung von Autonomie, allerdings jetzt mit dem wesentlichen Unterschied, die Konditionierung

[20] Davis/Lawrence 1977; Davis/Lawrence 1978; Galbraith 1971; Galbraith 1973; Galbraith 1977; Reber/Strehl, Hrsg., 1988.
[21] Simon 1969, S. 192-229.

nicht als Intervention von außen nach innen zu verstehen, sondern als Adressierung der Entscheidung von Unentscheidbarkeiten von innen nach außen. Konditionierung folgt nicht der eindeutigen Wertehierarchie von oben nach unten (oder umgekehrt), sondern der Verteilung der Uneindeutigkeit zwecks experimenteller Suche nach temporär lokalisierbaren Entscheidungen.

Es hat sich eingebürgert, den Sachverhalt, um den es geht, mit einem Ausdruck von Warren McCulloch als Heterarchie zu bezeichnen.[22] Die Heterarchie ist sowenig das Gegenteil von Ordnung, wie die Hierarchie ihr Garant ist. Die Heterarchie ist keine Anarchie. Vielmehr geht es ausschließlich um einen Verzicht auf die Transitivitätsprämisse und damit auf die Notwendigkeit der einen Spitze. Die Heterarchie läuft nicht auf die Ordnung des Einen und Heiligen, sondern auf die Ordnung des anderen und, streng griechisch (hetero archein), Fremden hinaus. In der Heterarchie gibt es, so McCulloch, kein Summum bonum, weil die Wertpräferenzen, die sie ordnet, nicht transitiv, sondern zirkulär angelegt sind. Nichts garantiert, daß Wert C nicht Wert A vorgezogen wird, obwohl Wert A dem Wert B und Wert B dem Wert C vorgezogen wird. Und das bedeutet, daß die Beziehungen zwischen den Werten weder auf die Identität des Ganzen noch auf die Gegensätzlichkeit der Teile geschweige denn paradoxieerzeugend auf beides zugleich bezogen werden müssen, sondern schlicht und ergreifend auf Differenzen. Interessanterweise beruft sich McCulloch zur empirischen Absicherung seiner Heterarchievorstellung auf Ergebnisse der experimentellen Ästhetik, der ökonomischen Theorie und der psychologischen Forschung. Und dies im Jahre 1945.

»Thus, for values there can be no common scale.«[23] Die überraschende Konsequenz daraus ist, daß man in heterarchisch geordneten Systemen sowohl mit mehr unüberbrückbaren Differenzen als auch mit größerer Störanfälligkeit rechnen muß als je zuvor. Die Heterarchie ist so unprognostizierbar wie reich an querschießenden Effekten, so inkonsistent (nach den Standards der Beobachter, die Transitivität erwarten) wie selbstorganisationsfähig.

[22] McCulloch 1965, S. 40-45.
[23] McCulloch 1965, S. 43.

In heterarchisch geordneten Systemen – besser sollte man sagen: in sich heterarchisch ordnenden Systemen, denn durch Organisationsgestalter herstellen läßt sich Heterarchie bis heute nicht – ist jeder einzelne Beobachter mit Zweideutigkeiten konfrontiert, die es ihm abverlangen, sich an anderen Beobachtern zu orientieren, wenn er fallweise klären will, was anders und auf Dauer nicht zu klären ist. Wer diese anderen Beobachter sind, bleibt unbestimmt. In genau diesem Punkt wird auf Hierarchie verzichtet. Die Engführung der Beobachtung von Beobachtern auf Hierarchie fällt aus und muß ausfallen, weil die Beobachtung zweiter Ordnung Hierarchiebildung unmöglich macht.[24] Nicht die Autorität informiert, sondern wer informiert, erlangt Autorität. Heinz von Foerster beschreibt daher das »principle of potential command« als die Grundlage der Heterarchie, »for at one time it may be one of your neighbours who is making the decisions, at another you, as the neighbour of others.«[25]

Erst jetzt ist die Orientierung aller kommunikativen Abläufe innerhalb eines Unternehmens an der Beobachtung von Beobachtern möglich. Denn erst jetzt ist sie nötig. Hierarchiebildung wird damit nicht überflüssig. Aber sie muß sich der Dynamik der Beobachtung zweiter Ordnung aussetzen und ist in ihrer Reichweite auf genau die Ordnungsvorgaben beschränkt, die diese Beobachtung zweiter Ordnung blockieren beziehungsweise ihre Effekte auffangen. Damit bleibt die Hierarchie ein verläßlicher Paradoxielieferant und -bewältiger und ein dauerhafter Produzent von Zweideutigkeiten durch Eindeutigkeitsunterstellungen. Aber das Prinzip, in dem die Kommunikationsstruktur einer Unternehmensorganisation verankert ist, ist die Heterarchie. Nur sie ist in der Lage, das Unternehmen als die Differenzzone auszuweisen, in der Kommunikationen so angelegt und beobachtet werden können, daß nicht mehr an der Spitze des Unternehmens entschieden werden muß, was als Nächstes zu tun ist, sondern diese Entscheidung an alle Stellen des Unternehmens verteilt werden kann.

---

[24] Luhmann 1991a, S. 243 f.
[25] von Foerster 1984, S. 8.

Eine Beobachtung definieren wir mit Niklas Luhmann im Anschluß an G. Spencer Brown als Operation des Unterscheidens
und Bezeichnens in Abhängigkeit von der Unterscheidung.[26] In
dieser Definition sind eine Fülle von Aussagen enthalten, die
alles andere als selbstverständlich sind. Schon die Wahl der
Gewährsleute ist auffällig. Wie kann man auf die Idee kommen,
sich ausgerechnet bei einem Soziologen und einem Mathematiker über den Sachverhalt der Beobachtung kundig zu machen?
Ein Soziologe hat es nur mit Kommunikation zu tun, ein Mathematiker nur mit Errechnungen. Was können sie über eine
Operation wissen, in der es zunächst einmal darum geht, daß
etwas auffällt, gesehen und vermerkt wird? Die Beobachtung,
sollte man meinen, ist der Akt schlechthin, der ohne Voraussetzung und ohne Konsequenzen zustande kommt. Man öffnet
die Augen, sieht etwas und, je nachdem, schließt sie wieder. Was
man dabei sieht, erkennt jemand, der einem dabei zusieht, allenfalls und höchst approximativ an der Richtung des Blicks.
Hier wird, so scheint es, weder kommuniziert noch errechnet.
Hier erschöpft sich alles, was geschieht, in einem Akt der Prä-
senz, der bereits im nächsten Moment durch einen anderen
ersetzt wird – und, da Zeit vergeht, ersetzt werden muß.

Nichts könnte stärker täuschen als dieser Eindruck. Tatsächlich ist eine Beobachtung eine höchst voraussetzungsvolle und
höchst konsequenzenreiche Operation. An einer Beobachtung
ist nichts beliebig, nichts willkürlich, nichts nur auf einen Moment beschränkt. Sie ist das Element eines Netzwerkes von
Beobachtungen, das sich dadurch erhält und ändert, daß es
Beobachtungen ermöglicht, die es erhalten und ändern. Unsere
Kenntnis dieses Netzwerkes und seiner Elemente steckt nach
wie vor in den gröbsten Anfängen. Wir haben gelernt zu beobachten, indem wir blind blieben für die Beobachtung selbst. Mit
gutem Grund, denn evolutionär ging es zunächst ja darum,
unseren Organismus irritierbar zu machen für das, was um ihn
herum vorgeht, und nicht darum, zu erkunden, worin das Vermögen der Irritation besteht. Vielleicht erklärt sich daraus der

---

[26] Luhmann 1988b, S. 15; Luhmann 1990a, S. 73 ff.; Spencer Brown 1969,
S. 1.

ontologische »bias« unserer Zivilisation. Die radikale Momenthaftigkeit und scheinbar ausschließliche Gegenwärtigkeit der Beobachtung ist dann das notwendige Korrekturmoment dieser dominanten Orientierung am Sachverhalt: Jeder einzelne Moment konzediert dem Blick, am Gegenstand zu haften, wenn nur der nächste Moment bereits die Möglichkeit bietet, ihn wieder abzuwenden, genauer hinzusehen oder sonst eine Variation herbeizuführen.

Es hat lange gedauert, bis man herausfand, daß sich die Leistung der Beobachtung nicht darin erschöpft, die Augen zu öffnen. Daß man es lernen muß, aufmerksam zu sein, Zeichen nicht zu übersehen, Zeichen überhaupt als Zeichen zu nehmen und auch für das Ausbleiben von Zeichen empfänglich zu werden, gilt natürlich, seit Menschen jagen, sich verführen und mit Göttern kommunizieren. Daß dieses Herstellen von Aufmerksamkeit jedoch ein Isolieren von Sachverhalten voraussetzt, ein extrem selektives Zuspitzen von Interessen, das beginnt man erst in dem Moment einzusehen, in dem man sich systematisch für die Täuschungsanfälligkeit des Beobachtungsvermögens zu interessieren beginnt. In zwei ganz unterschiedlichen Bereichen, der eine eher mental, der andere eher visuell orientiert, beginnt man, von den Täuschungen auf das Beobachtungsvermögen zurückzuschließen und die Variierbarkeit der Gesichtspunkte zu entdecken, unter denen etwas so oder anders beobachtet werden kann. Der eine Bereich ist die buddhistische Meditation, deren erster Schritt darin besteht, Aufmerksamkeit für die eigene Aufmerksamkeit herzustellen und den Spielraum zu erkunden, der entsteht, wenn man das reflexartige Zugreifen der Beobachtung auf den Gegenstand anhält, aufschiebt und unterbindet.[27] Der andere Bereich ist die europäische Kunst und Ästhetik, die sich seit der griechischen Antike und seit der Renaissance dafür interessiert, wie der Betrachter eines Bildes dazu gebracht werden kann, eine Abbildung für eine vollkommene Nachahmung der Wirklichkeit zu halten. Man merkte bald, daß Täuschbarkeit oder, wie Ernst H. Gombrich zeigt, das Verstummen der Kritik der Bilder durch die Betrachter, mehr mit der an ihrer eigenen Selektivität sich schärfenden Wahrnehmung der Betrachter denn mit einer tatsächlichen Übereinstim-

[27] Varela/Thompson 1991, S. 47 ff. u.ö.

mung zwischen Bild und Wirklichkeit zu tun hatte,[28] zumal letztere schon durch die Differenz zwischen dreidimensionaler Wirklichkeit einerseits und zweidimensionaler Abbildung andererseits ausgeschlossen ist.

Hier wie dort machte man die Entdeckung, daß gerade anspruchsvolle Beobachtung etwas mit der Selektion und Isolation von Sachverhalten zu tun hat und daß diese Selektion und Isolation die Leistung der Beobachtung ist und nicht die des Sachverhalts. Jede Beobachtung ist das Ergebnis des Heraushebens bestimmter Aspekte zuungunsten anderer, einer dezidierten Verteilung von Licht und Schatten, von Verdunkelung und Beleuchtung. An der Camera obscura hatte man das jahrhundertelang, von Newtons Optik bis zu Goethes Farbenlehre, studiert.[29]

Und man machte eine weitere Entdeckung, die im Buddhismus in die Virtuosität der Gelassenheit und in der Ästhetik in die Virtuosität der Kritik umgesetzt wurde: Man entdeckte, daß isolierte Sachverhalte mehrdeutige Sachverhalte sind, daß ihnen erst ein Kontext Eindeutigkeit verleiht und daß Kontexte in bestimmten Grenzen auswechselbar beziehungsweise variierbar sind. Wenn die westliche Rezeption nicht täuscht, bleibt die weitere Erkundung dieser Entdeckung in der buddhistischen Tradition an ein Oszillieren zwischen einer die Leistung der Abstraktion hervorkehrenden Heranführung der Beobachtung an das Beobachtete einerseits (die Gedichte der haiku-Tradition) und größtmöglicher Abwendung vom Beobachteten andererseits (die Meditation) gebunden, während man sich in Europa auf die Entwicklung eines Raffinements der Beobachtung von Beobachtungen kaprizierte, die im Roman, in der Ideologiekritik, in der Psychoanalyse immer neue Techniken findet, jedoch erst in der Dekonstruktion und in der Systemtheorie, angeregt durch die Lacansche »Rückkehr zu Freud« und die von Foerstersche Einführung des Beobachters,[30] von ihrem ontologischen »bias« frei zu werden beginnt.

Mit anderen Worten, die Erkundung der Beobachtung als Beobachtung führt zur Entdeckung erstens der Selektion und

[28] Gombrich 1984, S. 11-39.
[29] Crary 1988.
[30] Lacan 1966, S. 249-289; von Foerster 1981, S. 258-271.

Isolation als Vorleistungen jeder Beobachtung und zweitens der Einführung und Abarbeitung von Mehrdeutigkeit als Folgeerscheinung jeder Beobachtung. Beide Aspekte sind konstitutiv für die Beobachtung. Zusammen sind sie dafür verantwortlich, daß sich die Beobachtung laufend mit Gründen versorgt, noch einmal anders hinzusehen, aus größerem Abstand, aus größerer Nähe, bei anderer Beleuchtung, in einer anderen Stimmung, unter Berücksichtigung anderer Informationen oder Erwartungen und so weiter. Jede Beobachtung, so können wir mit E. H. Gombrich sagen, verwendet ein Schema, an dessen Korrektur sie arbeitet.[31] Diese rekursive Abarbeitung der Beobachtung an der Beobachtung, und nicht etwa ein direktes Aufnehmen des Gegenstandes durch den Beobachter, ist die Voraussetzung dafür, daß sich schließlich stabile Eigenzustände der Beobachtung bilden, in denen sowohl der Beobachter wie sein Gegenstand ausreichende Bestimmtheit erlangen und auf die Unterscheidung von Subjekt und Objekt zugerechnet werden kann, was tatsächlich nichts anderes ist als eine Rekursion von Operationen der Beobachtung.

Schließlich entdeckt man, daß die Vorstellung, man müsse nur die Augen öffnen, um sehen zu können, was zu sehen ist, ihrerseits darauf zurückzuführen ist, daß man lange genug Beobachtungen sich an Beobachtungen hat abarbeiten lassen, um über den Unterscheidungen, die dadurch etabliert werden, auch die Unterscheidung des Beobachters von allem anderen einzuführen und als, wenn man so will, eindeutig zweideutig abzusichern. Dabei ist diese Trennung von Subjekt und Objekt, von Beobachter und Gegenstand, dann ihrerseits wieder die Voraussetzung dafür, daß man die Beobachtung als ein, wie Ernst Mach sagt, »leises Mittun« beschreiben kann oder sogar, wie es Edgar Allan Poe in »The purloined letter« beschreibt, über die Imitation des Gesichtsausdrucks des Gegenübers einen Eigenzustand der Beobachtung produzieren kann, an dem man Gemütszustand und Intelligenzgrad des Gegenübers ablesen kann.[32]

Die Erkundung dessen, was es mit Beobachtungen auf sich hat, ist damit noch lange nicht abgeschlossen. Ich breche den

[31] Gombrich 1984, S. 17f.
[32] Mach 1905, S. 430; Poe 1844, S. 984f.

Bericht darüber jedoch hier ab, weil der eine Punkt deutlich geworden sein dürfte, auf den es mir ankommt: die Voraussetzungshaftigkeit und Folgelastigkeit der Beobachtung. Dabei sind die Folgen nichts anderes als Modifikationen der Voraussetzungen. Es dürfte dann nicht mehr überraschen, daß die Wissenschaftstheorie dieses Jahrhunderts mehr mit Problemen der Beobachtung denn mit Problemen von Gegenständen befaßt ist und natürlich mehr und mehr in eine Erforschung zunächst der Sprache, dann der Kommunikation hineingeriet, die mitkonstituieren, wie jeweils beobachtet werden kann. »And it is observation which is, I suggest, the primitive concept of science. Observations form a wider class than material things, but are no less objective.«[33] Spencer Brown fügt hinzu, daß diese Zentralstellung der Beobachtung damit etwas zu tun hat, daß sie immer zweierlei ist, nämlich »experience« und »remark«: Erfahrung und Bemerkung, Eindruck und Ausdruck.

Es ist dieses Zulaufen der Erkundung der Rolle von Beobachtung auf die Wissenschaftstheorie, das uns dazu berechtigt, von einer Definition von Beobachtung auszugehen, die der Soziologe aus den Überlegungen des Mathematikers gewonnen hat. Denn die Mathematik Spencer Browns beschreibt die Konstruktion jener Operationen, die ein Beobachter ausführen muß, um die Welt als etwas zu beobachten, in der Beobachter vorkommen, die die Welt beobachten. Und die Soziologie Niklas Luhmanns beschreibt Kommunikationen als jene Operationen, in denen wir uns darüber verständigen und streiten, wie jene Beobachtungen zustande kommen, in denen wir uns darüber verständigen und streiten, wie jene Beobachtungen zustande kommen, in denen… Die Rekursion läuft auf einen infiniten Regreß zu, der die Bodenlosigkeit der Operationen in einem Eigenwert auffängt, der zum Beispiel dafür verantwortlich ist, daß Sie dieses Buch immer noch in den Händen halten.

Die Mathematik beschreibt die Form der Operation Beobachtung, die Soziologie die Systemreferenz (»den Beobachter«), die mit jeder Beobachtung ins Spiel kommt und von jeder Beobachtung von Beobachtungen in Rechnung gestellt werden kann. Die Form der Operation Beobachtung ist eine Unter-

[33] Spencer Brown 1957, S. 31.

scheidung mit zwei Seiten, die durch ein »crossing« von einem »unmarked state« in einen eben dadurch konstituierten »marked state« zustande kommt.[34] Das Ergebnis – und, wie man später feststellt, die Voraussetzung – jeder Beobachtung ist eine Unterscheidung als »perfect continence« beziehungsweise »form of closure«,[35] die ein eben dadurch Bestimmtes zu bezeichnen erlaubt. Den Soziologen (und Systemtheoretiker) interessiert dieses Zusammenziehen von Operation und Konstitution, ein Zusammenziehen, das jede einzelne Unterscheidung zum Element eines Netzwerkes von Unterscheidungen macht, das als System ausdifferenziert, was sich über Beobachtungen und Beobachtungen von Beobachtungen konstituiert. Der Beobachter ist ein System, jedes System ein Beobachter und jedes Element eines Systems eine Unterscheidung, die mit ihrem Vollzug das System von allem anderen (nämlich der Umwelt) zu unterscheiden erlaubt.

Auf der Grundlage dieser Auslegung des Formkalküls innerhalb einer Systemtheorie beziehungsweise der Selbstaufklärung der Systemtheorie mithilfe des Formkalküls kommt man zu Aussagen wie der, daß Kommunikationen Beobachtungen sozialer Systeme und Wahrnehmungen Beobachtungen psychischer Systeme sind.[36] Man kann den rekursiven Prozeß der Beobachtung von Beobachtungen weiter entfalten, indem man sich zum Beispiel nach der Rolle der Kommunikation in der Ausbildung der Wahrnehmungsfähigkeit fragt, etwa nach der Funktion von Namen zur Auszeichnung wahrnehmbarer Sachverhalte, zum Beispiel Farben, oder indem man umgekehrt untersucht, wie sich die Kommunikation durch Kommunikation mit Zugriffen auf Wahrnehmungen versorgt, die sie selbst als Kommunikation nicht haben kann. Das ist einer der wenigen Punkte, in denen sich die Kommunikation von Bewußtseinssystemen in ihrer Umwelt systematisch abhängig macht, gerade weil sie auch in diesem Punkt von ihnen unabhängig ist.

Wir müssen also damit rechnen, daß wir bei der Beobachtung des Beobachters jeweils zurückfragen können: Beobachtung ei-

[34] Spencer Brown 1969, S. 4.
[35] Spencer Brown 1969, S. 1 und S. 77.
[36] Luhmann 1990a, S. 224 ff.

nes psychischen Systems (Wahrnehmung) oder Beobachtung eines sozialen Systems (Kommunikation)? Und dies, der Genetiv macht es deutlich, jeweils explikativ, objektiv, partitiv, possessiv, qualitativ und subjektiv: Um welche Beobachtung handelt es sich? Was wird beobachtet? In welchem System läuft die Beobachtung ab? Wer definiert sich durch die Beobachtung? Wer kann durch die Beobachtung definiert werden? Wer beobachtet? Deswegen sprechen wir häufiger und genauer von der Beobachtung als dem Beobachter: Durch diese Redeweise kann die Frage der Attribution von Beobachtungen offengehalten werden, die ja ihrerseits eine Beobachtung voraussetzt, die man wiederum so oder anders attribuieren kann.

Innerhalb der Kognitionswissenschaften wird darüber diskutiert, inwieweit man Kognitionsfähigkeit als die Fähigkeit, Unterscheidungen zu treffen, die mit der Bezeichnung von etwas zugleich das System von allem anderen zu unterscheiden erlauben, auch anderen Systemtypen wie Organismen, Nervensystemen, Immunsystemen, Zellen zuordnen kann.[37] Diese Frage können wir hier mangels Kompetenz auf sich beruhen lassen, halten aber andererseits fest, daß selbst das radikale Objektverständnis Ranulph Glanvilles, der nur solche Objekte für beobachtbar hält, die sich mittels eigener Operationen selbst unterscheiden,[38] als epistemologisches Korrektiv unserer traditionellen Entsubjektivierungstendenz von Objekten und zur Enttrivialisierung unserer Weltzurichtung seinen präzisen Sinn hat. Es ist gar keine Frage, daß ein unternehmerischer Umgang mit den Dingen, im Hinblick auf ihre Produktion wie im Hinblick auf ihr Marketing, durchaus als Versuch beschrieben werden kann, über sie etwas herauszufinden, was nur sie selbst von sich wissen.

Die Beobachtung, darauf will ich hinaus, ist keine Selbstversorgung mit der Evidenz der Welt, sondern die Eröffnung eines Spielraums, der durch Anschlußbeobachtungen ausgeschöpft, verkleinert und vergrößert werden kann.

Selbst wenn jede einzelne Beobachtung immer wieder dazu tendiert, sich an die Sache zu verlieren, so ist doch die Beobachtung der Beobachtung der ausgezeichnete Ort, an dem der

[37] Varela 1991.
[38] Glanville 1988.

Spielraum immer wieder neu eröffnet werden kann. Wir hatten gesehen, daß dies, gegen ihre weithin unterstellte Absicht, auch für die Engführung der Beobachtungen zweiter Ordnung auf Hierarchie gilt. Erst recht gilt es dann für die Engführung – oder sollte man sagen: Offenhaltung? – der Beobachtung zweiter Ordnung auf Heterarchie. In der Heterarchie wird der Spielraum einer niemals abschließenden eindeutigen Bestimmung mehrdeutiger Beobachtungen dazu genutzt, die kommunikativen Abläufe innerhalb einer Organisation als Spiele anzulegen, in denen die Unterscheidungen, denen man folgt, wenn man Entscheidungen trifft, jeweils parallel zu ihrer Befolgung auch disponibel gehalten werden. Im Spiel, eröffnet durch den Spielraum der Beobachtung zweiter Ordnung, kann man Unterscheidungen im Hinblick auf ihre Zwei-Seiten-Form beobachten.

Dieser Schritt vom Spielraum zum Spiel markiert meines Erachtens den Kernpunkt dessen, was in der Umstellung der Unternehmensorganisation von Hierarchie auf Heterarchie auf dem Spiel steht. Wir werden diese Vermutung im folgenden an der Entwicklung eines entsprechenden Arbeits- und Managementverständnisses zu prüfen haben. Zuvor jedoch müssen wir klären, was unter einem Spiel zu verstehen ist. Wir knüpfen dabei an bereits vorliegende Vorschläge an, Organisationen aus dem Blickwinkel eines nicht auf ein mathematisch-ökonomisches Verständnis eingeschränkten Spielbegriffs zu betrachten,[39] ohne allerdings darauf hinauszuwollen, die Organisation als solche als ein Spiel zu verstehen und zu beschreiben. Wir verstehen das Spiel als ein spezifisches Moment der aus der Konstitution des Unternehmens gewonnenen Korrekturmöglichkeiten dieser Konstitution.

Jedes Spiel, davon ist zunächst einmal auszugehen, läuft auf eine »deliberate complication«,[40] eine freiwillige Komplizierung dessen hinaus, wovon man im Nichtspiel nicht einmal weiß, ob es einfach oder kompliziert ist. Die Idee des Spiels ist es, in dieser freiwilligen Komplizierung nicht nur herauszufinden, wie kompliziert es tatsächlich ist, sondern auch möglichst

---

[39] Hutter 1979, S. 194 ff.; Hutter 1989, S. 32 ff.; Neuberger 1988; Ortmann 1988; Wimmer 1991, S. 364 ff.
[40] Miller 1973.

sparsame und elegante, kraft- und konfliktsparende Möglichkeiten zu entdecken und einzuüben, mit dem Komplizierten einfach umzugehen. Die Dinge werden reichhaltiger und mehrdeutiger gemacht, als sie zu sein scheinen, um verschiedene Möglichkeiten des Umgangs mit ihnen zu testen. Tiere spielen miteinander, unter strikter Einhaltung und laufender wechselseitiger Mitbeobachtung bestimmter Regeln, um zu üben, miteinander umzugehen, in Kampf und Liebe. Man schaue sich an, welch ein ausgeklügeltes Regelwerk erforderlich ist, um in Ballspielen wie Fußball oder Baseball größtmögliches Vergnügen aus einem immer wieder steigerbaren Geschick im Umgang mit präzise plazierten, laufend mit gerade ausreichenden Zufällen versorgenden Einschränkungen (Spielregeln, Feldgröße, Ballgröße, Interventionsmöglichkeiten) ziehen zu können.

Aus der Kulturanthropologie des Spiels von Johan Huizinga weiß man, daß die unterschiedlichsten Spiele sich immer wieder auf eine bestimmte Form reduzieren lassen:[41] Erstens beruht das Spiel auf freien Handlungen. Selbst wenn man jemanden zu einem Spiel zwingt, so sind doch die einzelnen Spielzüge entweder frei wählbar, oder es handelt sich nicht um ein Spiel. Zweitens grenzt sich das Spiel durch bestimmte Merkmale des Ungewöhnlichen oder Außergewöhnlichen aus dem alltäglichen Leben ab, ohne daß man immer sagen könnte oder auch nur müßte, daß es dem Spiel am Ernst des Lebens mangelte. Ein Spielverderber ist sowohl der, der das Spiel übertrieben ernst, wie der, der es überhaupt nicht ernst nimmt. Worauf es ankommt, ist, daß der Akzent auf dem Ungewöhnlichen liegt, gleichzeitig jedoch offengehalten wird, wo die Grenze zwischen dem Gewöhnlichen und dem Ungewöhnlichen liegt. Wer zu schnell ernst wird oder zu lange damit geizt, zeigt unter Umständen nur, daß er kein Gefühl für diese Grenze hat. Und wer dies nicht hat, kann weder spielen noch nicht spielen.[42] Drittens schließlich, und wie zur Entlastung von dem Raffinement, das jedes Spiel verlangt, ist das Spiel eine abgeschlossene und begrenzte Angelegenheit, die einen Anfang und ein Ende hat, deren Markierung sowohl zum Spiel wie zum Leben drum herum gehört. Anfang und Ende verbinden das Spiel mit dem

[41] Huizinga 1938, S. 15 ff.
[42] Goffman 1972, S. 15-72.

Rest der Welt, und dies dergestalt, daß am Anfang einiges aus der Welt in das Spiel mit hineingenommen werden kann und anderes ausgeschlossen wird und am Ende umgekehrt Erfahrungen aus dem Spiel mit in die Welt hinausgenommen werden können, anderes aber deutlich auf das Spiel begrenzt bleibt und keine Konsequenzen hat.

Roger Caillois ergänzt diese Formbestimmung des Spiels durch einige weitere Merkmale, deren interessantestes neben den Merkmalen der Unproduktivität, Geregeltheit und der Fiktion jenes ist, das das Spiel als einen Ablauf von Handlungen beschreibt, deren Ausgang ungewiß ist.[43] In diesem Sinne sind auch Theateraufführungen, Wettkämpfe, Verkleidungen und Zustände des Rauschs und der Trance Spiele, die immer wieder darauf hinauslaufen, Einschränkungen zu setzen, die Dinge ermöglichen, die anders nicht zustande kämen. Spiele sind Schwebezustände zwischen Wirklichkeit und Unwirklichkeit, die genau diese Unterscheidung: Ist es Wirklichkeit oder Unwirklichkeit? immer wieder neu verschwimmen lassen, aufschieben und damit als unmarkierbar markieren und beobachtbar machen. Aus dieser Qualität des Schwebezustands erklärt sich ein Großteil der Faszination durch das Spiel auch in der Philosophie.[44]

Das ist der Punkt, auf den es uns ankommt: Spielen bedeutet, Komplizierungen einzuführen, die Unterscheidungen beobachtbar machen. Aber wie ist das möglich? Wie kann man Unterscheidungen als etwas vorführen, das gemäß der Spencer Brownschen Konstruktionsanweisung »Draw a distinction!« nicht nur befolgt oder abgelehnt werden kann, sondern parallel dazu und dank einer Beobachtung zweiter Ordnung auch auf seine Form hin untersucht werden kann? Die Antwort auf diese Frage finden wir in Gregory Batesons Spieltheorie.[45] Bateson zeigt, daß Spielen heißt, jeder einzelnen Kommunikation, die innerhalb des Spiels stattfindet, einen paradoxen Status zu verleihen. Sie bedeutet nicht, was sie bedeutet; und sie bedeutet, was sie nicht bedeutet. Die Hunde, die sich beim Spielen zwik-

[43] Caillois 1958, S. 16.
[44] Fink 1960; Gadamer 1960, S. 97 ff.; Derrida 1967b, S. 422-442; Nishitani 1982, S. 377 ff.
[45] Bateson 1972, S. 241-261; Bateson 1956; Bateson 1979, S. 173.

ken, beißen sich nicht, aber das Zwicken ist ein Spiel mit dem Biß: Es bedeutet den Biß, ohne ein Biß zu sein. Darum stellt das Spiel auf die Beobachtung von Beobachtungen ab: Es kommuniziert Unterscheidungen, die nicht sind, was sie sind, und doch auch wiederum sind, was sie nicht sind, solange jeder im Spiel in der Lage ist, für jeden anderen erkennbar diese Unterscheidung zwischen Unterscheidungen, die sind, was sie sind, und Unterscheidungen, die nicht sind, was sie sind, nach- und mitzuvollziehen.

Nur so, vermutet Bateson, können wir lernen, mit Unterscheidungen als Kategorien umzugehen, die mal tauglich sind, mal nicht. Jede Therapie beruht darauf, in diesem Sinne spielen zu lernen, um den Wert von Kategorien zur Ordnung der Wirklichkeit zu erlernen, ohne damit zu verlernen, dieselben Kategorien auch immer wieder, die einen häufiger, die anderen nur in Ausnahmesituationen, zur Disposition zu stellen, und ohne damit auch die Wirklichkeit der Wirklichkeit selbst zur Disposition stellen zu müssen, die durch die Kategorien geordnet beziehungsweise, wie wir sagen, durch die Unterscheidungen geschaffen wird. Das Spiel stellt einen Rahmen bereit, innerhalb dessen jede Unterscheidung als Rahmung erkundet werden kann,[46] ohne daß man deswegen in einen generellen Zweifel an allem anderen verfallen müßte. Und selbst wenn man das Spiel bis in seine äußersten Möglichkeiten ausreizt und bis in den von Keiji Nishitani beschriebenen Großen Zweifel angesichts der Bodenlosigkeit von Selbst und Welt vorantreibt, bleibt es doch bei einer Entdeckung der Leere, die gleichzeitig die Entdeckung einer Position ist, nämlich die der Beobachtung der Entstehung alles Bestimmten aus dem Unbestimmten.[47]

Die von Bateson beschriebene Kommunikation »Dies ist ein Spiel« läuft bei allem Spiel immer mit. Sie importiert den Ernst des Nichtspiels in das Spiel, markiert es als Teil der Welt, macht im Spiel das Spiel als Spiel deutlich und sorgt damit dafür, daß man den Ernst des Spiels nicht aus den Augen verliert. Jede einzelne Regel, die man einem Spiel gibt, transportiert diese Kommunikation. Deswegen ist es in Spielen nur auf mehr oder weniger prekäre Weise möglich, auch mit den Regeln zu spielen,

[46] Roberts 1993.
[47] Nishitani 1982, S. 61.

obwohl jedes Spiel sich nur in dem Maße ernst nimmt, wie ihm auch diese Möglichkeit zur Verfügung steht. Die interessantesten Spiele sind daher diejenigen, in denen am Spiel mit den Regeln kenntlich wird, wie es um die Übergänge zwischen Wirklichkeit und Unwirklichkeit bestellt ist. Man denke etwa an die Spiele der Verführung, der Verhandlung, der Beratung, die in dem Maße Wirklichkeit produzieren, wie sich Unterstellungen von Wirklichkeit einlösen lassen. Spielregeln sind einerseits die verläßlichsten Grenzmarkierungen zur Unterscheidung des Spiels vom Rest der Welt, andererseits infizieren sie das Spiel aber auch am unbezweifelbarsten mit der Wirklichkeit der Welt, die sie ausgeschlossen halten sollen.

Die Paradoxie, die Bateson an der spielerischen Kommunikation analysiert, hat im Spencer Brownschen Formenkalkül eine bemerkenswerte Entsprechung. In dem Moment, in dem Spencer Brown von endlichen zu unendlichen, von irreflexiven zu reflexiven Formausdrücken übergeht, um den Wiedereintritt von Unterscheidungen in den Bereich des Unterschiedenen untersuchen zu können, bekommen alle Unterscheidungen, mit denen er es zu tun hat, einen zweideutigen Status: es ist nicht mehr mit Sicherheit auszumachen, ob sie »cross« sind oder »marker«, ob sie, mit anderen Worten, zu einer Unterscheidung auffordern oder diese Unterscheidung (und mithin ihre Form) markieren.[48] Eine Unterscheidung, zu der man auffordert, wird befolgt, um mit der Unterscheidung zu bezeichnen, was diese Unterscheidung bezeichnet. Eine Unterscheidung, die markiert wird, kann man sich im Hinblick auf ihre zwei Seiten ansehen, das heißt im Hinblick darauf, daß sie einen »marked state« im Unterschied zu einem »unmarked state« bezeichnet, den sie voraussetzen und gegen den sie sich abschließen muß, den sie aber, eben dank ihrer eigenen Form, als Ausgeschlossenen zugleich mitkonstituiert. An der Form der Unterscheidung kann man beobachten, was die Unterscheidung als Ausgeschlossenes einschließt.

Umgekehrt bedeutet das, daß man, wenn man eine Unterscheidung auf ihre Form hin beobachten kann, es mit einer wiedereingeführten Unterscheidung zu tun hat. Die wiedereingeführte Unterscheidung markiert die Möglichkeit des »cross-

[48] Spencer Brown 1969, S. 65.

ings«, des Treffens der Unterscheidung wie auch ihrer Strei-
chung zugunsten des »unmarked state«, aus dem sie durch die
Aufforderung, eine Unterscheidung zu treffen, gewonnen wurde. Und genau diese Operation der Wiedereinführung einer
Unterscheidung und der Verwandlung der Unterscheidung aus
einer Anweisung in eine Disponibilität, die jederzeit wieder zu
einer Anweisung werden kann, dann allerdings angereichert um
das Wissen um ihre Form, nennen wir im Anschluß an die
Theorie Batesons und im Kontakt mit einer bestimmten philosophischen Tradition ein Spiel.

Die Nähe dieses Spielbegriffs zum Begriff des Sprachspiels
von Ludwig Wittgenstein dürfte aufgefallen sein.[49] Wittgenstein verwendet den Spielbegriff, um vorzuführen, daß das
spielerische Erlernen einer Sprache durch ein Kind in jenem
dauernden Hin- und Herwechseln zwischen Ergreifen eines Gegenstandes und Benennen durch Nachsprechen vorgesproche-
ner Worte den entscheidenden Charakter der Sprache offenlegt,
nämlich konventionalisierte Bezeichnungen zur Verfügung zu
stellen, mit denen man erst dann umzugehen gelernt hat, wenn
man mitgelernt hat, daß der Benennung etwas Zusätzliches und
damit Entscheidbares, also auch anders Entscheidbares eignet.
Seine Pointe hat dieser Begriff des Sprachspiels wohl darin, daß
er sich nicht darauf beschränkt, das Spiel der Worte gleichsam
als arbiträr gegenüber dem Ernst und der Dinghaftigkeit der
Dinge zu beschreiben, sondern genau diesen Ernst und diese
Dinghaftigkeit in den Spielbegriff mit hineinnimmt und das
Erlernen eines Sprachspiels als Erwerben einer Lebensform auf-
faßt, die sich über die Sprache eine Welt zurechtlegt, in der die
Sprache ein mehr oder weniger großes Gewicht erhalten, einen
mehr oder weniger großen Spielraum einnehmen kann.

Wesentlich schwieriger ist es, das Verhältnis eines unterscheidungstheoretischen und paradoxiehaltigen Spielbegriffs zum
Spielbegriff der mathematisch-ökonomischen Spieltheorie zu
bestimmen. Einerseits liegen die Intentionen beider Spielbe-
griffe relativ nahe aneinander, geht es doch auch dem mathematisch-ökonomischen Spielbegriff um die Beschreibung von
Verhältnissen, die Interdependenz aus Independenz gewinnen

---

[49] Wittgenstein 1945, S. 292 f.

und dazu auf die Beobachtung von Beobachtungen angewiesen sind.[50] Andererseits jedoch wird das Spiel gerade nicht durch sein Spielerisches, sondern durch die Gesamtheit seiner Regeln beschrieben,[51] deren Sinn und Zweck darauf hinausläuft, die Unterscheidungen und Kategorien der Welt drumherum gerade nicht verfügbar zu machen, sondern als Kontext einer immer mitlaufenden Rationalitätsunterstellung zu etablieren, die sowohl die alles andere anleitende Prämisse gewinnmaximierenden Verhaltens aufrechtzuerhalten wie auch noch das irrationale Verhalten von Gegenspielern im Licht genau dieser Unterstellung zu beobachten erlaubt. An dieser Unterstellung findet das Strategieverständnis der Spieltheorie, das es gerade noch schafft, Akteure und ihre Aktionen nicht als Konstanten, sondern als Variable zu nehmen,[52] ein für unser Verständnis allzu rasches Ende. Wir müssen abwarten, welches Verständnis die Spieltheorie der Ökonomen für Paradoxie und Distinktion aufzubringen in der Lage ist, um möglichen Bezügen zwischen den unterschiedlichen Spielbegriffen weiter nachgehen zu können.

Die Arbeit an der Form

Die Arbeit als ein Spiel zu begreifen, hat durchaus eine gewisse Tradition. Zwar wird die Arbeit überwiegend mit dem Ernst des Lebens, mit dem Verlust jeden Spielraums, mit dem letzten Gerüst an Eindeutigkeit in Verbindung gebracht, das uns noch zur Verfügung steht, wird als so grau, langweilig und drückend beschrieben, daß niemand auf die Idee kommen kann, sie für ein Spiel zu halten. Andererseits jedoch war immer schon klar, daß die Arbeit ein grausames, aber disziplinierendes, ein unabdingbares, aber befreiendes Spiel mit dem Arbeiter und der Arbeiterin ist: Nur wer arbeitet, ist unter Kontrolle; nur wer arbeitet, hat Anrecht auf ein anderes Leben. Die Arbeit ist ein Spiel, das den Zwang akzeptiert, um den Spielraum zu gewinnen: sei es den Spielraum derer, die wissen wollen, daß Ordnung herrscht, um ihren eigenen Geschäften und Vergnügen nachgehen zu

[50] Morgenstern 1950.
[51] Von Neumann/Morgenstern 1943, S. 48.
[52] Elster 1990, S. 97 ff.

können, sei es den Spielraum derer, die sich vorstellen, nach Feierabend Kompensationen für ihre Entsagungen finden zu können. Das Spiel besteht daraus, daß der Zwang zwei Seiten hat, die Disziplinierung und die Entsagung, die beide jedoch nicht mehr sind, was sie sind, wenn die Disziplinierung in ein Instrument der Selbstbefreiung und die Entsagung in einen Anspruch auf Erfüllung umgedeutet werden.

Dieses Spiel der Arbeit mit der Arbeit beruht auf der Paradoxie, die Unterwerfung als Befreiung zu deuten und für die Auflösung beziehungsweise Invisibilisierung der Paradoxie jene Zeit in Anspruch zu nehmen, die die Stunden, Tage, Wochen, Jahre und Jahrzehnte verstreichen läßt. Sowohl die protestantische Ethik wie die proletarische Revolution, sowohl das kleine Glück der Pensionierung und das noch kleinere (oder größere) Glück des Feierabends bedienen diese Paradoxie und ziehen ihre Möglichkeit wie ihren Gewinn aus dem Vergehen von Zeit. Alle Auseinandersetzung um die Arbeit kann sich dann an zwei Fragen entzünden und auf genau diese beiden Fragen beschränken: die Befristung und den Lohn. Wobei beides nicht für sich steht, sondern für etwas anderes. Beide symbolisieren innerhalb der Arbeit die Gründe, sich auf sie einzulassen. Beide stehen damit innerhalb der Arbeit auch für all das, was man außerhalb der Arbeit noch zu erwarten hat. Beide motivieren zur Arbeit in Absehung von der Arbeit. Jede Auseinandersetzung über die Befristung sowohl der täglichen wie der Lebensarbeitszeit und über den Lohn ist daher immer beides zugleich: eine Offenlegung und erneute Invisibilisierung der Paradoxie. Jeder Moment, in dem man sich fragt, ob man diese eine Stunde, diesen einen Tag, dieses eine Jahr noch zusätzlich arbeitet oder nicht, jeder Moment, in dem man sich fragt, ob Lohn und Gehalt nicht um diesen oder jenen Prozentsatz höher sein könnten, jeder dieser Momente liefert mit diesen Fragen die Möglichkeit von Antworten, die einem die Paradoxie ins Auge springen lassen. Und dann hilft nur noch eins, nämlich der Verweis auf die schiere Notwendigkeit der Finanzierung des Lebensunterhalts. Und damit ist das Spiel dann wirklich zu Ende.

Das heißt: Damit fängt das Spiel erst wirklich an. Das Verblüffende bei alledem ist, daß die Arbeit selbst nicht vorkommt. Als wüßte man, daß schon immer wieder jemand dasein wird, der die Mülltonnen leert, die Fernsehantenne richtet, das Gedicht schreibt und den Rechtsanspruch vor Gericht vertritt. Jedes Nachdenken über die Arbeit war und ist ein Nachdenken über etwas anderes: über den Wert, der in der Arbeit geschöpft wird;[53] über die Arbeitszeit anderer, die durch die eigene Arbeit verfügbar wird;[54] über die Herrschaft der Aristokraten, die durch die Arbeit der Bürger gebrochen wird;[55] über die Herrschaft des Marktes, die sich in der Arbeit über die Arbeit durchsetzt;[56] über die verschiedenen Formen der Hörigkeit, die die Arbeit von der Hof- bis zur Fabrikhörigkeit über Momente der Freisetzung hinweg immer wieder annimmt;[57] über die Angst des Individuums vor allen anderen und vor sich selbst, die in der Arbeit bewältigt wird;[58] über das Phantasma der Produktion, das durch die Arbeit bewegt und bestätigt wird;[59] über die Intersubjektivität, die durch die Arbeit gelähmt wird;[60] über die Differenz zwischen Arbeit und Kapital, die ein Arbeitsbegriff stiftet, der sich an die Stelle der Unterscheidung zwischen arm und reich setzt.[61]

Dieses Nachdenken über die Arbeit bewegt in seinen eindrucksvollsten Momenten deren Paradoxie. Der Arbeiter jedoch bleibt das Opfer.[62] Es ist schwer zu sagen, ob daran alle jene Bestrebungen zur Humanisierung des Arbeitslebens etwas geändert haben, die einerseits die Arbeitsgruppe und -situation in den Mittelpunkt der Aufmerksamkeit rücken und andererseits, seit es Personalpolitik gibt,[63] Auseinandersetzungen um die Karriere an die Stelle der Auseinandersetzung um Arbeitszeit und Arbeitslohn zu setzen bemüht sind. Nach wie vor hat man den Eindruck, daß die Arbeitswissenschaft und Arbeitspsychologie das arbeitende Individuum, das sie zu erforschen

---

[53] Locke 1690.
[54] Smith 1776, S. 28.
[55] Folkers 1985.
[56] Marx 1844, S. 511 ff.
[57] Bücher 1893, S. 161-196.
[58] Nietzsche 1881, S. 1130; Nietzsche 1881/87, S. 190.
[59] Baudrillard 1973.
[60] Habermas 1985, S. 82 ff.
[61] Luhmann 1988a, S. 151 ff.
[62] Lyotard 1983, S. 26 ff. u.ö.
[63] Slichter 1929; Jacoby 1984.

vorgeben, mit allen seinen Fähigkeiten und Müdigkeiten, Belastbarkeiten und Widerständen allererst produzieren.[64] Zumal es auch hier nicht eigentlich um die Arbeit geht, sondern um ihre Umstände, zu denen auch die mehr oder weniger arbeitswilligen Menschen zu zählen sind.

Immerhin ist hier jedoch eine Bewegung im Gange, die aus der Konfrontation von Arbeit und Praxis beziehungsweise Arbeit und Lebenswelt zunehmend die Pointe zu gewinnen vermag, die Arbeit selbst als Praxis und Lebenswelt zu beschreiben und zu fragen, was für ein Verständnis von Arbeit mit einer solchen Beschreibung vereinbar wäre.[65] Auf den ersten Blick wird damit die Frage, was durch die Arbeit zu erreichen ist, unzulässigerweise auf die Arbeit selbst angewendet, so daß mit einem Mal der Gedanke aufkommen kann, die Arbeit selbst als jene Domäne der Selbstverwirklichung zu betrachten, deren Mittel sie bisher nur war.[66] Das wäre schon revolutionär genug, liegt aber noch auf der Linie der Problematik, die schon innerhalb der protestantischen Ethik als Hoffart behandelt worden wäre, die dem Geist der innerweltlichen Askese widerspricht.[67] Worum es bei jener Beschreibung der Arbeit als Praxis oder Lebenswelt tatsächlich geht, sieht man erst auf den zweiten Blick. Es geht darum, die Paradoxie der Befreiung aus Entsagung durch die Tautologie der Arbeit für die Arbeit zu ersetzen. Die Paradoxie wird offengelegt als Absurdität unseres Lebens, auf die die einen durch Aussteigen, die anderen durch workaholism reagieren. Aber genau dies macht den Weg frei, die Frage nach der Arbeit neu zu stellen als Frage nach dem Unterschied, den die Arbeit für die Arbeit macht. Die Antwort, die die Aussteiger und die Süchtigen auf diese Frage geben, lautet zwar, daß die Arbeit keinen Unterschied macht, wichtig sei nur, sich rauszuhalten beziehungsweise nicht aufzuhören, aber immerhin ist die Frage damit als Frage gestellt.

Welchen Unterschied macht die Arbeit für die Arbeit? Forschungen gibt es zu dieser Frage vor allem in zwei Hinsichten. In einer ersten Hinsicht splittet man die Arbeit in die Arbeit der

---

[64] Hollway 1991, S. 186f.
[65] Marcuse 1933; Offe 1984.
[66] Woods 1986.
[67] Weber 1905, S. 74ff. u.ö.

Maschinen und die Arbeit der Menschen und untersucht, welche Kombinations- und Komplementaritätsmöglichkeiten es zwischen diesen beiden Arbeitsarten gibt. Dabei muß nicht einmal systematisch untersucht werden, was Arbeit ist. Es reicht, systematisch zu untersuchen, wie die Arbeit, bestimmte Kostenstrukturen, Technologien und Qualifikationsniveaus sowohl voraussetzend wie beschaffend, auf Maschinen und Menschen verteilt werden kann. Der Taylorismus oder Fordismus ist hierfür das bekannteste Beispiel, denn bei ihm wird das Prinzip am deutlichsten, das sowohl die analytische Auflösung wie die distribuierende Rekombination der einzelnen Arbeitsschritte anleitet. Dieses Prinzip ist die Zeitökonomie, das heißt die Frage danach, welche Arbeitsschritte in welchem Zeitraum mit dem sparsamsten Mitteleinsatz von Mensch oder Maschine so bewältigt werden können, daß die Kombination der Produktionsfaktoren optimale Zustände erreicht.

Zwei bemerkenswerte Begleiterscheinungen dieses Prinzips der Zeitökonomie sind, daß einerseits der Überblick über die Zusammenhänge, in denen die Arbeitsschritte stehen, aus der Produktionsstätte weg in die Planungsabteilungen wandert, andererseits und möglicherweise genau deswegen die menschliche Arbeitskraft wesentlich ausschließlicher als je zuvor auf ein Problem angesetzt werden konnte, das nur sie bewältigen kann: der problemlösende Umgang mit Störungen.[68] Heinrich Popitz und seine Mitarbeiter sprechen von der Entwicklung einer technischen Sensibilität des Arbeiters gegenüber der Maschine, die in einem »maximalen Zwang zur minimalen Reaktion« resultiert.[69] Inzwischen kann man diese Angewiesenheit der Maschine auf den Menschen verallgemeinern und zugleich umformulieren zur Angewiesenheit der Organisation auf Subjektivität,[70] vorausgesetzt man versteht dies nicht wiederum normativ,[71] sondern beläßt es bei der Begriffsvorgabe von Rudolf Lüscher, der zeigt, daß es in der Arbeitsorganisation, die hier zur Rede steht, nicht auf ein Angebot zur Verwirklichung jener Individualitätsvorstellungen ankommt, die einmal mit

[68] Lüscher 1988, S. 73 ff.
[69] Popitz/Bahrdt/Jüres/Kesting 1957, S. 203.
[70] Schimank 1986.
[71] Baethge 1991.

dem Bildungsroman verbunden waren, sondern auf die Formulierung von Subjektivitätschancen, die im Erkennen und Bewältigen von Störungen liegen, zu denen man im Zweifel auch sich selbst zählen muß. Das allerdings setzt ein Subjektivitätsverständnis voraus, das, um das mindeste zu sagen, gewöhnungsbedürftig ist.

Auch in der zweiten Hinsicht, in der es Forschungen zu der Frage gibt, welchen Unterschied die Arbeit für die Arbeit macht, spielen die Zeit und, wiederum damit verbunden, Individualität und Subjektivität eine große Rolle. Michael Burawoy hat als »game of making out« ein Spiel beschrieben,[72] das wir als Wiedereinführung der Arbeit in die Arbeit anhand der die Auseinandersetzung über die Arbeit bestimmenden Frage der Arbeitszeit bezeichnen können. Die Einsätze in diesem Spiel sind seitens des Managements Vorgaben an täglich zu erfüllender Arbeitsleistung und seitens der Arbeiter einerseits die Möglichkeit, diese Vorgaben überzuerfüllen und damit einen Mehrverdienst zu sichern, andererseits der Wunsch, den Kollegen einen souveränen Umgang mit der eigenen Zeit vorführen zu können, also so oft wie möglich beim Nichtarbeiten-und-trotzdem-Mehrleisten beobachtet werden zu können. Das Spiel selbst dreht sich um nichts anderes als darum, die Vorgaben so festzusetzen, daß sowohl die Ziele des Managements als auch die Ziele der Arbeiter erreicht werden können, ohne daß die souveräne Nichtarbeit der Arbeiter das Management auf die Idee bringt, die Vorgaben zu steigern und damit den Mehrverdienst wieder auf den Normalverdienst zurückzuführen. Das Spiel besteht tagtäglich darin, genau den Spielraum als einen erkämpften zu sichern, der in Wirklichkeit der stillschweigenden Übereinkunft beider Seiten zu verdanken ist, dieses Spiel als die Ebene all der Kommunikationen zu erhalten, die bei Laune, Leistung und Wettbewerb halten.

Mit anderen Worten, es gelingt, innerhalb der Arbeit die Unterscheidung, die die Arbeit trifft, als Form vorzuführen: als Anweisung, der man zwar folgt, deren Konditionen man jedoch selber mit festsetzt. Für diese Wiedereinführung der Unterscheidung in das Unterschiedene werden vornehmlich Signale benutzt, die man dem Medium der Zeit entnimmt. Denn am

[72] Burawoy 1979, S. 51 ff.

Verhältnis von tätig und untätig verbrachter Arbeitszeit läßt sich am leichtesten und unmißverständlichsten vorführen, wie weit man noch der Herr seiner selbst ist. »Banana time« und »baking time« sind dafür in der Arbeitssoziologie berühmte Stichwörter:[73] Die monotone Arbeitszeit wird durch zum Teil gewährte, zum Teil herbeigeführte Pausen rhythmisiert und strukturiert, um vorzuführen, daß man der linearen Uhrzeit des Arbeitgebers eine eigene Dynamik entgegenzusetzen hat, die zu respektieren ist, wenn die Arbeit getan werden soll. Denn wie eh und je eignet sich kaum etwas besser für die Koordination von Arbeitsvorgaben und Autonomieanforderungen als der Rhythmus, in den die Arbeit sich findet, wenn sie von Gruppen erledigt wird. Der Rhythmus koordiniert, diszipliniert und motiviert, indem er die Arbeit in jene Dynamik der Beobachtung von Beobachtungen überführt, in der jeder einzelne seine Arbeit und Nichtarbeit mit der aller anderen abstimmt.[74] Der Rhythmus gewinnt dem Sinn eine Form ab,[75] indem er das, was sonst eines aus dem anderen folgt, als Moment minimaler Entscheidungen markiert, die der Sukzession ihren Spielraum, der Verkettung von Handlungen ihre Alternativen abgewinnen und somit nur um so leichter eines aus dem anderen folgen lassen.

Welchen Unterschied macht die Arbeit in der Arbeit? Sie erweist sich als ein ebenso elastisches wie plastisches Formvermögen, fähig, mit Störungen umzugehen, stabil, ohne uniform zu sein,[76] eingespannt in ein »Wechselspiel von Entlastung und Herausforderung«,[77] kurz: eine »highly generalized resource available for various specific productive performances in specific organizations«, eine Ressource, die darauf angewiesen ist, so spezifiziert zu werden, daß sie mit anderen Ressourcen, mit anderer Arbeit, aber auch mit Boden, Kapital, Organisation und Wissen, kombiniert werden kann.[78] Ist die Frage nach dem Unterschied damit beantwortet? Ja und nein. Sie ist insofern

[73] Roy 1960; Ditton 1979.
[74] Bücher 1899.
[75] Gumbrecht 1988.
[76] Clark 1923, S. 7.
[77] Sorge 1985, S. 203.
[78] Parsons/Smelser 1956, S. 119 und 120ff.

beantwortet, als wir jetzt sehen, wie die Arbeit in die Arbeit wieder eingeführt werden kann, um dem Arbeiter einen in Grenzen, aber vor sich und den Kollegen ausreichend souveränen Umgang mit ihr zu gestatten. Der wichtigste Mechanismus für diese Wiedereinführung ist die Zeit, genauer: die Befristung und Rhythmisierung, denen Spielräume abzugewinnen sind, die die Erfüllung der Arbeitsvorgaben ermöglichen, weil sie von diesen nicht mitdefiniert werden.

Die Frage ist allerdings gleichzeitig auch nicht beantwortet, denn diese Wiedereinführung der Arbeit in die Arbeit findet in einem Medium statt, das nicht die Arbeit selbst ist, sondern die Zeit. Und damit bleibt genau die Frage offen, die für uns die wichtigste ist, nämlich: Welche Form hat die Arbeit selbst in der Arbeit? Solange wir die Arbeit nur als eine Ressource beschreiben, die über wie immer bestimmte Spiele für alle Beteiligten, die Arbeitgeber wie die Arbeitnehmer, verfügbar gemacht wird, haben wir die Arbeit immer noch nicht als Arbeit unterschieden. Und auf diesen Unterschied kommt es an, wenn wir wissen wollen, welchen Anteil die Arbeit an der Form des Unternehmens hat.

Unser Ziel steht uns vor Augen: Wir wollen einen Arbeitsbegriff entwickeln, der die beiden möglichen Typen von Arbeit, die Max Weber unterscheidet, nämlich die disponierende Arbeit und die an Dispositionen orientierte Arbeit,[79] zu einem einzigen Typ zusammenzieht. Denn auf eine disponierend an Dispositionen orientierte Arbeit ist ein Unternehmen angewiesen, das seine Form auf die Beobachtung von Beobachtungen abstellt. Wir wollen über die Pattsituation zwischen Unterwerfung und Befreiung, zwischen einem hierarchieorientierten Arbeitsbegriff und einem Praxisbegriff der Arbeit hinauskommen, indem wir nach einem heterarchiefähigen Arbeitsbegriff fragen.

Eine der wichtigsten Eigenschaften eines Spiels ist es, die Beobachtung der paradoxalen Konstitution der Identität sowohl zu ermöglichen wie aufzuschieben. Wer spielt, läßt eine Identität an die Stelle der Paradoxie treten.[80] Diese Identität wird jedoch als supplementär, als ergänzend und ergänzungsbedürftig markiert: Sie erfüllt sich nicht in dem, was sie ist, sondern in

[79] Weber 1918, S. 62.
[80] Hutter 1989, S. 32f.

dem, was war oder werden kann. Das Spiel ist daher eine Bewegung, so Derrida, die Abwesendes anwesend sein läßt und Anwesendes auf Abwesendes verweist.[81] Die Paradoxie macht es möglich: Sie markiert den Anschlußbedarf, denn irgend etwas muß geschehen, um die Paradoxie zu entfalten. Sie legt jedoch weder auf bestimmte Anschlüsse noch auf bestimmte Anschlußhandlungen fest. Sie bietet gerade so viel Identität, daß Anschlüsse möglich sind, und so viel Paradoxie, daß kein Anschluß sich als einzig möglichen behaupten kann.

Spiele ermöglichen es, Dinge als identisch zu behandeln, deren Identitätskonstitution außerhalb ihrer liegt. In einem Spiel verdankt sich nichts sich selbst. Aber nur so kommt es als das, was es ist, zustande. Wir machen uns diese Paradoxie zunutze, um als Arbeit an der Form zu beschreiben, was sowohl die Bearbeitung dessen, was es ist, wie die Bearbeitung dessen, was es nicht ist, umfaßt. Arbeit an der Form ist Arbeit an der Unterscheidung, die das, was die Arbeit bearbeitet, zu bezeichnen erlaubt. Es kommt also nicht etwa darauf an, die Arbeit mit integrativen Momenten auszustatten, die ihr erlauben, auch das noch einzuschließen, was sie ausschließt. Es geht uns nicht darum, das Arbeitsprodukt zum Werk und den Arbeiter zu seinem Autor zu runden. Vielmehr kommt es darauf an, die Arbeit als eine Differenzsetzung zu beschreiben, die sich als Zielpunkt, und nicht als Ausgangspunkt von Identifizierungen versteht. Es geht darum, das Arbeitsprodukt als Fragment und den Arbeiter als Beobachter des Unterschieds zu etablieren. Arbeit wäre dann nicht mehr, wie noch bei Hegel und Sartre,[82] Arbeit am Negativen, sondern wäre selbst ein Spiel, eine supplementäre Verkettung des Positiven, innerhalb deren nichts dazu zu verpflichten ist, mitzuspielen, aber auch nichts daran gehindert werden kann.[83]

Es wäre demnach auf jeden Versuch zu verzichten, die Arbeit wieder um jene Dimensionen des Ganzen zu bereichern, die ihr angeblich genommen worden sind. Sogar die Kunst verzichtet auf die Darstellung des Ganzen, seit sie entdeckt hat, daß jede Unterscheidung, die sie dabei trifft, das Ganze verstellt, inner-

[81] Derrida 1967b, S. 436f. und 440.
[82] Sartre 1960, S. 94.
[83] Derrida 1967b, S. 380-421; Günther 1976-1980 III, S. 255-259.

halb dessen sie getroffen wird.[84] Vom Ganzen, wäre mit Michel Serres festzuhalten, kennen wir nur den Lärm, den es macht.[85] Wenn es um die Wiederanreicherung der Arbeit mit einer »substantiellen Komplexität« geht,[86] so kann diese substantielle Komplexität nur eine Eigenqualität der Arbeit betreffen, die als Anschlußqualität zu bezeichnen ist. Gert Schmidt spricht darum von Tendenzen zur Immaterialisierung, Dialogisierung und Kontingenzspezifizierung der Arbeit, die durch den Einsatz moderner Informations- und Kommunikationstechnologien sicherlich gefördert, aber nicht ausschließlich durch sie motiviert sind.[87] Gab es vielleicht einmal Zeiten, in denen man sich darauf verlassen konnte, sich aus den Sozialwirren der Organisation heraushalten zu können, indem man sich darauf konzentrierte, seine Arbeit zu machen, die alle anderen Einflüsse bis zu einem gewissen Grade fernzuhalten erlaubte, so gibt es inzwischen kaum noch einen Arbeitsvorgang, der nicht gerade in seinem täglichen Abstimmungsbedarf eng mit allen anderen Vorgängen verbunden ist. Die Informatisierung der Arbeit, der verstärkte Einsatz des Computers bei der Ausübung, Planung und Vernetzung der Arbeit, fördert diese Entwicklung wie kaum eine Technologie zuvor,[88] sorgt aber andererseits durch die Zwischenschaltung des Geräts Computer (mit Bildschirm und Tastatur) auch wieder für eine Distanzierung, die sowohl Abschottungen sichert wie neue Spielräume eröffnet.[89]

Die Arbeit an der Form setzt die Arbeit an der Arbeit im geschilderten Sinne voraus. Die die Arbeit konstituierende Unterscheidung muß in der Arbeit wieder vorkommen können, damit in der Arbeit auf das reflektiert werden kann, was jeweils nicht bearbeitet wird, aber den Kontext darstellt, innerhalb dessen die Arbeit stattfindet. Arbeit an der Form heißt daher immer beides zugleich: Arbeit an der Anweisung, die zur Arbeit auffordert, und Arbeit an dem, wozu die Anweisung auffordert. Die Anweisung wird zum Element des Bearbeiteten, weil aus

[84] Luhmann 1990b.
[85] Serres 1980, S. 186.
[86] Benninghaus 1987.
[87] Schmidt 1989a, S. 234 ff.; Behr/Heidenreich/Schmidt/von Schwerin 1991.
[88] Schmidt 1989b; Rammert 1992.
[89] Brissy 1990.

der Anweisung die Informationen gewonnen werden müssen, wie die Produkte, die man herstellt, von anderen zu unterscheiden und mit anderen zu verbinden sind. An der Anweisung, der Aufforderung zur Arbeit muß der Zusammenhang kenntlich werden, in den die Arbeit sich stellen kann.

Arbeit an der Form heißt daher zunächst und vor allem: Arbeit an der Unterscheidung, die sich als Form bewähren können soll. Kaum etwas ist dafür erforderlicher als die Fähigkeit, den Blick zu wechseln. Man muß sich die Form sowohl von innen, von dem her, was mit ihr bezeichnet wird, wie von außen, von dem her, wovon sie unterschieden wird, ansehen können. Beides zugleich geht nicht. Arbeiten an der Form erfordert daher eine Diskontinuierung der Arbeit: etwa indem man sich das, was man treibt, zuerst von innen, dann von außen betrachtet, also zeitliche Sequentialisierungen nutzt; oder indem man Beobachtungen von Beobachtungen zuläßt und den einen Beobachter an der Bezeichnung und den anderen Beobachter an der Unterscheidung so arbeiten läßt, daß beide füreinander beobachtbar bleiben; oder, drittens, indem man die Unterscheidung als Anweisung behandelt, der man folgen kann oder auch nicht. Das in hierarchischen Organisationen entwickelte Arbeitsverständnis setzt fast ausschließlich auf die dritte Möglichkeit, die Beobachtung der Anweisung und ein Spiel, das um Möglichkeiten der Nichtbefolgung im Rahmen der Befolgung kreist. Traditionen der handwerklichen und Facharbeit setzen dagegen vor allem auf die erste Möglichkeit, das sequentielle Hin- und Herwechseln zwischen der Betrachtung der Form von innen und der Betrachtung von außen. In dem Maße, in dem dieses Hin- und Herwechseln eine Form hervorbringt, die sich bewährt, spricht man von Qualität. Das Hin- und Herwechseln erfordert ein Können, das man zu jenen »tacit skills« zählen kann, die erst jüngst in der industriesoziologischen Forschung wieder zu Ehren gekommen sind.[90] Denn worauf es vor allem ankommt, ist, daß man, hin und her wechselnd zwischen der Bezeichnung in Abhängigkeit von einer Unterscheidung und der Unterscheidung, zwischen »marked state« und »unmarked state«, zwischen »condensation« und »cancellation«,[91] nicht

[90] Böhle/Milkau 1988; Böhle/Milkau 1989.
[91] Spencer Brown 1969, Kapitel 2.

die Konstitution der Form aus den Augen verliert, um die es gehen soll. Jedes Kreuzen der Unterscheidung riskiert den Verlust des Kontaktes zum Produkt. Aber nur die Bewältigung dieses Risikos sichert die Qualität des Produkts. Auch hier findet also ein Spiel statt, werden Unterscheidungen disponibel gehalten, die für die Konstitution der Form unverzichtbar sind. Mit Recht wird der Verdacht geäußert, daß eine fortschreitende Informatisierung der Arbeit die Dimensionen dieses Spiels, die ja kaum bereits zur Kenntnis genommen worden sind, in möglicherweise entscheidenden Hinsichten verkennt und verfehlt – wenn es nicht gelingt, die Informatisierung an diesem Spiel teilhaben zu lassen.[92]

Zwischen den Traditionen des Handwerks und der Facharbeit einerseits und der taylorisierten Arbeitsorganisation andererseits, die jeweils auf ihre eigene Weise die Arbeit zum Spiel machen, erstere zum Spiel mit dem Produkt, letztere zum Spiel mit der Arbeit selbst, bleibt jene dritte Möglichkeit unterausgenutzt, die Arbeit an der Form über die Beobachtung zweiter Ordnung zu diskontinuieren. Sicherlich ist die Beobachtung zweiter Ordnung auch in der Facharbeit und auch in der Fabrikarbeit bereits mit im Spiel. Im Fall der Facharbeit sieht man das an der großen Bedeutung eines jeweils ganz bestimmten Umgangs mit ganz bestimmten Werkzeugen, woran die Facharbeiter füreinander kenntlich sind und ihre Professionalität sowohl erwerben wie aufrechterhalten. Das Werkzeug, mit Hegel und Habermas, ist das Allgemeine,[93] der Eigenwert all jener Rekursionen um die Konstitution der Form, in denen die Qualität eines Produkts immer wieder aufs Spiel gesetzt und neu gewonnen wird. Und im Fall der Fabrikarbeit sieht man die Bedeutung der Beobachtung zweiter Ordnung an der Rolle, die die Rhythmen der Arbeitszeiteinteilung, des Wechsels zwischen Arbeit und Nichtarbeit, spielen. Und an nichts kann man den Unterschied zwischen Facharbeit und Fabrikarbeit deutlicher festmachen, als am Unterschied zwischen Werkzeug und Fließband: Markiert der Umgang mit dem Werkzeug die Professionalität des Facharbeiters, so markiert der Umgang des Fließbands mit dem mehr oder weniger

92 Lutz/Moldaschl 1989, S. 38; Malsch 1987a; Malsch 1987b.
93 Habermas 1968b, S. 25 f.

gehorsam zuliefernden Arbeiter die Zustände der Fabrikarbeit.

Aber was passiert mit der Arbeit, wenn die Eigenwerte der
Rekursionen, das Werkzeug und die vom Werkzeug limitierte
Qualität des Produkts oder das Fließband und die den Men-
genausstoß des Fließbands limitierende Größe des Marktes,
nicht mehr zur Verfügung stehen? Was passiert, wenn bäuerliche, handwerkliche und administrative Vorkonditionierungen
der Arbeitsorganisation mehr und mehr von Arbeitsformen ver-
drängt werden, die durch einen raschen Wechsel von Werkzeug
und Produkt, von Methoden und Verfahren, von Standards und
Normen gekennzeichnet sind? Was passiert, wenn die Arbeit
zunehmend intellektualisiert wird und mehr und mehr die Form
der Dienstleistung sei es am Kunden, am Produkt, an der Maschine oder an der eigenen Organisation annimmt? In diesem
Moment kann die Beobachtung zweiter Ordnung nicht mehr
nur ein Moment unter anderen sein. Sie muß jetzt ins Zentrum
des Arbeitsbegriffs gerückt werden. Arbeit an der Form muß
dann heißen: Arbeit an der Form, die die Kommunikation über
Arbeit in der Gesellschaft annimmt.

Die Störung

Die Form, die die Kommunikation über Arbeit in der Gesellschaft annimmt, ist die Organisation. Um herausfinden zu
können, welche Bezüge es zwischen der Form des Unternehmens und der Form der Arbeit an der Schwelle zu einem
Zeitalter der Postindustrialisierung gibt, müssen wir eine Tätigkeit mitberücksichtigen können, die der Arbeit üblicherweise
gegenübergestellt wird, als handele es sich bei ihr nicht auch um
Arbeit, nämlich das Management, die Führung des Betriebs und
der Geschäfte. In der Gegenüberstellung von Management und
Arbeit ist immer noch die Hegelsche Dialektik von Herr und
Knecht enthalten, die darauf beruht, daß der Knecht von der
Selbständigkeit des Seins nicht abstrahieren kann, während der
Herr dadurch, daß er sich primär auf sich bezieht, Macht über
das Sein gewinnt.[94] Die Ironie dieser Dialektik besteht darin,

[94] Hegel 1807, S. 150f.

daß der Herr, der sich auf sich bezieht, dies nur tun kann, indem er sich entzweit in den, der sich bezieht, und den, auf den er sich bezieht. Ersterer ist er als Selbständiger, als Herr, letzterer als Unselbständiger, als Knecht. Der Herr gewinnt seine Freiheit aus einer Abhängigkeit, die er sich gegenüberstellt. Und er bezahlt seine Freiheit, anders wäre es keine, mit dem Verzicht darauf, das Verhältnis, aus der er sie gewinnt, zu durchschauen. Der Knecht dagegen durchschaut die Verhältnisse. Er begreift jede Selbständigkeit als konstruiert aus einer Unselbständigkeit und sich selbst daher als die Wahrheit dessen, was sich nur selbständig dünkt, weil es die Bezüge gekappt hat.

In der modernen Welt gibt es keine Herren mehr, vermutet dagegen Niklas Luhmann.[95] Und dies aus dem einfachen Grund, weil sich niemand mehr der Beobachtung zweiter Ordnung entziehen kann und damit jede Selbständigkeit auf die Unselbständigkeit zurückbuchstabiert werden kann, der sie sich verdankt. Schon Heinrich von Kleist hat den Versuch Hermanns, Fürst der Cherusker, sich gegenüber Aristan als Herr zu behaupten: »Führt ihn weg und werft das Haupt ihm nieder!« auf den Effekt der Beobachtung zweiter Ordnung reduziert, über die keiner dieser Versuche je hinauskommt, indem er die Umstehenden sich »halblaut« sagen läßt: »Die Lektion ist gut« und »Das sag ich auch.«[96]

An die Stelle eines Interesses an Dialektik, die es dem Knecht erlaubte, den Herrn wieder hineinzuholen in das Spiel, von dem er sich emanzipieren zu können glaubte, tritt ein Interesse an der Form der Unterscheidung, die der eine trifft und der andere beobachtet. Inzwischen ist ungewiß geworden, worin die Aufgaben des Managements bestehen. Henri Fayol hatte davon gesprochen, es käme auf Vorhersage, Organisation, Anweisung, Koordination und Kontrolle an: Die Vorhersage ermöglicht den Entwurf von Handlungsprogrammen, die Organisation die Abstimmung von materiellen und sozialen Leistungen, die Anweisung die Arbeit der Leute, die Koordination die Einheit von Handlungen und Ergebnissen und die Kontrolle die Aufrechterhaltung der Regeln und die Anerkennung der Befehle.[97]

[95] Luhmann 1991a, S. 244, Anm. 13.
[96] Von Kleist 1821, S. 512.
[97] Fayol 1966, S. 5.

Nach vielfältigen Diskussionen über die Aufgaben des Managements ist es bei diesem Katalog im wesentlichen geblieben, obwohl man gelernt hat, mehr Gewicht auf die kommunikativen und weniger Gewicht auf die heroischen Aspekte des Managements zu legen.[98]

Allerdings entdeckt man zunehmend, daß derart bestimmte Aufgaben des Managements nichts mit der Auslösung bestimmter Wirkungen durch bestimmte Ursachen zu tun haben. Management ist kein Kausalmechanismus. Tatsächlich kann das Management nur Aktionen in die Welt setzen, auf die alle anderen aus jeweils eigenen Gründen so oder anders oder gar nicht reagieren. Management setzt Symbole in die Welt, auf die sich alle Beteiligten zur Rückversicherung dessen, was sie tun, beziehen können; es gibt Handlungsmuster vor, in die alle anderen, die Erfolg und Anerkennung suchen, ihre Handlungen einpassen können; und es schafft Gelegenheiten zu Interaktionen, in denen es zu Verhaltensabstimmungen kommen kann, an die sonst keiner gedacht hätte.[99] Daß das Management diese Rolle übernehmen kann, hat weniger etwas mit naturgegebener Autorität als vielmehr mit der Zuschreibung von Autorität durch alle jene zu tun, die es entweder nicht anders wissen oder ganz genau wissen, daß nur die Autorität des Managements sie vor dauernden Störungen ihrer Arbeit durch Kollegen schützen kann.[100] Führungsleistungen bestehen nicht zuletzt darin, eine bestimmte Kultur aufrechtzuerhalten, zu schützen und zu variieren, in der so häufig Richtungswechsel vorgenommen werden, daß sie nicht an bestimmte Normen, sondern nur an generalisierte Führungskompetenzen gebunden werden kann.[101]

Die Aufgabe des Managements besteht dann darin, sich selbst mit Störungen zu versorgen, die so bewältigt werden, daß andere sich daran orientieren können. Wie das geschieht, ist demgegenüber schon fast zweitrangig. Mit Geoffrey Vickers kann man festhalten, daß es vor allem auf das Etablieren von Differenzen ankommt, die Vergleichsmöglichkeiten zwischen

[98] Drucker 1973; Carroll/Gillen 1987; Dachler 1988.
[99] Peters 1978.
[100] Pfeffer 1977; Meindl 1990.
[101] Luhmann 1964, S. 207; Schein 1985; DePree 1989; Bardmann/Franzpötter 1992.

dem, was ist, und dem, was sein soll, freisetzen.[102] Er spricht von der ständigen Suche nach »mis-match signals«, mit denen sich das Management selbst aus der Ruhe bringt, und von einer Kontrolle (im angelsächsischen Wortsinn), die weniger auf das Fixieren von Zuständen als vielmehr auf die Beobachtung und den Vergleich verschiedener Zustände abstellt.[103] Dieses Kontrollverständnis bietet die Wahl, ob man positiv kontrolliert, um tatsächliche an gewünschte Zustände heranzuführen, oder negativ kontrolliert, um ungewünschte Zustände zu vermeiden.[104] Wer die Wahl hat, muß sich entscheiden und kann auf diese Entscheidung hin beobachtet werden. Die Kontrolle reagiert nicht nur auf Differenzen, sondern schafft so oder so ihrerseits eine Differenz, von der man sich dann fragen kann, welchen Unterschied sie macht. Zum Beispiel kann sich der Aufsichtsrat diese Differenz zunutze machen, um herauszufinden, ob er es mit einem innovativen oder einem konservativen Vorstand zu tun hat. Sich dies zu fragen, heißt allerdings auch hier wieder, es auch zur Entscheidung bringen zu müssen, was dann wichtige Informationen für Aktienbesitzer, potentielle Übernahmeinteressenten und nicht zuletzt den Vorstand bedeutet.

In jedem Fall eröffnet dieser Kontrollbegriff die Möglichkeit, die an Differenzen orientierte Kontrolle des Unternehmens durch das Management anhand einer Differenz zu kontrollieren, die beobachtbar macht, was das Management beobachtet. Die Kontrolle wird wechselseitig. Interessanterweise gefährdet dies den Begriff nicht, sondern es präzisiert ihn. Denn erstens kann man, wie schon gesehen,[105] unter dem Stichwort der Kybernetik der Kontrolle festhalten, daß Kontrolle nur in dem Maße erfolgreich sein kann, wie sie sich von dem kontrollieren läßt, was sie kontrollieren will. Das heißt, man muß Mittel und Wege finden, die Differenz, die den kontrollierenden Vergleich ermöglicht, so zu plazieren, daß die Maßnahmen, die man daraufhin ergreift, genau an jenen Zuständen etwas bewegen, die man vergleicht. Auch die Auswahl und Beobachtung dieser

---

[102] Vickers 1967, S. 19 u.ö.
[103] Vickers 1967, S. 26.
[104] Vickers 1967, S. 111 ff.
[105] Oben, S. 52 f.

Maßnahmen ist wiederum an selbst gesetzte Differenzen gebunden, so daß es leichter gesagt als getan ist, sich vom Kontrollierten kontrollieren zu lassen. Man gelangt zu einem rekursiven Prozeß der Beobachtung von Differenzen mithilfe von Differenzen, in dem die Prämissen eines Strategieentwurfs die Ergebnisse kontrollieren und umgekehrt und der gesamte Prozeß nur noch dadurch kontrolliert werden kann, daß man sich laufend fragt, ob man ihn abbricht oder weitermacht.[106]

Und zweitens kann man den Kontrollbegriff in der Hinsicht präzisieren, daß man drei Bedingungen angibt, unter denen eine vergleichsorientierte Kontrolle überhaupt möglich sein kann: Man muß es mit hinreichenden Regelmäßigkeiten zu tun haben, um aus der Vergangenheit auf die Zukunft schließen zu können; man muß genügend Zeit zur Verfügung haben, um herausfinden zu können, was zu tun ist, und dies auch tun zu können, bevor die Bedingungen nicht mehr gegeben sind, auf die man reagieren wollte; und man muß über Kriterien verfügen, die es erlauben, über Erfolg oder Mißerfolg der eigenen Handlungen zu entscheiden.[107] Alle drei Bedingungen sind alles andere als selbstverständlich. Sie sind so selten erfüllt, daß es für die Kontrollabsichten des Managements bekömmlicher ist, gar nicht erst um sie zu wissen und statt dessen ein Kontrollverständnis zu pflegen, das zwar einerseits Eingriffsmöglichkeiten systematisch überschätzt und Langzeitreaktionen systematisch unterschätzt,[108] andererseits jedoch den Vorzug hat, intuitiv zu überzeugen und Vereinfachungen anzubieten, die machbar sind. Und warum auch nicht? Vielleicht liegt die Leistungsfähigkeit des Managements, wie Theodore Levitt vorschlägt,[109] ja tatsächlich vor allem darin, jene Frage zu stellen, die die Befragten selbst dazu bringt, jene Vergleiche anzustellen, die ihnen erlauben, Alternativen zu entdecken, die nur sie selbst kennen und bewerten können.

Das aber bedeutet, daß die Aufgabe des Managements darin besteht, alle anderen bei der Arbeit zu stören. Alles Weitere ist nichts anderes als ein Versuch, die Bedingungen der Störung

[106] Schreyögg/Steinmann 1987.
[107] Vickers 1967, S. 117f.
[108] Senge 1990, S. 57ff.
[109] Levitt 1991, S. 3 u.ö.

zurückzubinden an die Arbeit, die zu tun ist. Der Vorteil dieses Managementbegriffs liegt darin, daß er auch den Umgang des Managements mit sich selbst und das Management des Managements durch die Arbeiter umfaßt. Jeder stört jeden, bis keiner mehr einen Grund sieht, jemanden zu stören – was natürlich nicht vorkommt oder, wenn doch, äußerstes Alarmzeichen wäre. In der Managementliteratur wird die Radikalität eines solchen Begriffes vermieden. Statt dessen spricht man lieber davon, die Aufgabe der Führung bestünde darin, den Wechsel zu initiieren.[110] Aber daß das auf dasselbe hinausläuft, begreift man spätestens dann, wenn man sich mit Henry Mintzberg die Raschheit, den Abwechslungsgrad und das Fragmentarische der Arbeit eines Managers ansieht, der nicht nur andere, sondern auch sich selbst laufend bei der Arbeit stört und für Gerüchte, Geräusche und Stimmungswechsel empfänglicher ist als für jede auch nur ansatzweise zur Ausführlichkeit und damit Stetigkeit neigende Untersuchung welchen Sachverhalts auch immer.[111]

Man kann noch einen Schritt weiter gehen und Störungen als das Medium betrachten, das das Management befähigt, auf Störungen sowohl zu reagieren wie Störungen zu produzieren, um den Betrieb in gewünschten Zuständen zu halten und ungewünschte zu vermeiden. Von nichts anderem als Störungen lebt das Management in seinem dauernden Bestreben, Störungen zu beheben und zu bewältigen. Es braucht Störungen, um Störungen zu produzieren. Jede Störung dient ihm als Verweis darauf, daß sich etwas ändern muß. Nichts gefährdet die Rolle des Managements daher mehr, als wenn sich in einem Unternehmen die Einsicht herumspricht, alle Störungen kämen nur »von oben«. Dann ist mit einem Mal jede Durchgriffschance des Managements auf die Abläufe des Unternehmens blockiert und es hilft unter Umständen nur noch der Verweis auf die »Ehre« des Managers, um zu signalisieren, daß man es mit durchhaltefähigen Störbereitschaften zu tun hat und alle anderen gut beraten sind, sich etwas einfallen zu lassen, was dieser Ehre Genüge tut.[112] Auch in diesem Fall versucht das Manage-

---

[110] Braybrooke 1963; Tushman/Newman/Romanelli 1986.
[111] Mintzberg 1973; Schirmer 1991.
[112] Morrill 1991.

ment jedoch in der Regel, externe Ursachen für die Störungen zu finden, aus denen es die Anlässe für eigene Störungen gewinnt. Eines der probatesten Mittel im Dienst dieser Externalisierung ist die unablässige und unerbittliche Suche nach Fakten:

> »But the big work behind business judgment is in finding and acknowledging the facts and circumstances concerning technology, the market, and the like in their continuously changing forms. The rapidity of modern technological change makes the search for facts a permanently necessary feature of the industry. That seems obvious, but some of the biggest changes of position in the industry came about in part because someone got an idea he thought was eternal.«[113]

Denn nichts verspricht mehr Diskontinuierungschancen als die Fakten. Die Beobachtung der Fakten einerseits, ihre Interpretation andererseits stellen, gerade weil es sich um sichtbare selektive Zugriffe handelt, ein Terrain bereit, in dem scheinbar nach Belieben, tatsächlich jedoch in enger Abstimmung mit den jeweiligen Zuständen des Unternehmens, Aufmerksamkeiten für Handlungsbedarf laufend verteilt und umverteilt werden können.

Eine der eindrucksvollsten Eigenschaften dieser Suche nach Fakten ist, daß im Prinzip nichts nicht geeignet ist, ein Faktum zu werden, das man als Störung interpretieren kann, um das eigene Unternehmen damit aufzuscheuchen, daß jedoch andererseits im Prinzip jedes Faktum mit einem Achselzucken erledigt werden kann, eben weil es nichts ist als ein Faktum. Ein Faktum sagt noch nichts über die Zusammenhänge, in denen es steht. Die Diagnose des Zusammenhangs jedoch ist die Leistung des Managers. Er entscheidet darüber, wo ein Zusammenhang beginnt und wo er endet. Und er entscheidet auch darüber, ob in bestimmten Fällen dieser oder eher jener Zusammenhang von Relevanz ist. Aber bevor Mitarbeiter auf die Idee kommen, die Zusammenhänge zu durchschauen, in denen Fakten auftauchen können oder nicht, oder gar den Zusammenhang zu begreifen, in dem die Zusammenhänge stehen, zwischen denen man hin und herwechseln kann, behält das Management,

[113] Sloan 1972, S. xvi.

sei es auch nur als »Impulsgeber«,[114] sich vor, auf Fakten zu verweisen, deren Bedeutung daraus resultiert, daß sie in keinem Zusammenhang stehen, an den man bisher gedacht hätte.

Worin jeweils die Faktizität der Fakten besteht, aus denen das Management die Störungen gewinnt, die es aktionsfähig machen, ist eine Sache der Umstände. Je stabiler die Märkte und damit auch die eigenen Produktionsabläufe sind, mit denen es ein Unternehmen zu tun hat, desto eher kommen vor allem Außenkontakte in Frage, die Zugänge zu jenen Ressourcen, Allianzen, Genehmigungen und Informationen verschaffen, die dem Unternehmen einen Erhalt und Ausbau seiner Position erlauben.[115] Es ist Sache der Unternehmensspitze, diese Fakten zu sammeln, zu bewerten und entlang der Hierarchie des Betriebs im Unternehmen zu verteilen. Je instabiler dagegen die Märkte und damit auch die eigenen Produktionsabläufe sind, desto weniger braucht man sich um die Versorgung mit neuen Fakten Sorgen zu machen. Dann genügt die permanente Revolution qua Innovation.[116] Jetzt tauchen die Fakten an allen Ecken und Enden zugleich auf. Jeder stört jeden. Und nur die Heterarchie ist geeignet, hierfür eine Ordnungsvorstellung bereitzuhalten.

Entscheidend ist in jedem Fall die geschickte Plazierung von Ambiguitäten und Paradoxien, die ein Unternehmen nicht nur nach außen,[117] sondern auch und vor allem nach innen mit jenen Undurchschaubarkeiten versorgen, die das Management in genau dem Maße handlungsfähig machen, wie es sich nicht auf ganz bestimmte Kausalabläufe, Regelinterventionen, Zielvorstellungen, Strategieentwürfe festlegen läßt. Man weiß seit langem, daß das Management ein Teil der Krise ist, die es zu bewältigen versucht.[118] Man wird diese Einsicht jedoch zuspitzen müssen zu der Erkenntnis, daß die Krise ein Teil des Managements ist. Nur dann wird man einen Blick für das Ausmaß an Nichttrivialität entwickeln, mit dem jede Unterneh-

114 Malik/Probst 1981, S. 124.
115 Pfeffer 1976; March 1991, S. 107f.
116 Peters 1990.
117 Reed/DeFilippi 1990.
118 Ansoff 1982, S. 5-31; Weick 1988.

mensführung es heute zu tun hat.[119] Es ist ja nicht so, daß man es bei dem Störungspotential, das sich hier entwickelt, nur mit einer Psychodynamik zu tun hätte, die aus den Paradoxien aggressiven Engagements, leidenschaftlicher Indifferenz und souveräner Abhängigkeit resultiert.[120] Vielmehr handelt es sich parallel dazu und unabhängig davon um eine soziale Dynamik, die aus der heterarchischen Abarbeitung hierarchisch produzierter Paradoxien resultiert. Je genauer man das begreift, desto größer sind die Chancen, die Psychodynamik abkühlen zu lassen. Aber dann wird man sich überlegen, ob das Faktenreservoir, das die Psychodynamik zu bieten hat, so schnell durch etwas anderes zu ersetzen ist.

Die Grenzen

Nicht die Störung ist das Ziel des Managements, sondern eine Unterbrechung der Arbeit an der Form, die um so präziser zu realisieren erlaubt, was eine Arbeit an der Form leisten kann. Wenn man über das Verhältnis von Arbeit und Management nachdenkt, neigt man immer noch dazu, im Management den Faktor zu sehen, der kontinuierlich, zielstrebig und kenntnisreich einer Arbeit, die jeden Moment nachzulassen, zu versiegen, aufzuhören droht, den Weg zu weisen versteht. Die Kontinuierung des Unternehmens ruht auf den Schultern des Managements; wenn es nach den Arbeitern ginge, liefe alles auseinander. Dieses Bild stammt wohl aus den Tagen der ersten Industrialisierung, als eine arbeitsgewohnte, aber ihre eigenen Rhythmen pflegende bäuerliche Arbeiterschaft mit der Zeitmechanik der Fabrikarbeit vertraut gemacht werden mußte. Seit der Facharbeiter weiß, was er sich schuldig ist, seit Angestellte die Regelungen des Arbeitstages akzeptieren, als handele es sich um Naturgesetze, und vollends seit die Mitarbeiter eines Unternehmens mehr und mehr die Informationen selbst produzieren, in deren Genuß sie früher nur qua Anweisung kamen, muß dieses Bild korrigiert werden. Das Verhältnis von Kontinuität und Diskontinuität kehrt sich um. Es wird zur Aufgabe des

[119] Schimank 1987; Wimmer 1989.
[120] Kets de Vries 1980.

Managements, jene Eigenwerte durcheinanderzubringen, die die Arbeitsvorgänge, sich selbst überlassen, von sich aus suchen.

Vor allem unter dem Stichwort Koordination ist das Management bestrebt, jene Repetitionen des immer Gleichen aufzustören, in denen die Arbeit nicht mehr Arbeit an der Form ist, sondern zur je nach dem virtuosen oder mechanischen Bearbeitung des Gegenstandes, wie man es gewohnt ist, oder Erledigung der Arbeit, wie sie aufgetragen ist, wird. Die Diskontinuierungsabsicht des Managements richtet sich darauf, den Wechsel immer neu zu stimulieren, die Arbeit mal von außen, mal von innen anzugehen und sie auf diese Art und Weise so mit sich identisch und variabel zu halten, daß sie mit der Arbeit um sie herum, einschließlich der Arbeit des Managements abgestimmt werden kann. Jeder Arbeiter neigt dazu, sich darauf zu beschränken, seinen Ehrgeiz darauf zu richten, seine Arbeit zu tun. Das Management muß dies unterstützen und fördern und gleichzeitig die Arbeit mit genau den Störungen traktieren, die sie mit dem Umstand auf dem laufenden hält, daß sie Element eines Netzwerks verschiedener Arbeitsabläufe ist, in dem sie ihre eigene Bestimmung nur aufrechterhalten kann, indem sie ständig mitbeobachtet, daß und wie sie sich von allem anderen unterscheidet.

Das Management eines Unternehmens ist die personifizierte Beobachtung zweiter Ordnung. Es ist auf die Beobachtung aller Arbeitsabläufe im Hinblick auf ihren Abstimmungsbedarf mit allen anderen spezialisiert (wobei dieser Abstimmungsbedarf auch darin bestehen kann, bestimmte Verknüpfungen von Arbeitsabläufen für einen bestimmten Zeitraum auszuschließen und bestimmte Vorgänge gegeneinander abzuschotten). Und es wird von allen Mitarbeitern eines Unternehmens genau im Hinblick auf seine Beobachtungen der Arbeitsabläufe beobachtet, um herauszufinden, wie es um die eigenen Leistungen, deren Variationsbedarf und die an diese Leistungen gebundenen Verbesserungsmöglichkeiten der eigenen Position bestellt ist. Das Management leistet auf seine Weise innerhalb des Unternehmens, was der Markt innerhalb einer Wirtschaft leistet: konstituiert durch Beobachtungen zweiter Ordnung, müßte man ihn erfinden, wäre er nicht immer schon vorhanden.[121] Die Unterbrechungs- und Störmanöver des Managements gegenüber der Arbeit sind daher so etwas wie Preissignale, die fallende und steigende Bewertungen der Arbeitsleistungen anzeigen, verbunden allerdings, im Unterschied zum Markt, mit mehr oder weniger hilfreichen Hinweisen, wie fallende Bewertung zu verhindern und steigende Bewertung zu befördern ist.

Der Vergleich des Managements eines Unternehmens mit dem Markt einer Wirtschaft hat neben seinen Vorzügen auch seine Grenzen, die ich hier beide nicht weiter ausloten will. Wichtig ist nur der Hinweis darauf, daß ein Managementverständnis, das mit dem Störungsbegriff arbeitet, ganz und gar nicht auf irgendeine Beliebigkeit dessen hinauswill, was das Management leistet. Ganz im Gegenteil. Am Vergleich mit dem Markt erkennt man, wie sensibel das Terrain ist, auf dem das Management agiert. Die Verzerrungsmöglichkeiten durch die Signale, die seine Aktionen setzten, sind enorm, weil es weder über die hochgetriebene Engführung auf die Ausschließlichkeit der Preissignale noch über die Schnelligkeit eines Korrekturmechanismus Wettbewerb verfügt. Das Management kann das Ausmaß an möglichen Verzerrungen nur in Grenzen halten, wenn es seinerseits sowohl die Unternehmensvorgänge selbst als auch all das, was in der Umwelt des Unternehmens geschieht, als Markt betrachtet, auf dem es sich selbst zu bewähren hat und seine Preise steigen und sinken sehen kann.[122]

Bei alldem kann es nicht überraschen, daß es schwerfällt, ein präzises Aufgabenprofil des Managements herauszuarbeiten. Wenn es sich überhaupt bestimmen läßt, was Manager sind und was sie nicht sind, dann durch einen Begriff wie den der »Kohäsion durch Unschärfe«, den Luc Boltanski entwickelt hat und dem zufolge die Erwartungen und Strategien eines Managers sich um einen einzigen Punkt drehen, nämlich den, ein Manager zu bleiben.[123] In diesem Sinn kann der Vergleich des Unternehmers mit einem »Chinesen« überzeugen, den Werner Graf aus einer Lektüre eines Vortrages von Heinz Nixdorf über eine Chinareise herausgearbeitet hat:[124]

[121] White 1981/82.
[122] Fama 1980.
[123] Boltanski 1982, S. 301 ff. und S. 317.
[124] Graf 1991, S. 137.

»Mit dem Bild des befreiten, aber noch von der Kollektivierung geprägten Chinesen hat Nixdorf eine unerwartete Metapher des Unternehmers gefunden. Es schwebt ihm keine individuelle oder gar exzentrische Persönlichkeit vor und bestimmt nicht die Inkarnation einer Idee oder ein Ausnahmewesen. Erfolgreich ist, lehrte Nixdorf, wer sich in der Gruppe zu bewegen versteht, und zwar nicht zu schnell und nicht zu langsam, wer von den anderen lernt, wer der technischen und der ökonomischen Rationalität gehorcht und wer sich – das vor allem – als Unternehmer die Wünsche der Kunden zu eigen macht, also von der Verwirklichung eigener Wünsche erst einmal absieht. Das Geheimnis des wirtschaftlichen Erfolgs liegt also in der Dialektik ökonomischer und technischer Selbstlosigkeit.«

Das Management ist die Wiedereinführung der Formen der Einschränkung, die ein Unternehmen konstituieren, in das Unternehmen. Korrekturen und Abenteuer, Bürokratisierungen und Funktionalisierungen, Interessenorientierungen, Festlegungen und Verkörperungen sind das Spielmaterial, mit dem es auszukommen hat, um alle die Möglichkeiten, die einem Unternehmen offenstehen, diesem Unternehmen dadurch in Aussicht zu stellen, daß sie im Unternehmen selbst einen wie immer vorläufigen Ausdruck finden. Diese Wiedereinführung kann sich strikt nur an dem orientieren, was das Unternehmen bereits ist. Ein Unternehmen jedoch, das liegt in seinem Begriff wie in seiner Form, ist vor allem das, was es (noch) nicht ist. Das Management schießt daher immer über das Ziel hinaus und kann seine Funktion nur in dem Maße erfüllen, wie dieses Über-das-Ziel-Hinausschießen einen Beitrag zu dem leistet, worauf es bei jedem Unternehmen ankommt: nämlich seine Grenzen gegenüber all dem aufrechtzuerhalten, was es nicht ist, und jede Grenze nur insofern zu überschreiten, als dieses Überschreiten eine Rückkehr nicht unmöglich macht.[125]

Wenn das Management eine Aufgabe hat, dann die, das Unternehmen als Spiel mit sich selbst zu verfügen und zu inszenieren. Während alle anderen arbeiten, besteht seine Arbeit darin, jenen »enactment processes« immer wieder eine neue

[125] Schreyögg 1991.

Wendung zu geben, in denen das Unternehmen sich als das erfindet, was es ist, und jeder Mitarbeiter herausfindet, wozu die Arbeit dient, die er leistet.[126] Dieses Spiel kann sehr unterschiedliche Formen annehmen, die alle ihre Vor- und Nachteile haben. Zum Beispiel kann es sich um Machtspiele im Sinne von Michel Crozier und Erhard Friedberg handeln, deren Dreh darin besteht, Ungewißheitszonen zu schaffen und auszuloten, die nur durch das Akzeptieren und Eingehen wechselseitiger Abhängigkeiten reduziert und bewältigt werden können.[127] Diese Spiele sind jedoch andererseits mit der Gefahr einer »politischen Entropie« der Organisation verbunden,[128] die jeden Abstimmungsbedarf innerhalb des Unternehmens auf Verschiebungen innerhalb der Positionen von Macht und Ohnmacht hin beobachten läßt und damit zu blockieren droht. Es kann sich aber auch um Entscheidungsspiele handeln, die zwar auch etwas mit Macht und vor allem mit der Wahrnehmung von Macht zu tun haben, in denen es jedoch vor allem darum geht, bestimmte Themen, Ideen und Projekte so zu plazieren, daß sie in den Versuchen des Unternehmens, sich über das zu verständigen, was jeweils ansteht, eine prominente Stellung einnehmen.[129]

Im Spiel konstituieren sich jene Grenzen des Unternehmens, die das Spiel in das Unternehmen wieder einführt, um das Unternehmen laufend neu über die Bedingungen seiner Konstitution zu informieren. Das Spiel ist auf der Ebene der Beobachtung zweiter Ordnung verankert, denn es funktioniert nur, wenn die Unterscheidungen, mit denen man spielt, gleichzeitig ernst genommen werden. Das Spiel rekurriert auf Heterarchie, nicht auf Hierarchie, denn die Positionen, von denen aus beobachtet wird, wie die anderen beobachten, sind weder in ein Verhältnis der Über- und Unterordnung gebracht noch anderweitig festgelegt, sondern rotieren im Unternehmen. Das Spiel setzt Kommunikation voraus. Einer allein kann nicht spielen – es sei denn er simuliert Kommunikation.

Ein Unternehmen, das etwas auf sich hält, kann nicht nicht

---

[126] Weick 1977; Weick 1979, S. 212 ff.
[127] Crozier/Friedberg 1979, S. 43 ff.
[128] Pfeffer 1981, S. 32.
[129] Hickson et al. 1990, S. 9 ff.

spielen. Das Spiel ist das Verfahren schlechthin, das es einem Unternehmen erlaubt, die Irritationen, mit denen es sich laufend selbst versorgt, auf jene Gelegenheiten hin durchzumustern, aus denen etwas zu machen ist. Das Spiel verankert das Unternehmen in jener Wirklichkeit, aus der es sich ausgrenzen muß, um einschränken zu können, was es ist. Das Spiel ist nichts anderes als ein Verfahren, die Form des Unternehmens als Zwei-Seiten-Form zu beobachten und als Kontext der Variation jeder einzelnen Operation des Unternehmens verfügbar zu halten. Es informiert das Unternehmen in jenem präzisen Sinne, daß es die Form des Unternehmens im Unternehmen so wieder vorkommen läßt, daß etwas produziert werden kann.

Alles Weitere hängt nun davon ab, wie die Form der Produktion zu bestimmen ist. Wir haben festgestellt, daß die Form des Unternehmens die Form einer Unterscheidung ist, die einzuschränken erlaubt, als was das Unternehmen sich konstituiert und was es aufgrund der Unterscheidung, die es setzt, zu sehen bekommt. Und wir haben festgestellt, daß die Form des Unternehmens ein Spiel ermöglicht, in dem diese Form selbst wieder vorkommt und variiert wird. Wir sind nun an einem Punkt angelangt, an dem wir uns fragen können, welche Rolle die Außenseite der Form des Unternehmens für die Konstitution dieser Form spielt. Wohlgemerkt, wir fragen uns nicht, wie die Beschaffenheit der Welt einschränkt, was das Unternehmen ist oder nicht ist. Wir suchen nicht nach den Determinanten der Realität des Unternehmens außerhalb des Unternehmens. Wir treiben auch keine Kritik der Selektivität des Unternehmens, das in seiner Nische eine bestimmte Wirklichkeit für die Wirklichkeit hält und alles andere außen vor läßt. Statt dessen fragen wir nach der Konstitutionsleistung der Ausgrenzung selbst. Wir müssen voraussetzen, daß diese Ausgrenzung nur in einer Welt stattfinden kann, die so beschaffen ist, wie sie beschaffen ist. Wir müssen voraussetzen, daß die Realität der Ausgrenzung determiniert, wie und als was etwas einzugrenzen ist. Und wir müssen natürlich voraussetzen, daß jede Ausgrenzung selektiv vorgeht, denn sonst wäre sie keine.

Wir müssen allerdings auch voraussetzen, daß wir über die Welt, die Realität und die Selektivität nur auf der Innenseite der Form etwas erfahren. Die Bedingung, unter der jeder Beobachter operiert, lautet: order from noise. Es nutzt uns also nichts, wenn wir unserem Interesse an einer Unternehmenstheorie nachgehen, indem wir die Physik, die Anthropologie, die Ökonomie und die Soziologie bemühen, um uns über die Umstände aufzuklären, unter denen Unternehmen zu dem geworden sind, was sie sind. Uns interessieren nicht die verschiedenartigen Möglichkeiten, Unternehmen zu beobachten. Sondern uns interessiert die Konstitution des Unternehmens als Beobachter. Uns interessiert, was das für das Unternehmen heißt: order from noise.

Die Form der Produktion

Der Kontext

Es ist nicht irgendeine Ordnung, die das Unternehmen aus dem Rauschen gewinnt, das es umgibt und erfüllt. Sondern es ist eine Ordnung, die in zumindest zweifacher Hinsicht als Produktion zu kennzeichnen ist, nämlich erstens als Produktion des Unternehmens durch das Unternehmen und zweitens als Produktion von Waren und Dienstleistungen durch das Unternehmen. Das eine stellt sich als das andere heraus, wenn die Produktion von Waren und Dienstleistungen Gewinne zu erwirtschaften erlaubt, die das Unternehmen als eine Organisation zu reproduzieren ermöglichen, die bestimmte Waren und Dienstleistungen produziert. Das eine ist jedoch nicht das andere: Aus der Differenz zwischen Warenproduktion und Selbstreproduktion gewinnt das Unternehmen die für alles Weitere entscheidende Möglichkeit, die beiden Seiten der Differenz unabhängig voneinander zu variieren, um immer neue Wege zu finden, ihre Einheit aufrechtzuerhalten.

Karl Marx hatte in seiner Analyse der kapitalistischen Wirtschaft vornehmlich auf das Moment der Warenproduktion abgestellt und seine Kritik der politischen Ökonomie als eine Kritik des Warenfetischs angelegt, der so strikt in Gebrauchswert und Tauschwert auseinanderfällt, daß die gesellschaftliche Produktion der Ware am Gebrauchswert überhaupt nicht und am Tauschwert nur als in der Form des Geldes verdinglichte und den Produzenten fremd gegenüberstehende auffällt.[1] Damit war ihm eine soziale Kontextuierung der Wirtschaft über ihre Herauslösung aus einem quasi natürlichen, um die kollektive Tugend der individuellen Bedürfnisbefriedigung kreisenden Begriff der Ökonomie gelungen,[2] die bis heute unterschätzt wird. Aber diese soziale Kontextuierung blieb auf halbem Wege stecken. Sie hat einen blinden Fleck: Marx kann das Unternehmen nur als Vollstrecker der konkurrierend auf Selbstverwertung drängenden Logik des Kapitals an der Arbeitskraft, an »Hirn,

[1] Marx 1867-1894 I, S. 49 ff.
[2] Luhmann 1992a, S. 23.

Muskel, Nerv, Hand usw.«,[3] begreifen. So sehr die Empirie der Betriebe, die Marx Mitte des 19. Jahrhunderts vor Augen haben konnte, für diese Deutung gesprochen haben mag, so sehr verkennt sie die Dimensionen der sozialen Konstruktion, die in jedem Unternehmen stecken und die unter dem Titel der Riskiertheit unternehmerischer Operationen erst von Werner Sombart, Frank H. Knight, Joseph Schumpeter und anderen wieder zur Geltung gebracht werden mußten.

Als eine Konsequenz der Unterschätzung des Unternehmens fällt die marxistische Analyse nach Marx in eine Kritik des Geldes einerseits und eine Feier der Sinnlichkeit andererseits auseinander, die durch nichts davor bewahrt werden kann, beides zu verspielen, indem sie den Staat als diejenige Organisation setzt, die das Arbeitsvermögen wieder mit sich versöhnt.[4] Jeder Versuch, die Arbeit als Moment der Differenz zu behaupten,[5] trifft auf eine Partei, die mehr und mehr dazu neigt, die Revolution mit der Organisation in eins zu setzen[6] und die Arbeit in einem Maße zu instrumentalisieren, das Robert Kurz zu Recht als ein letztes und vergebliches Manöver der nachholenden Modernisierung beschreibt.[7] Die Marxsche Unterschätzung des Unternehmens ist gerade im Hinblick auf die sozialistische Überschätzung der Organisation zu korrigieren. Wenn die Organisationssoziologie auch und gerade als Kritik der noch in Marxschen Kategorien befangenen Industriesoziologie einen Sinn hat, dann den, auf eine Differenz zwischen Organisation und Gesellschaft aufmerksam zu machen,[8] die jedes einzelne Unternehmen dazu verurteilt, seine Behauptung im Wettbewerb mit anderen Unternehmen und seinen Umgang mit der Arbeitskraft als Momente in einer Produktion der eigenen Form zu begreifen, die jederzeit mißlingen kann.

Nur wenn man, mit anderen Worten, die Analyse der Form des Unternehmens dazu verwendet, den blinden Fleck der Marxschen Analyse der Warenform auszuleuchten, hat man

---

[3] Marx 1867-1894 I, S. 58.
[4] Lenin 1917.
[5] Negt/Kluge 1981, S. 87 ff.
[6] Lukács 1922; Selznick 1960.
[7] Kurz 1991.
[8] Luhmann 1975, S. 9-20; Geser 1982; Wehrsig/Tacke 1992, S. 234 f.

eine Chance, jene Elemente einer »reflexiven Selbstkorrektur«
aufzufinden, die nach der Einschätzung von André Gorz der
ökonomischen Rationalität fehlen.[9] Unser Versuch, diese Analyse der Form des Unternehmens auf den Weg zu bringen, läßt
sich dann als Frage danach begreifen, ob die in einem Unternehmen die eigenen Einschränkungen wiedereinführenden
Spiele dazu geeignet sind, eine Form der Produktion zu begründen, die über die spezifische Verteilung ökologischer und gesellschaftlicher Blindheit und Einsicht der Warenproduktion
hinausführt. Der Schwerpunkt dieses Versuches liegt in einer
Fortführung der sozialen Kontextuierung der Ökonomie durch
Karl Marx, in einem weiteren und radikalisierenden Schritt der
Kritik der politischen Ökonomie also, die die Vergesellschaftung der Produktion nicht erst auf der Ebene des Geldes,
sondern vorab bereits auf der Ebene des Unternehmens
sieht.

Die marxistische wie die industriesoziologische Untersuchung des gegenwärtigen Vergesellschaftungsgrades der Produktion kommen darin überein, Vernetzungen zwischen Unternehmen als vorläufig oder endgültig letzten Versuch zu
beschreiben, Rentabilitätsziele auf einer Stufe der Produktion
aufrechtzuerhalten, in der jeder weitere Produktivitätsfort-
schritt aus einer in hohem Maße »verwissenschaftlichten«,
technisierten und informatisierten Feinabstimmung zwischen
hoch spezialisierten Einzelproduktionen gewonnen wird.[10] Das
Bemerkenswerte an diesen Produktionsnetzwerken ist, daß sie
ihre Beweglichkeit aus der Fähigkeit des Hin- und Herwech-
selns zwischen den »abstrakten« Kriterien des Geldes einerseits
und stofflichen Kriterien wie technischen Leistungen, Quali-
tätsstandards, Lieferzuverlässigkeit, Verhandlungsgeschick mit
Kunden, Geldgebern und Regulatoren andererseits gewinnen
und auf der Grundlage dieser Beweglichkeit sowohl die Autonomie wie die Kontrollierbarkeit der beteiligten Unternehmen
steigern können.[11] Hier finden eine Versinnlichung des Sozialen
und Sozialisierung der Sinnlichkeit statt, die keinen Handwerker überraschen würden, aber im Unterschied zum Handwerk

[9] Gorz 1988, S. 180f.
[10] Kurz 1991, S. 80f. und 256; Mill/Weißbach 1992.
[11] Bieber 1992.

nun nicht mehr auf die Natur der Dinge, sondern ausschließlich auf die soziale Konstruktion der Natur der Dinge zugerechnet werden können.

Wenn man Vernetzung zwischen Organisationen als Vergesellschaftung versteht, dürfte es nicht schwerfallen, auch das Unternehmen, das nichts anderes ist als eine Vernetzung innerhalb der Grenzen der Organisation, als soziale Veranstaltung zu begreifen. Und das heißt nichts anderes, als daß alle Produktion, die hier stattfindet, nicht nur vollzogen, sondern auch beobachtet wird, und erst im Modus der Beobachtung von Beobachtungen zu dem wird, was sie ist. Netzwerke werden nicht durch aktuelle, sondern durch aktualisierbare Beziehungen konstituiert.[12] Dies, wenn nichts anderes, erfordert die Beobachtung der Elemente des Netzwerks durch die Elemente des Netzwerks – innerhalb und zwischen den Unternehmen. Christof Wehrsig und Veronika Tacke sehen den Vorteil der Organisation gegenüber anderen sozialen Systemen in ihrer »Multireferenz«,[13] das heißt in ihrer Fähigkeit, sich beobachtend nicht nur auf den Code der eigenen Operationen, sondern auch auf mögliche alternative Programme, die diesem Code zuarbeiten, beziehen zu können. Nichts schließt aus, daß man sich vorstellen kann, in diese Multireferenz, ein im Spiel referentiell kontrolliertes Hin- und Herschalten zwischen Selbstreferenz und Fremdreferenz, Gesichtspunkte einzuführen, die nicht nur jede Systemrationalität der Organisation auf der Basis ihrer paradoxieträchtigen und nichtreduzierbaren Mehrdimensionalität als dilemmatisch zu beschreiben erlauben,[14] sondern, stimuliert durch interne und externe Beratung, auch Gesichtspunkte in das Management dieser Mehrdimensionalität einführt, die die Blindheit der Warenproduktion im Hinblick auf ihre menschlichen und ökologischen Defizite zu korrigieren erlauben. Die entscheidende Frage ist dann nur noch die, auch darin ist Kurz zuzustimmen,[15] ob das nur mit oder nur ohne Beibehaltung des Rentabilitätsprinzips und damit des Geldmechanismus geht.

[12] Mill/Weißbach 1992, S. 318.
[13] Wehrsig/Tacke 1992, S. 234 f.
[14] Wehrsig/Tacke 1992, S. 222.
[15] Kurz 1991, S. 235 f. u.ö.

Diese Frage werden wir hier nicht beantworten wollen und können. Wir beschränken uns auch deswegen auf eine Analyse der Form des Unternehmens, weil es nicht auszuschließen ist, daß die Konstitution des Mediums Geld in der Form der Ware durch die Form des Unternehmens unter einen Modifikationsdruck gerät, der eine weniger blinde Gesellschaftlichkeit anzuregen erlaubt. Die Analyse der Form des Unternehmens benennt den Punkt, an dem die Form der Ware in das Unternehmen wiedereingeführt wird. Die medialen Leistungen des Geldes werden dadurch ebenso verändert, wie die Unternehmen verändert werden, wenn im Medium des Geldes andere Formen möglich werden als zuvor.

Wir belassen es also bei einer Radikalisierung der Kritik der politischen Ökonomie und fragen danach, welche Aussagen wir aus dem Blickwinkel der Analyse der Unternehmensform über eine »reflexive«,[16] zwischen Interpretation und Konstruktion eines sowohl einschränkenden wie unbegrenzten, sowohl überfordernden wie orientierenden Kontextes[17] hin und her wechselnde Vergesellschaftung der Produktion gewinnen können. Da auch die sinnlichste materialistische Praxis Unterscheidungen treffen muß, über die wir uns nur im und am Rahmen eines Spiels klarwerden können, belassen wir es dabei, vom Spiel auf die Sinnlichkeit und nicht von der Sinnlichkeit auf die Revolution zu schließen. Wir belassen es bei der Kommunikation. Es gibt keine andere Ebene, es sei denn die des finalen Einspruchs der Ökologie der Erde gegen die Gesellschaft der Menschen, auf der die Frage behandelt werden könnte, ob die »katastrophale« Dynamisierung der Wirtschaft durch das Geld[18] anders unter Kontrolle gebracht werden kann als durch eine »Warenproduktion mittels Waren«,[19] die auf welch hohem Niveau auch immer eine subsistenzwirtschaftliche, auf Grenzproduktion verzichtende Verwaltung des Notwendigen exekutiert.

[16] Pries 1991, S. 40 ff.
[17] Ittelson 1973, S. 13 ff.
[18] Luhmann 1988a, S. 196.
[19] Sraffa 1960, S. 15.

Eine der Selbstverständlichkeiten der unternehmens- und managementtheoretischen Literatur der vergangenen Jahrzehnte lautet, daß der interne Umbau von Unternehmensorganisationen in dem Moment erforderlich wurde, in dem die Märkte einerseits turbulenter wurden und andererseits sich von Anbietermärkten zu Käufermärkten entwickelten, auf denen nicht mehr die Kunden die Waren, sondern die Waren die Kunden suchen. Bengt Karlöf zum Beispiel leitet daraus die Aufgabe ab, Unternehmenspolitik nicht mehr ausschließlich an der Idee des Kapital- und Kostenmanagements, sondern zusätzlich und primär an der Entwicklung einer kundenorientierten Geschäftskompetenz auszurichten, der es nicht mehr auf eine konsistente und durchoperationalisierte Organisationsentwicklung, sondern auf ein hautnahes, widerspruchsensibles Operieren an den Bedürfnissen des Kunden ankommt.[20] Dagegen ist nichts einzuwenden, auch wenn man Bedenken haben kann, in welchem Ausmaß Beobachtungen erster Ordnung (der Kunden) an die Stelle der für Konkurrenz laut Georg Simmel typischen Beobachtungen zweiter Ordnung treten können.[21] Zu fragen ist nur, ob die Geschichte sich so abgespielt hat, wie man sie sich heute erzählt.

Schon das Beispiel der englischen und schottischen Elektronikproduzenten, an denen Tom Burns und George Stalker Ende der fünfziger Jahre ihre These einer Umstellung von »mechanistischen« auf »organische« Managementsysteme entwickelten,[22] hätte auf die Idee bringen können, daß es nicht die Märkte, sondern die Umstände der Produktion, genauer: der ständige Kommunikationsbedarf über Möglichkeiten der Problembewältigung, sind, die eine Umstellung der Organisation nahelegen. Die Ungewißheiten und Problemstellungen, die eine Unternehmensorganisation dazu zwingen können, sich auf das Experiment einer Heterarchisierung der Kommunikation einzulassen, sind nicht unbedingt jene des Marktes, sondern können viel einschlägiger noch jene der Organisation selbst sein. Es

---

[20] Karlöf 1989.
[21] Simmel 1903.
[22] Burns/Stalker 1961.

käme dann nicht darauf an, die Organisation gegenüber dem Markt, sondern primär gegenüber sich selbst zu »öffnen«.

Mit dieser Hypothese ändert sich einiges. Zunächst einmal kann man sich vorstellen, daß sich die Geschichte, die die Unternehmens- und Managementliteratur erzählt, genau andersherum abgespielt hat, daß also die Turbulenz der Märkte auch ein Produkt der unruhiger gewordenen Unternehmensorganisationen ist, ja daß sogar der spekulative Überhang der Finanzmärkte auch eine Form der Reaktion auf das Erfordernis flexiblerer, rascher umorientierbarer Bewertungen unkalkulierbarer gewordener Unternehmensentwicklungen ist. Wenn man diese Vermutung stark macht, was wir hier nicht tun wollen, hätte man zumindest ein klareres Bild der beiden Seiten der Medaille der Turbulenz gewonnen. Damit käme man auch dem Begriff der Turbulenz wieder näher, der ja nicht einfach Unruhe, Unvorhersehbarkeit und Unbeeinflußbarkeit meint, sondern vielmehr auf überraschungsreiche Rückkopplungen, auf die Möglichkeit, mit kleinen Aktionen ungewollt große Effekte auszulösen, und damit auf einen sich ständig entziehenden und sich über Zeitverzögerungen durchsetzenden Zusammenhang zwischen einzelnen Aktionen verweist.[23] Auch die Frage nach der Auflösung der Grenzen der Unternehmensorganisation läßt sich dann von beiden Seiten der Grenze her stellen und auch von beiden Seiten der Grenze her beantworten.[24] Und nicht zuletzt kann man jene Dauerstörungen, die zu einem Management von »postdecision surprises« zwingen,[25] zu kognitiven Instabilitäten führen[26] und schließlich nahelegen, das soziale System der Organisation grundsätzlich als »unvollständig« zu konzipieren,[27] nicht nur extern, sondern auch intern adressieren. Möglicherweise ist die Turbulenz der Unternehmensorganisationen, die man gegenwärtig beobachtet, ebensosehr ein Ergebnis des »Chaosimports« von den Märkten in die Unternehmen,[28] wie die Turbulenz der Märkte ein

---

[23] Emery/Trist 1965; McCann/Selsky 1984.
[24] Singer 1986; Heydebrand 1989; Whitley 1987.
[25] Ansoff 1976; Ansoff 1982, S. 5-31; Harrison/March 1984.
[26] Schulman 1989.
[27] Aldrich/Marsden 1988, S. 362.
[28] Wimmer 1991a, S. 385.

Ergebnis des »Chaosexports« aus den Unternehmen in die Märkte ist.

Vor allem jedoch läßt sich, wenn man die Hypothese der Öffnung der Organisation gegenüber sich selbst verfolgt, die Frage stellen, worauf man denn stößt, wenn man den Deckel der Hierarchie abnimmt und einen Blick in die kommunikativen Weiten des Unternehmens wirft. Was ist es denn, worauf die Arbeiterbewegung niemals nachlassend ihre Hoffnungen richtet und woraus sie ihre Ressourcen schöpft? Was rührte sich denn, als in den Hawthorne-Werken nicht nur bei besserer Beleuchtung die Arbeitsleistung stieg, sondern auch bei wieder reduzierter Beleuchtung?[29] Worauf kann man sich denn verlassen, seit es Vorarbeiter gibt, seit die Personalpolitik Karrieremöglichkeiten bereitstellt und seit das »human ressource management« von Kontrolle auf »commitments« umstellt?[30] Seit Elton Mayo gibt die Organisationsforschung auf diese Fragen immer wieder eine Antwort, deren vielfache Variationen nicht darüber hinwegtäuschen dürfen, daß sie mit der Antwort auch schon – soll man vermuten: mangels soziologischer Forschung? – am Ende ihres Lateins ist: Als Faszinosum und Angelpunkt der Gestaltung von Unternehmensorganisationen gilt seither die »organization of teamwork – that is, of sustained cooperation.«[31]

Das Team gilt als der Ort schlechthin, an dem genau die Turbulenz produziert und bewältigt werden kann, die die Unternehmensorganisation ebenso lebendig wie steuerbar hält. Mit einem Wort aus der Frühgeschichte der damals noch hoffnungsvollen Entwicklung der Künstlichen Intelligenz könnte man sagen, Teams seien der Ort, wo jene Probleme durch den Einsatz von Intelligenz gelöst werden, die andernfalls aufwendige Such- und Entscheidungsverfahren erfordern.[32] Eine ökonomische Formel für denselben Sachverhalt lautet, daß Teams geeignet seien, Informationen zu bündeln, zu verarbeiten und, muß man hinzufügen, allererst zu produzieren, die weder durch hierarchische Kommunikation verzerrt noch durch Konkur-

[29] Scott 1981, S. 128.
[30] Jacoby 1984; Walton 1985.
[31] Mayo 1945, S. 70; Lawler III 1986, S. 101 ff.; Senge 1990, S. 236 ff.
[32] Newell/Simon 1976, S. 122.

renz unter den Teammitgliedern (um eine angemessene Würdigung und Lohnung ihrer »Grenzproduktivität«) um ihre synergetischen Effekte gebracht werden.[33]

Teams gelten seit jeher als die Möglichkeit schlechthin, innerhalb zunehmend unüberschaubarer Organisationen Nahwelten einzurichten, in denen Bindungen zwischen den einzelnen Organisationsmitgliedern eingegangen, gepflegt und in einem wechselseitigen Nichtnullsummenspiel ausgebeutet werden können.[34] Man könnte auch sagen, daß Teams als funktionale Äquivalente zu jenen formalen Verfahren der Organisation dienen, die sich mehr und mehr als Verfahren der »Konfliktdämpfung, der Schwächung und Zermürbung der Beteiligten, der Umformung und Neutralisierung ihrer Motive im Laufe einer Geschichte«[35] herausgestellt haben. Unternehmensorganisationen entdecken in dem Moment die Teams, aus denen sie, zugelassen oder nicht, immer schon bestanden, in dem sie die Hoffnung auf die Möglichkeit von Verfahren fahren lassen müssen, in denen, wie man mit Niklas Luhmann sagen könnte, Fernsynchronisation umstandslos in Nahsynchronisation umgesetzt werden kann: Die Stunde der Teams schlägt in dem Moment, in dem nur noch die Differenz von Fernsynchronisation und Überraschung in Frage kommt, die organisationsexterne Differenz von Organisation und Gesellschaft organisationsintern nachzubilden und zu bearbeiten.[36] Nur diejenige Organisation, mit anderen Worten, die in der Lage ist, sich selbst laufend mit Überraschungen zu versorgen, ohne mit jeder Überraschung gleich die ganze Organisation zu behelligen, wird Mittel und Wege finden, auf eine Art und Weise zu operieren, die sich im nachhinein als kompatibel mit den Erfordernissen der Fernsynchronisation, das heißt der zeitlichen Abstimmung des Entscheidungsbedarfs herausstellen kann.

Die Gründe, mit denen das Abstellen auf Teams in den vergangenen Jahrzehnten gerechtfertigt, gefördert und verstärkt wurde, reichen nur selten an diese mit der Differenz von Fernsynchronisation und Überraschung bezeichnete Problematik

[33] Alchian/Demsetz 1972, S. 778 f.
[34] Luhmann 1964, S. 83.
[35] Luhmann 1969, S. 4 (aus dem Vorwort zur Neuauflage 1975).
[36] Luhmann 1990c, S. 130.

heran: In Japan sind es vor allem die von W. Edwards Deming propagierten Qualitätszirkel, in den USA die Humanisierungsbestrebungen des Arbeitslebens und in Schweden das Interesse an demokratischer Partizipation, die hinter der Einführung von Kleingruppen stehen.[37] Dementsprechend bedeutet Team nicht immer gleich Team: Japanische Teamarbeit kann dank eines größeren Zeitdrucks, stärkerer interner Hierarchisierung und hohen Anforderungen an die Arbeitsdisziplin mit einem wesentlich niedrigeren Komplexitäts- und Flexibilitätsgrad der Arbeit jedes einzelnen einhergehen als etwa die amerikanische.[38] Immerhin hat die ideologische Verstärkung der Einführung von Teamarbeit mit der wachsenden Skepsis an den Ideologien auch den Blick für die Dysfunktionalitäten des Teams geschärft. Inzwischen weiß man, daß die Aufforderung zur Partizipation insofern paradoxiegeladen ist, als sie erstens als Voraussetzung der Partizipation genau die Transparenz unterstellt, die durch die Partizipation erst hergestellt werden soll, und zweitens, schwerer wiegend, zur Veränderung genau der Organisation motivieren soll, an die man sich doch gebunden fühlen soll.[39] Nicht zuletzt mit dieser Paradoxie ist es zu erklären, daß die Bindungen, die in Teams gepflegt werden, leicht in »overcommitments« gegenüber dem erstbesten, mit allen Mitgliedern abgestimmten Gleichgewichtszustand umschlagen, die alle weitere Entwicklung blockieren.[40]

Worauf also läßt man sich ein, wenn man sich auf Teams einläßt? Auf das Spiel der Beobachtung von Beobachtern, so viel können wir vermuten. Aber welche Form nimmt dieses Spiel der Beobachtung von Beobachtern in der Teamarbeit an? Welche Unterscheidung trifft das Team? Was schließt es aus und was schließt es ein? Wir greifen zur Beantwortung dieser Fragen auf ein bewährtes Theorem der Kontingenztheorie der Organisation zurück, nämlich auf die Vorstellung von Paul R. Lawrence und Jay W. Lorsch, daß die Integration einer Organisation über Verfahren der Konfliktlösung läuft.[41] Im Unterschied zu

37 Cole 1989.
38 Lincoln/Kalleberg 1990; Deutschmann 1990.
39 Sarikwal 1982.
40 Randall 1987; Schreyögg 1989.
41 Lawrence/Lorsch 1969, S. 12f.

dieser Vorstellung und zur Idee formalisierbarer Verfahren betrachten wir das Team jedoch nicht als den Ort der Konfliktlösung, sondern als den Ort der Konfliktzündung, -inszenierung und -austragung. Die Unterscheidung, die das Team trifft, ist die Unterscheidung des Streits, der genau die Aufgaben zu kennzeichnen und zu kontextuieren erlaubt, die einem Team gestellt sind. Und die Form, die die Teamarbeit diesem Streit gibt, ist nicht die Lösung des Konflikts, sondern sein Abschluß, seine Beendigung durch nichts anderes als das fertiggestellte Produkt. Teams sind Arbeitseinheiten, die sich durch ein ständiges »running hot« auszeichnen,[42] das erst dann zu einem vorübergehenden Frieden kommt, wenn Projekte abgeschlossen, deadlines eingehalten, Aufgaben gelöst und Produkte weitergereicht werden. Und nichts gefährdet Teamarbeit dementsprechend mehr als unklare Gruppengrenzen, unklare Aufgabensetzung, unklare Verantwortungsverteilung zwischen Team und Organisation und unklare Zeitgrenzen.[43]

Genau darin zeichnet sich die Differenzierung zwischen Teams als Alternative zur Funktionsdifferenzierung der Unternehmensorganisation aus: Im Gegensatz zu letzterer verfügt sie über einen eingebauten Mechanismus zur Koordination der Arbeitsschritte.[44] Und dieser Mechanismus ist die Kontroverse, und damit ein Verständnis von Arbeit, das sich mit Terry Winograd und Fernando Flores bündig als Wissen beschreiben läßt, wie Zusammenbrüche zu handhaben sind.[45] Aus soziologischer Sicht liegt die Intelligenz des Teams darin, daß sie es erlaubt, die Strukturen als problematisch zu beschreiben, ohne die Bewältigung der Probleme, wie in der funktional und hierarchisch differenzierten Organisation, an die beteiligten Menschen und ihre mehr oder minder stark entwickelten Fähigkeiten, mit Rollenkonflikten umzugehen, zu delegieren.[46] Die Idee des Teams fängt die allfällige Versuchung, im Menschen das »unternehmerische Grundkapital« zu mobilisieren,[47] gerade

[42] Stewart 1989.
[43] Hackman 1990.
[44] Mintzberg 1979, S. 125.
[45] Winograd/Flores 1986, S. 240 f. und 246.
[46] Luhmann 1968b, S. 73 f.
[47] McGregor 1960, S. 61.

eben noch ab, bevor sie verheerend werden kann, und lokalisiert dieses Kapital statt dessen in der Gruppe, die nur in dem Maße auf Menschen zugreifen kann, wie diese bereit sind, in sie zu investieren.

Im Team gewinnt die unternehmerische Produktion eine Form, die ihre Produkte aus Kontroversen gewinnt, die erst mit dem Produkt ein Ende finden. Nun darf man sich diese Form der Produktion nicht so vorstellen, daß das Team den Streit sucht. Vielmehr kommt es darauf an, einen Streit zu inszenieren und zur Produktion, Verarbeitung und Verteilung von Informationen zu nutzen, der sich von ganz alleine einstellt, weil das Team eine Gruppe ist und damit inhärent paradoxer Natur. Vielleicht kann man sagen, daß die Gruppe für das Team leistet, was die Hierarchie für die Organisation leistet: Die Gruppe und die Hierarchie sind Lieferanten von Paradoxien, deren Auflösung im Fall der Organisation die Reproduktion der Organisation selber ist und im Fall des Teams die Begrenzung und Befristung der Aufgabenstellung. Man wird dann auch vermuten können, daß die hohe Kunst der Organisationsführung sehr viel mit dem Wechsel zwischen den Paradoxien der Hierarchie und den Paradoxien der Gruppe und wechselndem Rekurs auf den Reproduktionsbedarf der Organisation einerseits und die Aufgabenerfüllung der Teams andererseits zu tun hat. Die Teams erlauben eine an Aufgaben, Fristen und beteiligten Personen orientierte Fragmentierung der Organisation, eine Auflösung der Zeit, die der Organisation zur Verfügung steht, in eine Vielzahl jener »contingent periodicities«,[48] mit denen die Organisation ihre eigene Reproduktion gleichsam auslagern, Probe laufen lassen und dann anhand eigener Kriterien wieder einbeziehen kann. Die Ideen des Projektmanagements beziehungsweise der Projektadministration kann man dementsprechend als Versuch beschreiben, unter den Bedingungen zunehmend komplexer Organisationen ein zunehmend komplexes »handling« der Differenz von Team und Organisation zu ermöglichen,[49] weil anders die Überraschungen jedes einzelnen Produktionsschritts nicht mehr mit dem Bedarf an Fernsynchronisation in Einklang gebracht werden können.

[48] Clark 1985, S. 37.
[49] Stinchcombe/Heimer 1985; Heintel/Krainz 1988.

Aber bleiben wir einstweilen bei den Paradoxien der Gruppe, bevor wir uns dem Reproduktionsbedarf der Organisation zuwenden. Kenwyn K. Smith und David N. Berg haben in aller wünschenswerten Präzision dargelegt, welche Paradoxien das Gruppenleben kennzeichnen. Sie raten davon ab, die Konflikte, die in einer Gruppe dank dieser Paradoxien unausweichlich auftreten, erst lösen zu wollen, bevor sich die Gruppe weiterentwickeln, etwa in Gestalt eines Teams an die Arbeit gehen kann. Tatsächlich komme ein solcher Versuch der Konfliktlösung bei den Gruppenmitgliedern zunächst einmal als Definition eines Konfliktes an, und diese Definition provoziere unweigerlich Schuldzuweisungen, Reinwaschungen und Verdrängungseffekte, die einen Konflikt unlösbar machen, der zuvor gar keine Lösung brauchte.[50] Woraus entstehen nun, um nicht gleich von Konflikten zu reden, die Spannungen des Gruppenlebens? Sie entstehen daraus, daß in einer Gruppe die Individuen nicht nur voneinander, sondern auch die Gruppe von den Individuen abhängt. Das führt dazu, daß in den Erwartungen der Gruppenmitglieder an die Gruppe (und umgekehrt) und in den Auseinandersetzungen zwischen den Gruppenmitgliedern (und zwischen der Gruppe und ihren Mitgliedern) Gesichtspunkte bezogen werden, die mal diese und mal jene Abhängigkeit stark machen oder abschwächen, und dies sehr schnell zu derart verwickelten Verhältnissen führt, daß einfache, stark reduktive Sichtweisen wahrscheinlich werden, die die Komplexität der Abhängigkeiten in Divergenz umsetzen. Diese Divergenz stabilisiert sich selbst und steigert sich wahrscheinlich in genau dem Maße zum Konflikt, in dem sie wegen des Zwischenschritts der Reduktion der Komplexität nicht mehr auf die Gruppendynamik als solche zurückbezogen werden kann. Ist es einmal soweit gekommen, kann man alles Weitere dem Konflikt selbst überlassen, der Beiträge, Teilnehmer und Fortsetzungschancen nach eigenen Regeln und in striktem Blick auf seine Fortsetzbarkeit rekrutiert und alles abweist, was ihn gefährden, also lösen könnte.[51]

Smith und Berg identifizieren nicht weniger als sieben Para-

[50] Smith/Berg 1987, S. 634.
[51] Luhmann 1984, S. 529ff.

doxien des Gruppenlebens:[52] (1) Die Paradoxie der Identität ist eine Version der Paradoxie der hierarchischen Opposition, wie sie Louis Dumont beschrieben hat.[53] Sie ergibt sich daraus, daß die Gruppe jedes einzelne ihrer Mitglieder einerseits als von sich und allen anderen unterschieden und doch gleichzeitig als mit allen anderen und der Gruppe in bestimmten Hinsichten auch identisch, denn sonst handelte es sich nicht um eine Gruppe, bezeichnen können muß. Individuen suchen nach »guten« Gruppen, in denen sie so wenig Identität wie möglich aufgeben müssen (und so viel Identität wie möglich gewinnen können), während die Gruppe nach »guten« Mitgliedern sucht, die ihre Identität einer Gruppenidentität unterordnen können. Paradox wird das spätestens dann, wenn die Gruppe vor dem Dilemma steht, in die Identität eines ihrer Mitglieder nicht so viel zu investieren, daß ihr Bestand gefährdet ist, wenn dieses Mitglied die Gruppe verläßt oder »ausbrennt« und somit keinen die Identität der Gruppe markierenden Unterschied mehr machen kann.

(2) Die Paradoxie der Mitteilung (»paradox of disclosure«) entsteht aus dem Dilemma, daß das Gruppenleben sowohl für die Gruppe wie für die Mitglieder nur sinnvoll werden kann, wenn sowohl die Gruppe wie die Mitglieder von sich mitteilen, was sie für sinnvoll halten, dies jedoch erst wissen können, wenn sie wissen, auf welchen Sinn die Gruppe und die Mitglieder abstellen werden. Diese Paradoxie trifft einerseits den bekannten soziologischen Sachverhalt der »doppelten Kontingenz«,[54] das heißt des Problems, in das man hineingerät, wenn alle Beteiligten abwarten, was andere tun, um ihre eigenen Anschlüsse an dem zu orientieren, was die anderen tun. Diese Paradoxie dramatisiert sich jedoch darüber hinaus noch dadurch, daß Testphase und Investitionsbedarf parallel und simultan ablaufen, so daß alle Beteiligten riskieren, Investitionen in den Sinn des Gruppenlebens zu tätigen, die andere dazu bringen, den Test abzubrechen und die Gruppe zu verlassen beziehungsweise ein neues Mitglied nicht zu akzeptieren. In dieser Situation müssen alle Beteiligten – einschließlich, wie immer,

[52] Smith/Berg 1987, S. 638 ff.
[53] Oben, S. 86.
[54] Parsons et al. 1951, S. 15 f.; Luhmann 1984, S. 148 ff.

der Gruppe selbst – fürchten, auf Ablehnung zu stoßen. Sie geben daher nur preis, was sie für sicher halten, und können sich anschließend auf die möglicherweise erworbene Anerkennung nicht verlassen, weil die möglicherweise prekären Punkte noch nicht einmal berührt wurden.[55]

(3) Die Paradoxie des Vertrauens ist das Ergebnis jenes seltsamen Umstandes, daß Vertrauen nur aus Vertrauen entstehen kann, daß also vorausgesetzt werden muß, was erst erworben werden soll, während es zugleich keine andere Möglichkeit gibt, dieses Vertrauen sowohl zu testen wie zu bewähren als durch Maßnahmen, die Mißtrauen verdienen. Vertrauen bewährt sich erst dann, wenn es auch die schlechten Nachrichten für ein einzelnes Gruppenmitglied oder die Gruppe insgesamt nicht nur überlebt, sondern aufnehmen und verarbeiten kann.[56] Ob es zur Vertrauensbildung kommt oder nicht, zeigt sich demnach vor allem daran, ob die Gruppe darauf verzichten kann, den Botschafter der schlechten Nachrichten zum Sündenbock zu machen. Andererseits jedoch kann es gut sein, daß der tautologische Zirkel der paradoxen Fundierung des Vertrauens erst in Gang kommt, wenn der Sündenbock gefunden und geopfert ist und die Gruppe sich in jener Überraschung über den plötzlichen Frieden eint, die den Sündenbock nachträglich zum Helden macht. Im Mythos, der daraus entsteht, kann ein im nachhinein zugeschriebener Ursprung für ein durchaus dauerhaftes Vertrauen gelegt werden.[57]

(4) Die Paradoxie der Individualität steht in einem Zusammenhang sowohl mit der Paradoxie der Identität wie mit der Paradoxie der Mitteilung. Sie wird jedoch von Smith und Berg zusätzlich dadurch akzentuiert, daß sie auf das Dilemma hinweisen, in dem sich Gruppen befinden, wenn sie dem Wunsch ihrer Mitglieder nach Individualitätsbestätigung und -steigerung nur nachkommen können, indem sie diese Individualität zugunsten der Gruppendynamik beschneiden und in bestimmten Hinsichten sogar abweisen. Während sich die Individuen der Gruppe mit der Frage nähern, was diese Gruppe ihnen geben kann, betrachtet die Gruppe jedes Individuum unter

---

[55] Smith/Berg 1987, S. 640f.
[56] Smith/Berg 1987, S. 642f.
[57] Girard 1992.

dem Gesichtspunkt, was es der Gruppe geben kann. Alles endet – oder beginnt – dann mit der Frage: »who is going to do the giving?«[58]

(5) Die Paradoxie der Autorität dürfte für eine möglichst ertragreiche Inszenierung der Kontroverse in einem Team besonders interessant sein. Sie läuft darauf hinaus, daß eine Gruppe nur in dem Maße eine Autorität gewinnt, die dann auch ihren Mitgliedern zukommt, in dem die Mitglieder bereit sind, ihr Autorität zuzuweisen, also auf eigene Autorität zu verzichten. Jedes Mitglied ist in einer potentiellen Vetoposition, kann den Wert dieser Position jedoch nur dadurch steigern, daß es so oft wie möglich auf ein Veto verzichtet, damit die Gruppe erst einmal die Autorität gewinnt, gegen die ein Veto einzulegen sich lohnen kann. Die Zuweisung von Autorität ist ein höchst riskanter Akt, da sie dem Aufbau von Macht dienen kann, die geeignet ist, den weiteren Kreislauf der Autorität, also die Rückkehr zu den Mitgliedern, von denen sie ausging, zu blockieren. Darauf zu verzichten, Autorität zuzuweisen, ist genauso riskant, da sich dann ein zunehmendes Gefühl der Machtlosigkeit in der Gruppe ausbreitet, das den Wunsch nach Macht ebenso steigert wie die Furcht vor der Macht der anderen. Die Paradoxie kann nur entfaltet werden, wenn einzelne Gruppenmitglieder oder die Gruppe es riskieren, sich selbst Autorität zuzuweisen und die Macht, die sie daraus, wenn es gelingt, gewinnen, nutzen, andere mit Autorität auszustatten. Da man nicht nur befürchten muß, in diesem Prozeß der notwendigerweise asymmetrischen Autoritätszuweisung selbst an Autorität zu verlieren, sondern auch, anderen ihre Autorität zu nehmen, auf die man sich möglicherweise schon wenig später verlassen können müßte, erscheint nichts unwahrscheinlicher als ein in der Gruppe eigenverantworteter Zyklus der Autoritätssteigerung.[59] Das hält die Durchsetzungsfähigkeit von Gruppen gesellschaftsweit in sehr engen Grenzen: Sie gewinnen Dauerhaftigkeit nur auf Kosten von Diffusität beziehungsweise »fuzziness«.[60] Das macht sie aber andererseits höchst geeignet, zur sozialen Basis von Teams zu werden, denen genau die Au-

[58] Smith/Berg 1987, S. 644.
[59] Smith/Berg 1987, S. 645 f.
[60] Neidhardt 1979; McGrath 1984.

torität, die sie brauchen, von außen, von der Organisation, zugewiesen und wieder abgenommen werden kann.

(6) Die Paradoxien der Identität und Individualität können nur entfaltet werden, wenn sich die Gruppe und ihre Mitglieder auf die Paradoxie der Regression einlassen. Jeder Gruppenbildungsprozeß verlangt eine Regression jedes einzelnen Mitglieds auf beschränkte Teile seiner Identität und Individualität, weil das, was die Gruppe auszeichnen soll, nur aus diesen Teilen, nicht aber aus den Mitgliedern als »Ganzen« gewonnen werden kann. Daraus erklärt sich der oft zu beobachtende Umstand, daß Gruppen in Sachen Regression gleichsam in Vorlage gehen, um ihren Mitgliedern ein Mitziehen zu erleichtern. Das kann die Form von in der Firma angebotenen Fitneßprogrammen annehmen, die wohl weniger mit rein körperlich bedingter Streßminderung und Produktivitätssteigerung zu tun haben, als man gemeinhin annimmt.[61] Das kann auch die Form ständig mitlaufenden und nie »ernst« werdenden Flirtens annehmen, das als eine Art Ritual der Regression sehr genau mitzubeobachten und herauszufinden erlaubt, wer mit welchem Status zu einer Gruppe gehört und wer nicht.[62] Entscheidend ist jedoch in jedem Fall weniger die Regression selbst als vielmehr die Frage, wie sie aufgegriffen, zurückgenommen und in den Aufbau eines neuen Ganzen integriert wird, das dann in der Tat weder den beteiligten Individuen noch allein der Gruppe zugerechnet werden kann. Die Paradoxie der Regression rundet sich dann darin, daß die Interaktion einer Gruppe desto regressionsfreier gelingen kann, je erfolgreicher sie ihren Mitgliedern erlaubt, temporär in genau jene Stadien zu regredieren, denen sie ihre wichtigsten Erfahrungen der Differenz zwischen Teilen und Ganzem verdanken.[63]

Möglicherweise ist die Grenze zwischen Team und Organisation für die Gruppe, die das Team ausmacht, so markant, daß sie an die Stelle der Regressionsparadoxie treten kann. Man wird dann zwar dazu neigen, die Organisation im Unterschied zum Team mit Regressionszuschreibungen zu überziehen, kann aber in dem Maße, in dem das gelingt, die eigene Psyche mit

[61] Falkenberg 1987.
[62] Konecki 1990.
[63] Smith/Berg 1987, S. 646f.

ihren Regressionslüsten draußen halten. Das bedeutet, daß ein Team davon entlastet werden kann, die Integration der Individuen über eine Beanspruchung ihrer Psyche laufen zu lassen. Das bedeutet allerdings auch, daß das Team niemals ganz Gruppe werden kann und im Verhältnis von Organisation, Team und Individuum immer Punkte im unklaren gehalten werden müssen, die nur durch Zurechnung auf die beteiligten Bewußtseinssysteme einer Klärung zugeführt werden könnten, mit der dann allerdings weder das Team noch die Organisation etwas anzufangen wüßten. Man weiß, daß die Psyche der Organisationsmitglieder nicht nur im Hinblick auf Regressionsbedürfnisse, sondern auch im Hinblick auf meist nur scheinbar in die Gegenrichtung zielende Eitelkeiten eine nicht zu unterschätzende Rolle spielt.[64] Aber das bedeutet noch lange nicht, daß man versuchen muß, eine Organisationstheorie in jenen Differenzen zu begründen, die man mithilfe der Theorien Freuds oder Jungs der Psyche der Organisationsmitglieder zumuten kann.

(7) Wichtiger für das Verständnis von Teams ist daher die letzte der von Smith und Berg herausgehobenen Paradoxien des Gruppenlebens, nämlich die Paradoxie der Kreativität.[65] In dieser Paradoxie wurzeln die Kontroversen, aus deren Inszenierung das Team seine Produktivität beziehen kann. Sie ergibt sich daraus, daß Kreativität nicht nur ein höchst selektives Geschehen ist, sondern in diesen Selektionen auch zu harten Diskriminierungen vorheriger Beiträge, Investitionen, Ziele und Bindungen neigt. Kreativität ist, mit anderen Worten, ein höchst destruktiver Prozeß. Nur die Begeisterung für jeden neuen Schritt hilft, den Gedanken an die Opfer auszublenden. In einem kreativen Team ist das jedoch wesentlich schwerer zu bewältigen als in einem kreativen Individuum. Denn in einem Team ist das, was ausgeschieden wird, immer mit Investitionen bestimmter Mitglieder verknüpft, so daß das Team mit jedem neuen Schritt kreativer Zerstörung Motivationsverluste riskiert, die durch keinen aus der Gemeinsamkeit des Ziels destillierten »Euphorieeffekt«[66] aufgefangen werden können. Jedes

[64] Kets de Vries 1980.
[65] Smith/Berg 1987, S. 647 f.
[66] Bendix 1989, S. 51.

Mitglied eines kreativen Teams muß ständig bereit sein, Ideen beizusteuern und Vorgaben zu machen, deren Sinn darin besteht, überwunden zu werden. Eine Gruppe wird dazu neigen, die kreativen und die destruktiven Teilleistungen, die in Wirklichkeit ein und dasselbe sind, auf verschiedene Individuen zu verteilen und den einen die guten Ideen und den anderen das Verderben der alten Ideen zuzurechnen. Ein Team kann sich das meist nicht leisten, weil es dafür erstens keine Zeit hat und zweitens jedes seiner Mitglieder für Kreationen in Anspruch nehmen muß. Es verzichtet daher nicht nur auf die personale Entparadoxierung, sondern möglichst auf jede personale Zurechnung, und rekurriert statt dessen auf eine sachliche Entparadoxierung, das heißt auf den Verweis auf das erstellte und gemeinsam verantwortete Produkt.

Wir fassen zusammen: Von Teams verantwortete Produktion ist Paradoxieauflösung unter der Bedingung, daß erst das erstellte Produkt den Frieden bringt. Das Team ist die Antwort auf die Frage, wie man durch die Förderung von Eigenverantwortung und »self-management« hoch unwahrscheinliche Innovationen fördern kann,[67] ohne das Schicksal der Organisation an den Zeugungsprozeß der Innovationen zu binden.

Das Team ist eine Sozialform, die die Paradoxien der Gruppe an die Stelle der Paradoxien der Hierarchie setzt und letztere dazu nutzt, erstere in Grenzen zu halten. Die Hierarchie wird aus den Funktionsbedingungen eines Großteils der in der Organisation ablaufenden Kommunikationen zurückgenommen und auf die Bestimmung von Einsatz, Verantwortungszuteilung und Befristung von Gruppenarbeit begrenzt, die in der Form von Teams um jene Paradoxien bereinigt wird, die die Gruppe zu blockieren und auf Regressionsformen zurückzuwerfen drohen. Die Form der Produktion, die aus diesem Manöver destilliert wird, könnte man auf den Nenner bringen: Forcierung der produktiven und Ausblendung der destruktiven Begleiterscheinungen der Arbeit. Denn genau darin besteht die »Schlagkraft« des Teams: in der Umsetzung auch und gerade der Energien, die aus Destruktionen zu gewinnen sind, in das produktive Vorantreiben des Projekts, das dem Team als Aufgabe gesetzt ist. Das kann so weit gehen, daß das Team in dem Produkt untergeht,

[67] Mills 1983.

das es erstellt, und anschließend nur noch aus der heroisierenden Erinnerung an sich selbst besteht.

Wenn diese Beschreibung der möglichen Leistungen von Teamarbeit zutrifft, wird man erwarten können, daß Organisationen ihre Form der Produktion immer dann auf Teamarbeit umstellen, wenn es in der Produktion auf Diskontinuierungs- und Beschleunigungseffekte ankommt. Steigerungsleistungen etwa auch unter dem Stichwort »Qualitätsmanagement« sind wesentlich leichter zu erbringen, wenn man es in der Produktion mit Episoden zu tun hat, die sich durch Anfang und Ende bestimmter Projekte bestimmen lassen, als wenn man den Versuch unternimmt, Produktionsprozesse auf kontinuierliche Bemühungen um Verbesserungen abzustellen.[68] Die Diskontinuierung versorgt mit Grenzen, mit Abschlüssen und Neuanfängen, deren Beobachtung mehr Aufmerksamkeit organisieren kann als eine Organisationspolitik der kleinen Schritte, die allzuleicht in der Routine des Immergleichen versandet.

Die Entscheidung

Aus der Beschreibung des Verhältnisses von Gruppe und Team haben wir eine Einsicht in den Zusammenhang von Paradoxiebewältigung und Produktivität gewonnen, der wir eine allgemeinere Form geben können: Wir vermuten, daß eine der wichtigsten Leistungen des sozialen Systems der Organisation darin besteht, Entscheidungen zu initiieren (mit Niklas Luhmann können wir auch sagen: zuzumuten[69]), die die destruktiven Seiten jeder Arbeit ausblenden und ihre produktiven Seiten forcieren. Die Paradoxie der Arbeit, Produktivität nicht nur auf physischer, sondern auch auf psychischer und sozialer Ebene nur aus Destruktivität gewinnen zu können,[70] wird in den selbstlaufenden, »autopoietischen« Mechanismus umgesetzt, Entscheidungen zu ermöglichen, die an Entscheidungen anschließen und nichts anderes als Entscheidungen hervorrufen sollen. Zwar ist es durch nichts auszuschließen, daß jede neue

[68] The Economist, 18. April 1992, S. 69 f.
[69] Luhmann 1980b, Sp. 1066.
[70] Clausen 1983; Clausen 1988; Bardmann 1990.

Entscheidung die destruktiven Aspekte vorhergehender Entscheidungen zum Thema macht und zu korrigieren sucht, doch findet dies an der produktiven, konstruktiven Selbstverpflichtung jeder Entscheidung enge Grenzen.

Entscheidungen abstrahieren von den Kausalitätskontinua, in denen jede Arbeit steckt, von den zahllosen Ursachen und Wirkungen materieller, motivationaler und kommunikativer Art, und transformieren sie in ein Kontinuum von Operationen, das über den Produkten, die ein Unternehmen herstellt, auch die Organisation reproduziert, die dieses Unternehmen darstellt. Diese Transformation ist ein hoch selektiver Vorgang, da ja nicht nur die produktiven Aspekte der Arbeit aus ihren destruktiven herausgefiltert werden müssen, sondern zugleich auch zwischen vielen alternativen Produktionsmöglichkeiten gewählt werden muß und Entscheidungen getroffen werden müssen, die die eine Möglichkeit gegenüber der anderen bevorzugen. Das Kontinuum von Entscheidungsoperationen muß in die Kausalitätskontinua der Produktion im wahrsten Sinne des Wortes hineingearbeitet werden, und das geht nur, indem die Entscheidungsoperationen in der fragmentierten und fragmentierenden Form von Entscheidungsereignissen auftreten, in der nicht eine Entscheidung alle weiteren festlegt, sondern jede Entscheidung neu mitentscheiden muß, ob und welche weiteren Entscheidungen wie möglich sind. Jede Entscheidung stellt ein Ereignis dar und ist damit durch einen Ereignissprung von der vorhergehenden und der folgenden Entscheidung getrennt. Dieser Ereignissprung ist ein Bruch, in den Umstände hineingearbeitet werden können, die dazu motivieren können, Entscheidungsabläufe anders zu orientieren als bisher geplant oder auch nur beabsichtigt.

Diese Leistung von Entscheidungsverfahren, die Reproduktion einer Organisation zu ermöglichen, die Produkte herstellen muß, aber ihr eigenes Schicksal nicht an jedes einzelne Produkt binden kann, ist in der Organisationstheorie einer der wenigen Punkte, über die lange Zeit Einigkeit bestand. Herbert Simon definierte Kommunikation innerhalb von Organisationen als »Transmission von Entscheidungsprämissen«[71] und beschrieb diese Transmission zusammen mit James March als ein Verfah-

[71] Simon 1945, S. 154 ff.; Kirsch 1970-1971.

ren der Spezifizierung jener »Einflußprozesse«, die in der Gesellschaft insgesamt nur in diffuser Form vorliegen und vorkommen.[72] Schon March und Simon wiesen darauf hin, daß die Spezifizierung eine Abstraktionsleistung ist, ein Absehen von, das sich in genau dem Maße realisieren läßt, in dem die Ungewißheiten, die in jeder Abstraktion enthalten sind, nicht durch die Überprüfung, sondern durch das Weiterreichen der Abstraktion absorbiert werden können: »Uncertainty absorption takes place when inferences are drawn from a body of evidence and the inferences, instead of the evidence itself, are then communicated.«[73] Dabei bestimmen die Qualität der Ungewißheit und die Art ihrer Absorption die Gestalt der Organisation.

Wie man an der Leichtigkeit sehen kann, mit der sich Routinen durchsetzen lassen, gewinnen Abstraktionen sehr schnell eine Konkretheit, deren Gefahr wie deren Entlastungsleistung darin besteht, daß sie für die »evidence« selbst genommen wird.[74] Eine der wesentlichen Fragen der Organisationstheorie besteht daher in der Suche nach Entscheidungsverfahren, die auf Entscheidungsverfahren in dem Sinne angewendet werden, daß sie die Wirklichkeitsillusionen der Abstraktionen markieren und Korrekturmöglichkeiten einführen, ohne damit die Abstraktionsleistung als solche zu gefährden. Die eigentliche Leistung von Entscheidungsverfahren besteht dann ebensosehr in der Reduktion wie in der Steigerung beziehungsweise Erzeugung von Ungewißheit,[75] so daß die Form des Unternehmens nicht unbedingt aus einer Suche nach Gewißheit, sondern aus einem Wechsel der Hinsichten, in denen Ungewißheiten bestehen, gewonnen wird. Ein einfaches Beispiel für eine solche Wiedereinführung der Ungewißheit in die Mechanismen ihrer Absorption wäre die Engführung von Entscheidungsprozessen auf die Arbeit an einer Produktinnovation innerhalb eines Teams bei gleichzeitiger Offenhaltung der Entscheidung darüber, ob die Innovationen, sobald abgeschlossen, von der Organisation übernommen wird oder nicht.

Die Entscheidungen, die in einem Unternehmen getroffen

[72] March/Simon 1958, S. 2 f.
[73] March/Simon 1958, S. 165.
[74] Luhmann 1971, S. 113-142.
[75] Weick 1984, S. 23 f.; Stinchcombe 1990, S. 2 ff.

werden, sind daher nicht nur Entscheidungen über Produktionen, sondern gleichzeitig immer auch Entscheidungen darüber, in welchen Hinsichten Ungewißheit zugelassen wird und in welchen nicht. Mit jeder einzelnen Entscheidung findet auch eine Abstimmung über diese Hinsichten statt,[76] die jedoch gerade deswegen, weil es um die eine Entscheidung ermöglichende Reduktion oder auch die eine Entscheidung so und nicht anders nahelegende Steigerung von Ungewißheit geht, nur in den seltensten Fällen als solche offengelegt oder auch nur bewußtgemacht werden kann. Entscheidungen sind, so James March und Johan Olsen, eine Bühne für eine Vielzahl von Dramen: Erwartungen werden geweckt und enttäuscht, Bindungen geschmiedet und wieder aufgelöst, Wahrheiten bestätigt und verabschiedet, Schuldige gefunden und wieder reingewaschen, Vertrauen geweckt und Macht erprobt, Interessen definiert und abgewiesen und nicht zuletzt ebensoviel Streß wie Spaß produziert.[77] Oftmals ist es gerade die scheinbare Unstrukturiertheit einer Entscheidung, das heißt ihre Offenheit, Komplexität und Unbestimmtheit, in der ihre »strategische«, weitere Entscheidungen herausfordernde Struktur und Bedeutung liegen.[78]

Die Organisationstheorie hat sich angesichts dieser Vielschichtigkeit des Entscheidungsphänomens immer wieder um die Revision jener Rationalität Gedanken gemacht, die von ökonomischen Entscheidungstheorien heraufbeschworen wird, und statt dessen die Fähigkeit beschränkt rationaler Entscheidungen beschrieben, überhaupt zu einem Abschluß zu kommen, indem Aufmerksamkeiten enggeführt und Konflikte abgefedert werden und für Korrekturanlässe vorgesorgt wird.[79] Wahrscheinlich wird man den rational choice-Modellen zumindest die Gerechtigkeit widerfahren lassen müssen, daß auch sie in genau dem Sinne auf unstrukturierte Entscheidungen abstellen, als ihre erste Regel auf die Inrechnungstellung sonst leicht übersehener Alternativen und damit die Streuung von Aufmerksamkeit abstellt. Die Beschränkung der Rationalität im

---

[76] March 1988, S. 101-115.

[77] March/Olsen et al. 1976, S. 12.

[78] Mintzberg 1976; Pennings 1985.

[79] March/Simon 1958, S. 136 ff.; March 1988, S. 1-21; Brunsson 1985; Bekker/Küpper/Ortmann 1988.

Sinne Herbert Simons liegt demgegenüber nur darin, daß die Beschränkung der Generierung von Aufmerksamkeit auf eine bestimmte Phase, nämlich die erste der Bestimmung von und Wahl zwischen Alternativen, aufgehoben wird und man in jeder »Phase« eines Entscheidungsvorgangs damit rechnet, Dinge zu übersehen, die man erst anschließend mitberücksichtigen kann.[80]

Kaum etwas interessiert die Organisationstheorie daher mehr als die Rekursivität der Entscheidungen. Die Struktur von Entscheidungen besteht darin, zurückzugreifen und vorzugreifen, nachzubessern und vorwegzunehmen. Dabei wird alles das, was als unstrukturiertes oder auch nur von anderen Entscheidungen nach anderen Kriterien geordnetes Handlungs- und Kommunikationsgeschehen in einer Organisation vorkommt, und auch einiges, was nicht vorkommt, erst dadurch, daß eine Entscheidung darauf zurückgreift oder vorgreift, zu einer Entscheidung stilisiert, die in einem bestimmten, eingegrenzten Zusammenhang eines Entscheidungsablaufs, einer Planverwirklichung oder eines Verfahrens steht.[81] Es müssen also nur in dem Sinne Entscheidungen bereits vorliegen, damit Anschlußentscheidungen getroffen werden können, als diese Anschlußentscheidungen auf irgend etwas zurückgreifen können müssen, was sich als in dem Sinne vorgreifende, an Zielen und Zwecken orientierte Entscheidung darstellen läßt, als es der Anschlußentscheidung, um die es jeweils geht, ermöglicht, sich in einen Kontext einzuordnen, der dadurch, daß er Einordnungen ermöglicht, nichts von seiner Kontingenz verliert. In genau diesem Sinne sucht jede Entscheidung nach Kontingenzen, die sie dadurch, daß sie selbst getroffen wird, ebenso thematisiert wie reduziert; und genau wegen dieser doppelten Leistung von Thematisierung und Reduktion der Kontingenz sind Entscheidungen wesentlich kontextsensitiver als Handlungen.[82] Von außen ist das schwer zu sehen, weil die Selektivität von Entscheidungen auffälliger ist als ihre Kontingenzthematisierung.[83] Aber innerhalb der Organisation ermöglicht nichts die Steuer-

---

[80] Simon 1984.
[81] Starbuck 1985; Mintzberg/Waters/Pettigrew/Butler 1990.
[82] Luhmann 1981, S. 338.
[83] Geser 1982, S. 116 ff.

barkeit der Organisation durch sich selbst verläßlicher, als diese Möglichkeit, auf Entscheidungsereignisse abzustellen, die Strukturen schaffen, ohne auf Strukturen festzulegen.

Karl Weick spricht daher davon, daß Organisationen durch eine »Grammatik der Reduktion von Mehrdeutigkeit« gekennzeichnet seien,[84] durch eine »closed-loop quality to much organizational ›sense-making‹«,[85] in der es viel weniger auf das Etablieren und Vollstrecken rationaler Kriterien der Effizienzsteigerung als vielmehr darauf ankommt, innerhalb der Organisation einen evolutionären Prozeß der Selbstverständigung und Selbstbeobachtung immer neu zu stimulieren, der in der Lage ist, die Organisation an die Störungen anpassungsfähig zu machen, mit denen sie sich selbst versorgt.[86]

Wir übersetzen diese von der Organisationstheorie vorgelegten Bestimmungen der Abstraktionsleistung, Kontingenzthematisierung, Kontextsensitivität, Strukturoffenheit und Rekursivität der Entscheidung in ein einziges Konzept, das es uns erlaubt, eine Form der Produktion zu bestimmen, die mit unserer Beschreibung der Form des Unternehmens zusammenpaßt. Wir beschreiben die Entscheidung als eine kommunikative Leistung, die die Differenz verfügbarer und nichtverfügbarer Faktoren der Produktion übergreift und damit ein Unternehmen reproduziert, das nichts als sich selbst hat, um die Ungewißheit zu reduzieren, die es selbst erzeugt. Mit dieser Begriffsbestimmung greifen wir einerseits zurück auf die Beschreibung der Verkörperung des Unternehmens in der verfügbaren Nichtverfügbarkeit der Organisation. Und andererseits greifen wir vor auf einen Begriff der Produktion, den Niklas Luhmann vorgeschlagen hat.

Wir schließen mit diesem Versuch an zahlreiche Vorschläge der Organisationstheorie an, in der Differenz von Problem und Lösung die Eigenheiten dessen zu verankern, was Entscheidungsprozesse in Organisationen ausmacht. Diese Vorschläge haben eine lange Tradition. Sie reichen zurück bis zu Herbert Simon, der das Problem, wie unter möglichen Entscheidungen

---

[84] Weick 1979, S. 11.
[85] Weick 1977a, S. 268.
[86] Weick 1977b.

ausgewählt wird, als das Problem der Organisation schlechthin und jede einzelne Entscheidung als eine das Problem kontinuierende Lösung des Problems betrachtete.[87] Und sie reichen noch weiter zurück, denn schon Simon setzte sich mit seinem Vorschlag bewußt von der unter anderem Weberschen Orientierung der Organisationstheorie am Problem der Durchsetzung von Befehlen ab, dessen Lösung man zumeist in der Etablierung angemessener Autoritätsinstitutionen sah. Die Simonsche Bestimmung konnte man zuspitzen auf die These, daß das eigentliche Problem darin lag, Aufmerksamkeiten in Organisationen auf die Anschlußbedingungen von Entscheidungen engzusteuern, ohne den Blick auf die Anschlußbedingungen zum ausschließlichen Kriterium der Entscheidungsfindung degenerieren zu lassen.[88] Das ist natürlich vor allem das Problem von Routinen, deren Entlastungsfunktion unverzichtbar ist, deren Blindheit jedoch einer höherstufigen Routinenkorrekturroutine bedarf.[89] Problem und Lösung sah man jetzt verteilt auf »biasing« und »bias correction«.[90]

Der nächste Schritt innerhalb der Organisationstheorie betrachtete die Organisation selbst als Lösung des Problems des Umgangs mit Umweltkontingenzen und jede einzelne Lösung als Problem des Ausschlusses anderer Lösungen, die sachlich möglicherweise schon im nächsten Moment angemessener gewesen wären oder sozial geschicktere Kombinationen verschiedener Lösungen zur gleichen Zeit erlaubt hätten.[91] An diesem Punkt und parallel zum Verlust von Linearitäts-, Stabilitäts- und Simplizitätsprämissen in der Gestaltung von Sozialsystemen[92] begannen die Eins-zu-Eins-Übersetzungen zwischen Problemen und ihren Lösungen selbst in der Form der das Problem kontinuierenden Lösung zweifelhaft zu werden und man begann Organisationstheorien zu entwerfen, die man vielleicht am treffendsten als Suchanweisungen nicht mehr von Lösungen, sondern von Problemen charakterisieren kann. Man ging

[87] Simon 1945, S. 3 und 8 ff.
[88] March/Simon 1958, S. 139 ff.
[89] Cyert/March 1963, S. 101 f.
[90] Cyert/March 1963, S. 81 f.
[91] Lawrence/Lorsch 1969; Galbraith 1973; Galbraith 1977; Hedberg/Nystrom/Starbuck 1976.
[92] Bühl 1990.

nicht länger davon aus, daß die Probleme bekannt und die Lösungen alternativ und komplementär erst noch zu finden seien, sondern man vermutete, daß jede bestehende Organisation bereits die Lösung ist, und suchte jetzt nur noch nach dem Problem, das diese Organisation laufend löst. Solche Suchanweisungen für das »tacit knowledge«[93] der Organisation beschreiben die Organisation entweder als »garbage can«, in der sich Entscheidungen und Probleme, Themen und Situationen, Lösungen und Fragen, Personen und ihre Arbeit nach Kriterien mischen, deren Sinn allenfalls lokal, aber nie global zu erschließen ist.[94] Oder sie beschreiben die Organisation als Bürokratie, deren eigene Komplexität nichts anderes als das Ergebnis komplexitätsreduzierender Überführung ungewisser Umwelten in formale Organisation ist.[95]

Wie auch immer, die Differenz von Problem und Lösung verliert in dem Maße an entscheidungsführender Präzision, als jede Lösung selbst für die Konstruktion des Problems verantwortlich zu machen ist, das sie löst,[96] die Identifizierung von Problemen sich mehr und mehr als eine Maßnahme der Symbolisierung von Entscheidungen herausstellt, die längst getroffen sind und nur noch nach Anhängern suchen,[97] und überdies immer wieder die Entdeckung gemacht werden muß, daß die Problemlösung in den seltensten Fällen dort zustande kommt, wo man sich die Problemwahrnehmung zur Aufgabe macht.[98] Es ist, als käme man nur dann, wenn man vom Problem absieht, auf eine Lösung – was zumindest dann nicht überrascht, wenn man bedenkt, daß sich die Lösung ja vom Problem unterscheiden soll.

Wenn man den Zusammenhang von Problemen, Lösungen und Entscheidungen noch mehr zusammenzieht, kann man formulieren, daß Entscheidungen die Lösung des Problems der Entscheidung darstellen. Wichtig ist, daß überhaupt etwas passiert, was selbst dann, wenn es nichts mit einem bestimmten

[93] Polanyi 1966, S. 28.
[94] Cohen/March/Olsen 1972.
[95] Meyer 1990.
[96] Weick 1979, S. 221 ff.
[97] Hickson et al. 1990, S. 52 f.
[98] Starbuck 1985, S. 343.

Problem zu tun hat, einen Beobachter auf die Idee bringen kann, wie dieses Problem zu umgehen, zu verschieben oder aus der Welt zu schaffen ist. Forschungen zum »Organisationsklima«[99] stellen daher zunehmend auf die Erleichterung fokussierten Springens von einer Entscheidung zu einer anderen ab und sehen in dem Humor, mit dem eine Organisation sich selbst behandelt, zwar einerseits einen diffizilen Mechanismus des Aushandelns von Hierarchieakzeptanz, andererseits jedoch auch eine Möglichkeit, Erwartungen zu unterbrechen, aufzulösen und an anderer Stelle neu anzuknüpfen.[100] Andererseits weiß man, daß an den etablierten Grenzen einer Organisation und Kompetenzen möglicher Entscheidungen um so rigider festgehalten wird, je größer die Angst ist, mit der eine Organisation ihre Kommunikationen auflädt.[101]

Wenn wichtig ist, daß überhaupt etwas passiert, und alles, was passiert, bereits eine Lösung von Problemen darstellt, die um so eher im dunkeln bleiben können, je zufriedenstellender die Entscheidungsabläufe sowohl gemessen an eigenen Reibungsverlusten wie an extern anzulegenden, aber intern mitbeobachteten Effizienzkriterien verlaufen, hat man allen Grund, gegenüber den zuweilen erhobenen Forderungen einer vollständigen Transparenz der Organisation und Offenheit der Kommunikation mißtrauisch zu sein.[102] Es kann in den Entscheidungskommunikationen einer Organisation nicht darauf ankommen, eine umfassende Übersicht über Lösungsmöglichkeiten zu gewinnen, die für Probleme welcher Art auch immer und wann auch immer verfügbar sind. Es kann nur darauf ankommen, soviel Verfügbarkeit zu gewinnen, daß man die Unverfügbarkeit von allem anderen auf sich beruhen lassen kann. Wichtig ist dann nur, daß man die Hinsichten wechseln kann, in denen das eine verfügbar, das andere unverfügbar ist, und für diesen Wechsel sowohl auf zeitliche wie sachliche und soziale Unterschiede zurückgreift.[103] Je weiter man von der Vorstellung abrückt, daß einer jetzt alles entscheiden kann,

[99] Falcione/Sussman/Herden 1987.
[100] Duncan 1982.
[101] Baum 1987; Hirschhorn 1988, S. 37 f.
[102] Eisenberg/Witten 1987.
[103] Hauschildt 1990; Sackmann 1990.

und statt dessen unterschiedliche Muster der Verteilung vorsieht, desto größer ist die Chance, kooperative Formen der Problembewältigung zu finden, die hohe »Rechenleistung« mit einem hohen Grad an wechselseitiger Angewiesenheit verbinden.[104]

Den Entscheidungsbegriff an der Differenz von Verfügbarkeit und Unverfügbarkeit zu orientieren, bedeutet, jede Entscheidung in einem präzisen Sinne mit Unentscheidbarkeit aufzuladen und die Möglichkeit, daß Entscheidungen trotzdem zustande kommen, einerseits als Leistung jeder einzelnen, Verantwortung übernehmenden Entscheidung zu beschreiben, andererseits diese Leistung jedoch auf die Rekursivität der Entscheidungen zuzurechnen.[105] Diese aus modernen Mathematikentwicklungen der Gödel/Tarski/Church-Richtung gewonnene Formulierung gipfelt in einer Einsicht, die Kybernetiker ebenso beeindruckt wie Philosophen: Nur Unentscheidbares ist entscheidbar,[106] alles andere können wir Maschinen überlassen. Jede einzelne Entscheidung produziert die »Akzeptanz«, um den Begriff von Wil Martens aufzugreifen,[107] die man braucht, um weitere Entscheidungen anzuschließen, die der Paradoxie der Unentscheidbarkeit ausweichen und sie gleichwohl aus den Augenwinkeln im Blick behalten. Entscheidungen sind die Eigenwerte der Kommunikationsprozesse innerhalb einer Organisation. Sie gewinnen ihre Attraktorfunktion, ihre Attraktivität,[108] daraus, daß nur sie in der Lage sind, das Problem zu lösen, das sie schaffen.

Rekursives Entscheiden überbrückt die Differenz zwischen verfügbaren und unverfügbaren Sachverhalten der Reproduktion der Organisation ebenso wie der Produktion von Gütern und Dienstleistungen. Rekursives Entscheiden ist damit selbst als eine Form der Produktion zu beschreiben, wenn wir an den Produktionsbegriff von Luhmann anschließen, der Produktion im Unterschied zu jeder creatio ex nihilo als Abhängigkeit »von internen *und* externen, verfügbaren *und* nichtverfügbaren Ur-

---

[104] Smith/Davis 1981.
[105] Löfgren 1987; Löfgren 1988.
[106] Von Foerster 1989, S. 32; Derrida 1990, S. 209f. und 274ff.
[107] Martens 1989, S. 119ff.
[108] Martens 1989, S. 123ff.

sachen« beschreibt und damit auf nichts Geringeres als einen Begriff der Autopoiesis hinauswill.[109] Entscheidungen, soll das heißen, beschreiben ein »Emergenzniveau« operationaler Geschlossenheit,[110] in dem nicht etwa Etwas aus Nichts geschaffen wird, sondern vielmehr etwas Bestimmtes in einem unbestimmt bleibenden beziehungsweise nur in wechselnden Hinsichten aufklärbaren Bedingungskontext hervorgebracht wird. Die Form der Produktion wird in dem Moment zur Autopoiesis, in dem etwas sich selbst bestimmt – das heißt: unterscheidet – und Unbestimmtes nutzt, sich in diesem hervorzubringen. Autopoiesis setzt also Selbstreferenz und eine Unterscheidung zwischen System und Umwelt voraus. Wie auch immer sich Entscheidungen zwischen den Alternativen, die sie sich vorlegen, entscheiden, wichtig ist, daß die Entscheidung, sobald sie getroffen wird, auch eine Entscheidung für sich selbst enthält.[111] Gerade weil es auf diese Entscheidung für die Entscheidung im Normalablauf der fremdreferentiell orientierten Entscheidungsverfahren der Organisation nicht ankommt, können in ihr, also in der Selbstreferenz der Entscheidung, Evidenzerfahrungen des Rückgriffs der Organisation auf sich selbst verankert werden. In diesem Sinne können Entscheidungen, wenn sich herausstellt, daß sie die Organisation, in der sie getroffen werden, als ein System in einer Umwelt reproduzieren, als die basalen Operationen der Organisation beschrieben werden, mit deren Hilfe sich die Organisation von ihrer Umwelt unterscheidet und für die Umwelt öffnet, indem sie sich gegen sie schließt.

Das Geschäft

Nach wie vor haben wir es mit der Zwei-Seiten-Form des Unternehmens zu tun, mit einer kommunikativen und kommunizierenden, von Beobachtern beobachteten, sich selbst verfolgenden Spur in der Welt. Jede einzelne Entscheidung dient dazu, diese Spur sowohl zu verlängern wie ihr zu folgen. Jede einzelne Entscheidung transportiert daher auch die Last der Paradoxien,

[109] Luhmann 1990a, S. 292; Luhmann 1992c, Bd 5.
[110] Luhmann 1988c.
[111] Luhmann 1993a.

die ein Unternehmen erzeugt – von der Paradoxie, sich im Unterschied identisch zu setzen, über die Paradoxien der hierarchiegesicherten Autonomie bis hin zu den Paradoxien der Gruppenarbeit. Und jede einzelne Entscheidung muß Mittel und Wege finden, Referenzen ins Spiel zu bringen, die diese Paradoxien wenn nicht aufzulösen, so zumindest zu entfalten erlauben. Referenzen sind ihrerseits nichts anderes als Bezeichnungen in Abhängigkeit von Unterscheidungen. Sie setzen eine richtunggebende Verweisung an die Stelle einer oszillierenden Paradoxie.

Diese Verweisung ist eine Verweisung auf ein Außen, ein Anderes, ein Fremdes, dies aber als eine Verweisung, die nur das System selbst treffen kann. Referenzen bewegen die Paradoxie, über die Welt nur erfahren zu können, was sie in die Welt hineintragen.[112] Jede Referenz ist eine Selbstreferenz in Gestalt einer Fremdreferenz. Diese Paradoxie blockiert die Referenz jedoch nicht, solange sie, wie Luhmann sagt, operativ eingesetzt wird, das heißt »blind« für die Unterscheidung zwischen Selbstreferenz und Fremdreferenz, der sie sich verdankt.[113] Man kann jede paradoxieentfaltende Referenz mit dem Verweis auf ihre eigene Paradoxie blockieren. Die Spiele, die wir beschrieben haben, spielen mit dieser Möglichkeit, gerade gegenüber paradoxieentfaltenden Referenzen deren eigene Paradoxie ins Spiel zu bringen. Gleichzeitig jedoch kann nirgendwo besser als in einem Spiel eine Referenz eingeübt, auf die sie fundierende Unterscheidung zwischen Selbstreferenz und Fremdreferenz hin beobachtet und auf einen Einsatz vorbereitet werden, dessen »Blindheit« dank der Vorübung nahezu jederzeit korrigiert werden kann.

Die zentrale Referenz, mit der das Unternehmen arbeitet, um die gordischen Knoten zu durchschlagen, in die es sich dennoch immer wieder verwickelt, ist der Verweis auf das Geschäft. Das Geschäft, also das, was man zu schaffen hat, ist seit jeher die wichtigste Verweisungstaktik, mit der sich ein Unternehmen aus den Selbstverstrickungen löst, in die es schon deswegen immer neu hineingerät, weil jedes Geschäft, auf das es sich einläßt, es wieder mit sich selbst konfrontiert, und sei es nur mit

[112] Quine 1974.
[113] Luhmann 1992a, S. 27.

der selbstproduzierten Erwartung eines Geschäfts. Dem Unternehmen, das sich auf ein Geschäft einläßt – und was sonst sollte es tun? –, geht es wie jenem von Paul Auster beschriebenen Privatdetektiv, der einen Fall übernimmt und es sofort mit zwei Fällen zu tun hat: mit dem Fall, den er übernommen hat, und mit sich in diesem Fall.[114] Er kann den einen Fall nur lösen, wenn er auch den anderen löst. Und er kann beide Fälle nur deswegen lösen, weil er das Episodenhafte des einen zur Bewältigung der Irritationen des anderen benutzt – und dies wechselseitig.

Mit anderen Worten, die Verweise auf Geschäfte erlauben es, die Entscheidungsspiele in Unternehmen auf eine Art und Weise in zeitliche Episoden, sachliche Fragen und soziale Einheiten zu segmentieren und zu fragmentieren, die es dem Unternehmen erlaubt, seine Kreise zu ziehen. Solange Geschäfte abgeschlossen werden, läuft der Laden. Dabei kann die erstrangige Frage, womit man ein Geschäft macht, immer als zweitrangige Frage behandelt werden, solange man nur überhaupt ein Geschäft macht. Und umgekehrt kann die erstrangige Frage, ob man mit seinen Geschäften ein Geschäft macht, für einen mehr oder weniger langen Zeitraum als zweitrangig behandelt werden, wenn es etwa darum geht, sich einen neuen Geschäftszweig zu erobern. Das Geschäft lebt von genau dem Wechsel der Hinsichten, deren Zusammenfallen es um der Paradoxieentfaltung willen vermeiden muß.

Die Erfolgsgeschichte des Unternehmens in der modernen Gesellschaft hat vermutlich sehr viel damit zu tun, daß sich das Geschäft zum Unternehmen verhält wie das Möbiusband zur Unterscheidung: Das Geschäft trifft eine Unterscheidung zwischen Innen und Außen, die sich innerhalb des Unternehmens weder dem Innen noch dem Außen – sondern nur dem Geschäft zuordnen läßt. Dies gilt in allen drei Hinsichten, die Werner Sombart für die »Verselbständigung der Vermögensorganisation« Unternehmen verantwortlich gemacht hat: für das Unternehmen als Rechtseinheit, als Rechnungseinheit und als Krediteinheit.[115] In allen drei Hinsichten realisiert das Unternehmen seine Form, indem es Geschäfte abschließt, verrechnet

[114] Auster 1988.
[115] Sombart 1916-1927 II, S. 99 ff.

und in Aussicht stellt, die die Außenseite der Form innen re-
plizieren und die Innenseite der Form nutzen, Anschlüsse zu
finden, die im Spiegel der Außenseite Sinn machen.

In jeder dieser drei Hinsichten: als Rechtseinheit, Rechnungseinheit und Krediteinheit, gewinnt das Unternehmen eine Geschäftsfähigkeit, die die Form des Unternehmens realisiert,
indem sie den Blick auf die Paradoxie der Unterscheidung verstellt, der sich diese Form verdankt. Sie setzen Identitäten an die
Stelle von Differenzen und benutzen diese Identitäten zur Etablierung von Differenzen. Mit anderen Worten, sie verschieben
die Aufmerksamkeit von der einen Differenz auf andere, und
zwar von Differenzen, denen sich die Beobachtungsfähigkeit
des Unternehmens verdankt, auf Differenzen, die operationabel
sind. Sie lenken das Unternehmen von sich ab und schaffen ihm
dadurch den Raum, den es braucht, um sich verwirklichen zu
können.

Am deutlichsten sieht man das an der Geschäftsfähigkeit, die
das Unternehmen aus seiner Rechtseinheit gewinnt. Die Rechtseinheit des Unternehmens bedeutet zunächst nichts anderes, als
daß es unterschriftsfähig wird.[116] Das Unternehmen bekommt
einen Namen (Firma) und eine Gesellschaftsform im juristi-
schen Sinne, die es in die Lage versetzen, Bindungen einzugehen
und mit Verweis auf rechtliche Durchsetzungchancen normativ aufrechtzuerhalten. Mit dem Verweis auf die Rechtseinheit
des Unternehmens können Geschäfte abgeschlossen werden,
die aus Verhandlungen Verträge gewinnen. Verhandlungen de-
stillieren aus diffus vorliegenden Differenzen ein oder mehrere
Probleme, auf deren Identifizierung man sich einigen kann und
deren Identifizierung man an die Stelle der diffus vorliegenden
Differenzen setzen kann.[117] Diese Identifizierung jedoch läuft
über die Zurechnung unterschiedlicher Facetten des oder der
Probleme auf verschiedene Vertragspartner. Die Differenz der
Vertragspartner und damit die Möglichkeit, ihnen Interessen,
Opportunismuschancen und Koalitionsfähigkeit zuzuordnen,
wird an die Stelle diffus vorliegender Differenzen gesetzt.

Oder genauer formuliert: Erst in dem Moment, in dem diese
Zurechnungen und Zuordnungen stattfinden, wird alles ande-

[116] Sombart 1916-1927 II, S. 104 ff.
[117] Von Foerster 1984, S. 19 f.

re, was vorausgesetzt werden muß, damit es zu Zurechnungen und Zuordnungen kommen kann, in den Stand der Diffusität versetzt. Was sich aus der Sicht jedes einzelnen Geschäfts nur als diffus darstellen kann, kann dann umgekehrt wieder zum Tummelfeld sozialwissenschaftlicher Untersuchungen werden, die die klar unterscheidbaren Interessen, Opportunismuschancen und Koalitionsfähigkeiten von Vertragspartnern auf politisierbare Aktionsfelder,[118] kapitalisierbare Beziehungen innerhalb eines Spiels um Einsätze, die das Spiel zugleich überhaupt erst in Gang bringen,[119] oder eben, wenn man, wie hier, die Begrifflichkeit des Felds vermeiden will, auf Paradoxien und ihre Entfaltung zurückführen.

Die Funktion von Verträgen besteht demnach darin, Differenzen akzeptierbar zu machen.[120] Das gilt für Gesellschafterverträge, die zur Gründung eines Unternehmens führen, ebenso wie für jeden einzelnen Arbeitsvertrag, Mietvertrag, Leasingvertrag, Beteiligungsvertrag und so weiter, die die rechtliche Operationsbasis des Unternehmens darstellen, und schließlich für jeden einzelnen Kauf- und Verkaufvertrag, die dem täglichen Geschäft seine rechtliche, zur Not einklagbare Form geben. Über Verträge als Geschäftsbasis eines Unternehmens gibt es mittlerweile eine breite Forschung, die in einzelnen Fällen so weit geht, das Unternehmen schlichtweg als »nexus of contracts« zu beschreiben, tatsächlich jedoch vor allem auf Arrangements abstellt, die jeden einzelnen Vertrag als Verfügbarmachung von Ressourcen, Informationen und Kompetenzen zu begreifen erlauben, deren Herkunft und Hinkunft in Grenzen zwar mitbeobachtet, aber gleichzeitig auch ausgeblendet bleibt.[121] Jeder Vertragspartner hat seine eigenen Gründe, den Vertrag abzuschließen. Ein Teil der Gründe motiviert die anderen, sich mit ihren eigenen Gründen auf den Vertrag einzulassen, und konstituiert die »bürgerliche Gesellschaft«. Ein anderer, im Zweifel überwiegender Teil der Gründe bleibt Privatsache, das heißt: vorauszusetzendes »System der Bedürfnisse« (Hegel).

[118] Touraine 1969, S. 152 f.; Pries 1991, S. 55 ff.
[119] Bourdieu 1979, S. 193 f.; Bohn 1991, S. 29.
[120] Macneil 1980, S. 13 ff.
[121] Demsetz 1991, S. 169 f.

Die Leistung von Verträgen, soweit sie als Geschäftsbasis eines Unternehmens tauglich sind, besteht also gerade nicht darin, daß sie sauber zu unterscheiden erlauben, was Innenseite des Unternehmens und was Außenseite des Unternehmens ist, sondern darin, daß sie diese Unterscheidung auf sich beruhen lassen, also voraussetzen, ohne sie in Anspruch zu nehmen. Wer Verträge beobachtet, dem verschwimmen die Grenzen zwischen Unternehmen und Märkten.[122] Und genau darin, in der Transformation einer Unterscheidung in ein Möbiusband, besteht auch ihr Sinn. Dem entspricht die Tendenz vieler Unternehmen, in »contractual fringes«[123] bis an die Grenze der Selbstauflösung zu gehen, in der Form des Konzerns wirtschaftliche Autonomiegewinne (gegenüber Recht und Politik) aus rechtlicher Segmentierung zu beziehen[124] oder nach anderen »hybriden Organisationsformen zwischen Markt und Organisation«,[125] zum Beispiel »interorganizational networks«,[126] zu suchen, die das Raffinement des Möbiusbandes in einer Weise ausnutzen, wie es Unternehmensforschung und Gesellschaftsrecht erst allmählich nachzuvollziehen beginnen.

Auch die Buchführung, vor allem die doppelte Buchführung, der das Unternehmen seine Ausdifferenzierung als Rechnungseinheit verdankt,[127] stellt ein solches Möbiusband dar. Hier wird jedoch als Außenform des Unternehmens nicht das Rechtssystem, sondern das Wirtschaftssystem in Anspruch genommen. Die doppelte Buchführung kopiert den »Doppelkreislauf« der Wirtschaft, die Weitergabe der Zahlungsfähigkeit in der einen Richtung als Weitergabe von Zahlungsunfähigkeit in der anderen Richtung,[128] in das Unternehmen hinein und gibt ihm dort die Form der Differenz von Soll und Haben. Diese Differenz transformiert die fundamentale Paradoxie der Wirtschaft, in der jedes Vermögen zugleich eine Schuld ist, in Positionen, die sich unterschiedlichen Adressaten zuordnen lassen. Es ist dann die Schuld der einen, die das Vermögen der

[122] Klein/Crawford/Alchian 1978, S. 326.
[123] Handy 1990, S. 96f.
[124] Pohmer 1964; Kirchner 1985; Lutter 1987; Teubner 1990.
[125] Teubner 1992.
[126] Monge/Eisenberg 1987; Goshal/Bartlett 1990; Powell 1990.
[127] Sombart 1916-1927 II, S. 110ff.
[128] Luhmann 1988a, S. 131ff.

anderen darstellt. Die doppelte Buchführung macht daraus die Regel, jede Vermögensposition innerhalb des Kontensystems des Unternehmens durch eine Schuldposition zu duplizieren, so daß bereits der Blick in die Bücher eine reichhaltige Kombinatorik von Geschäftsmöglichkeiten erschließt, die sich Punkt für Punkt aus der Wahrnehmung eines Vermögens oder der Begleichung einer Schuld ergeben.

Es ist nicht nur umstritten, ob die doppelte Buchführung tatsächlich die Bedeutung einer Initialzündung und Trägers der Ausdifferenzierung des Unternehmens hat, die Sombart ihr beimaß,[129] sondern mehr noch, ob sie als Orientierungsmodell auch noch für ein Management tauglich ist, das es zunehmend mit Entscheidungsabläufen zu tun hat, die einerseits auf eine wesentlich feinere Differenzierung von Informationen angewiesen sind und andererseits die Sprache der Kostenrechnung nicht mehr zur Mobilisierung weitreichender unternehmenspolitischer Entscheidungen verwenden können.[130] Das darf jedoch nicht dazu führen, daß man das Rechnungswesen insgesamt als Technik der Bereitstellung von Differenzierungen unterschätzt, die wie keine andere Technik innerhalb des Unternehmens den Kontakt zur Autopoiesis der Wirtschaft hält und damit sowohl Trennungen von Eigentum und Vermögen zu markieren erlaubt, die die Kapitalzugriffe des Unternehmens ausweisen, wie auch Kriterien der Gewinn- und Kostenentwicklung anbietet, anhand deren sich die Chancen einer weiteren Teilnahme an der Wirtschaft ausrechnen lassen.[131]

Allerdings darf nicht übersehen werden, daß der Blick auf die Kredit- und Kapitalmärkte in allen Fragen der Abschätzung eigener Geschäftsmöglichkeiten dem Blick in die eigenen Bücher längst ebenbürtig, wenn nicht sogar in vielen Fällen überlegen geworden ist. Die Ausgestaltung des Unternehmens als Krediteinheit, seine Weihe als kreditwürdig, wie Sombart sagt,[132] paßt das Unternehmen anschlußgenauer, rascher korrigierbar und breiter streubar in die Prozesse der Beobachtung

---

[129] Yamey 1978, S. 117-136; Carruthers/Espeland 1991.
[130] Demski/Kreps 1982; Gambling 1985; Johnson/Kaplan 1987; Choudhury 1988.
[131] Schneider 1992.
[132] Sombart 1916-1927 II, S. 137f.

zweiter Ordnung ein, die die moderne Wirtschaft kennzeich-nen,[133] als das jede Rechtseinheit, die immerhin schon eine Teil-nahme an bestimmten Wirtschaftskreisen markierte, oder Rech-nungseinheit, deren Daten zu vergangenheitsbezogen sind,[134] leisten konnte. Als Krediteinheit wird das Unternehmen in doppelter Hinsicht geschäftsfähig beziehungsweise kredit-würdig: Es kann Kredite bei Banken und auf Kapitalmärkten aufnehmen. Und es kann Kredite einräumen: gegenüber Liefe-ranten, Abnehmern und Mitarbeitern, und dies sowohl im tatsächlichen wie übertragenen Sinne.

Auch als Krediteinheit erschließt sich das Unternehmen Ge-schäfte, die die Grenze zwischen der Innenseite der Form und der Außenseite der Form des Unternehmens in Anspruch neh-men und unterlaufen zugleich. Ein Kreditgeschäft zwingt nicht nur dazu, Beobachtungen von Beobachtungen in Rechnung zu stellen, weil man die Kreditfähigkeit und -würdigkeit ja nur offerieren, aber im Regelfall nicht selbst bestätigen kann. Ein Kreditgeschäft bietet gleichzeitig auch die Möglichkeit, auf Be-obachtungen von Beobachtungen dort zu rekurrieren, wo aus den eigenen Beobachtungen zu wenige oder nur andere Infor-mationen zu gewinnen sind. Die Kreditbereitschaft einer Bank, die Anlagebereitschaft auf Wertpapiermärkten werden von einem Unternehmen als Indikatoren der eigenen Geschäfts-situation genommen und mit Informationen über Branchen-situation, Konjunkturentwicklung, Wechselkurserwartungen und so weiter in Verbindung gebracht, über die man nur zu einem geringen Teil bereits selbst verfügt.

Kreditgeschäfte sind Geschäfte mit Zahlungsversprechen, deren Risiken im Hinblick auf Risikostrukturen abgeschätzt werden, die auf eine auf der Ebene der Beobachtung zweiter Ordnung stattfindende Vernetzung zwischen den Selbstbin-dungseffekten riskanter Entscheidungen[135] abstellen. Ebenso wie die Banken sich nur dann auf Kreditgeschäfte einlassen, wenn deren Risiken auf Kreditgeber und Kreditnehmer mit wechselseitigen Bindungseffekten verteilt werden können, also nicht etwa nur bei der Bank oder nur beim Kreditnehmer an-

[133] Baecker 1988.
[134] Wells 1976.
[135] Japp 1992.

fallen,[136] so sind Kreditgeschäfte im engeren und weiteren Sinne für Unternehmen erst dann Geschäfte, wenn aus ihnen eine Verweisungsstruktur gewonnen werden kann, die das Unternehmen auf eine Art und Weise abwechselnd von innen und von außen zu beobachten erlaubt, die in eine rentable bis profitable Strukturierung der Operationen des Unternehmens umgesetzt werden kann. Kreditgeschäfte zwingen dazu, die Verschiedenheit verschiedener Positionen in Rechnung zu stellen und die Integration des Verschiedenen in Operationen zu suchen, die für alle Beteiligten lohnenswert sind. Man könnte auch von Verwertungseffekten sprechen, deren Kapitalisierung sowohl die Differenz wie die temporäre Integration der verschiedenen Positionen erfordert.

Auch Kreditgeschäfte folgen der Logik des Möbiusbandes, indem sie sich entlang einer Dynamik entwerfen und entwickeln, die abwechselnd die Innenseite und die Außenseite der Form des Unternehmens in Anspruch nimmt und nur aus dem Wechsel die Kriterien gewinnt, sich auf ein Geschäft einzulassen, es weiterzuverfolgen, es abzuändern oder abzubrechen. Ebenso wie bei der Vertragsstruktur eines Geschäfts und der Rechnungsführung eines Unternehmens liegt die Leistung eines Kreditgeschäfts für die Ausgestaltung der Form der Produktion darin, daß Vorgaben gemacht werden, die, obzwar in Grenzen variabel, abgearbeitet werden müssen und aus denen somit eine sequentielle Struktur gewonnen werden kann, die zur Entfaltung und Verstellung von Paradoxien hierarchischer, gruppendynamischer, innovationspolitischer und anderer Art genutzt werden kann.

Geschäfte geben vor, was zu tun ist. Sie können eingeleitet, abgeschlossen, wiederaufgenommen, kombiniert, miteinander verglichen und gegeneinander ausgespielt werden. Sie ermöglichen es, einen eindeutig benennbaren Standpunkt einzunehmen, von dem aus alles andere zu einer Ressource gemacht werden kann, die dem Geschäft dient, oder zu einem Hindernis, das ausgeräumt oder umgangen werden muß. Wer auf Geschäfte aus ist, begibt sich in die Achterbahn des Möbiusbandes und kann von dort aus all das, was die Form eines Unternehmens kennzeichnet: Unterscheidungsfähigkeiten in sachlicher,

[136] Baecker 1991, S. 126 ff.

sozialer und zeitlicher Hinsicht, Produktionspotentiale, Mitarbeiterqualifikationen, Teamstrukturen, Erwartungshorizonte und anderes, zum Medium machen, in dem laufend neue Kombinationen möglich sind und alte Kombinationen geopfert werden können. Das Geschäft ist in dem Maße, in dem es das Unternehmen aus sich heraus lenkt, eine Reflexionsinstanz, die als Spiegel all dessen genutzt werden kann, was in dem Unternehmen möglich ist und was nicht, welche Ressourcen im Hinblick auf bestimmte Operationschancen hinzuerworben werden müssen und welche abgestoßen werden können.

Erst auf der Ebene seines Geschäfts wird das Unternehmen in einem Sinne kenntlich, der es unterschiedlichen Gewerben, Industrien, Branchen und Marktsegmenten zuzuordnen erlaubt. Das bedeutet, daß auch in der Klassifikation primärer, sekundärer und tertiärer Produktion die Verwicklungen des Möbiusbandes zu bedenken sind und nicht erwartet werden kann, Produktionsfaktoren strikt nach unternehmensinterner und unternehmensexterner Zuordnung unterscheiden zu können. Die Betriebswirtschaftslehre reflektiert diese Verwicklungen etwa in ihrer Diskussion einer Produktionswirtschaft des Dienstleistungsgewerbes, die die Unterscheidung interner und externer Produktionsfaktoren nur noch deswegen aufrechterhält, um Komplementäreffekte beschreiben zu können.[137] Mit dem Blick auf die vom Möbiusband der Geschäfte bewegte Einheit der Differenz von Innenseite und Außenseite des Unternehmens wird dann auch eine neuartige Typologie und Theorie von Produktionsfaktoren vorstellbar, die zum Beispiel einen »Produktionsfaktor Risiko« beschreibt, der sich aus dem Komplementäreffekt von Risikoaversion und Versicherungsangebot ergibt.[138] Es wäre auch denkbar, den von Märkten auf Unternehmen und von Unternehmen auf Märkte ausgeübten Zeitdruck als einen Produktionsfaktor zu beschreiben und dann zu untersuchen, unter welchen Bedingungen eher schlanke oder robuste Produktion, also hoher oder niedriger Zeitdruck, geeignet ist, Integrationseffekte von Produktionsabläufen zu erzielen.[139]

[137] Kern 1976; Corsten 1985, S. 221 ff.; Milgrom/Roberts 1990.
[138] Sinn 1986.
[139] Clark 1990, S. 154 f.

Diese Möglichkeiten, die Beschreibung der Logik der Geschäfte weiterzuentwickeln, lassen wir hier auf sich beruhen und halten nur fest, daß sich das Unternehmen auf der Ebene der Geschäfte, die es abschließt oder abschließen können will, auf eine um so leichter korrigierbare Weise trivialisiert, je mehr es um ebendiese Trivialisierung weiß. Das Geschäft ist ein Mechanismus der Reduktion von Komplexität, der um so präziser zum Aufbau von Komplexität genutzt werden kann, je genauer man den Mechanismus durchschaut. Das Geschäft ist eine Operation, deren blinder Fleck die Unterscheidung ist, die das Unternehmen konstituiert, in dem das Geschäft betrieben wird. Die sequentielle, Zeit in Anspruch nehmende Dynamik des Geschäfts realisiert die Form des Unternehmens, indem es Elemente der Innenseite der Form mit Elementen der Außenseite verknüpft und dabei beide Seiten der Form als Irritationspotentiale behandelt, die mit Verweis auf die jeweils andere Seite abgearbeitet und dem Geschäft dienstbar gemacht werden können – dabei weitere Irritationen provozierend, die für die Kontinuierung des Unternehmens genutzt werden können, solange sich noch Geschäfte finden, die profitabel sind. Profitabilität ist das Erfolgskriterium. Und nur weil es in einem elementaren Sinne unentscheidbar ist, ob dieses Erfolgskriterium aus der Sicht des Unternehmens oder aus der Sicht der Wirtschaft gültig ist und in Anschlag gebracht wird, können sich immer wieder Geschäfte finden, die beides reproduzieren, das Unternehmen und die Wirtschaft.

Ein Unternehmen kann auch den Zusammenhang aller Geschäfte, die es sich erschließt, als Geschäft begreifen, das in unterschiedlicher Weise rechtsfähig, bilanzierbar und kreditwürdig ist. Es kann auf Koalitionen mit anderen Unternehmen spekulieren, um diesen Zusammenhang in einen noch größeren Zusammenhang weiterer Geschäfte stellen zu können, und solche Koalitionen sowohl in der Form vertikaler Integration wie in der Form eines Netzwerkes autonomer Einheiten eingehen. Es kann aus der Wahrnehmung seiner selbst als Geschäft auf die Möglichkeit feindlicher oder freundlicher Übernahmeversuche schließen, denen das Management durch einen Eigenkauf des Unternehmens zu begegnen für sinnvoll halten kann oder auch nicht, je nachdem, wie vor allem das Verhältnis zwischen aktualisierbarem Cash Flow aus den Vermögensbeständen des Unternehmens einerseits und längerfristigen Entwicklungschancen des Unternehmens andererseits beschaffen ist.[140] Dieser Blick auf die Einheit des Geschäfts erschließt Kooperationschancen mit anderen Unternehmen, die man mit Neil Fligstein als unterschiedliche Formen »korporativer Kontrolle« untersuchen kann, wenn man dabei im Auge behält, daß diese Kontrolle unter dem Gesichtspunkt der Verknüpfung von Geschäften zwei Differenzen übergreift: die Differenz zwischen den verschiedenen Geschäften innerhalb eines Unternehmens und die Differenz zwischen verschiedenen Unternehmen. Man kann dann sehr gut sehen, wie sich die diese beiden Differenzen übergreifende Einheitsperspektive in den vergangenen hundert Jahren von einer direkten Konkurrenz um Ressourcenzugriffe und Marktzutrittschancen über den Versuch zunächst der technischen Integration von Produktionsprozessen und dann der marketingorientierten Differenzierung und Segmentierung der Märkte zur zunehmend kapitalorientierten Finanzierung von Auflöse- und Rekombinationschancen sowohl innerhalb eines Unternehmens wie zwischen verschiedenen Unternehmen entwickelt hat.[141]

Der Gesichtspunkt der Einheit der Geschäfte verselbständigt sich gegenüber jedem einzelnen Unternehmen und aktualisiert den Gedanken der Form des Unternehmens gerade dadurch, daß die Geschäftspotentiale einzelner Unternehmen wie die in der Wirtschaft gleichsam flottierenden Geschäftspotentiale als Medium einer immer neuen Formbildung verstanden und eingesetzt werden. In die Schleife des Möbiusbandes gerät man sowohl von innen wie von außen hinein, am sichersten jedoch auf dem Wege einer »Rationalisierung« der Produktion, die sich vom Gedanken einer verläßlich stabilisierten Arbeitsteilung frei macht und statt dessen »Elastizitätspotentiale« schafft,[142] die in dem Maße »systemisch« zu nennen sind, als sie auf Differenzen abstellen, die laufend Neukombinationen ermöglichen.[143] Al-

---

[140] Jensen/Ruback 1983.

[141] Fligstein 1990.

[142] Altmann et al. 1986, S. 196.

[143] Kern/Schumann 1984; Baethge/Oberbeck 1986; Malsch/Seltz, Hrsg., 1987; Pries/Schmidt/Trinczek 1990.

les, was man dann braucht, um in das Möbiusband hineinzu-
kommen, ist die Aussicht auf ein Geschäft. Diese Aussicht
allerdings seligiert scharf. Und wie sie sich jeweils darstellt, ist
etwa mit Hilfe der Unterscheidungen Fligsteins zwischen direk-
ter, manufakturorientierter, marketingorientierter und schließlich finanzieller Kontrolle um so genauer zu untersuchen, je
präziser man die Inklusionschancen der Weltwirtschaft auch
gegenüber Entwicklungsregionen abschätzen können will. Jede
einzelne dieser Kontrollformen markiert eine Unwahrscheinlichkeitsschwelle der Inklusion in die Weltwirtschaft, die um so
schwerer zu nehmen ist, je leichter sie von denen, die es schon
geschafft haben, im Verbund mit jeweils anderen Schwellen
verteidigt werden kann. Es ist dann nicht zuletzt die »systemische Rationalisierung« selbst, deren Dekompositionschancen
von Betriebsstrukturen eine Unwahrscheinlichkeitsschwelle
darstellen,[144] die durch keine Aussicht auf irgendein Geschäft
bereits genommen werden kann.

Die Kopplung

Es bleibt dabei: Eine der größten Spekulationen innerhalb
der Wirtschaft ist die Differenzierung des Geschäfts in Geschäfte, ob diese Differenzierung nun die Form einer inner-
betrieblichen Differenzierung in verschiedene Unternehmens-
abteilungen, einer zwischenbetrieblichen Differenzierung in
verschiedene Unternehmensnetzwerke oder einer Portfoliodi-
versifizierung von Vermögenspositionen annimmt.[145] Diese
Spekulation auf Differenzierung ist zugleich immer eine Spekulation auf Reintegration, die, folgt man Henry Mintzberg,
in den letzten hundert Jahren ebenfalls die unterschiedlichsten
Formen angenommen hat, vom einfachen Eigentümerbetrieb
über die entweder an technischen oder professionellen Belan-
gen orientierte Bürokratie und das funktional divisionalisierte
Unternehmen bis zur sogenannten Adhokratie, die alle Hoffnungen auf vorgesteuerte Integration fahrenläßt und auf Pro-

---

[144] Ortmann 1990; Wehrsig/Tacke 1992, S. 222.
[145] Knight 1921, S. 255 ff.

zesse wechselseitiger Anpassung an wechselnde Anforderungen setzt.[146]

Wenn diese Adhokratie als vorläufig letzte Spekulation auf die Integration der Differenzierung eine »modernisierungstheoretische« Pointe hat,[147] dann besteht sie wohl darin, daß so konsequent wie selten zuvor nicht mehr Vorgriffe auf die Zukunft, sondern nachträgliche Anpassungen an die eigenen Operationen die Form der Produktion strukturieren. Das Unternehmen behandelt sich selbst nicht mehr nur als Entwurf, der erst noch realisiert werden muß, sondern primär als Realität, die nach ihrem Entwurf sucht. Welche Geschäfte intern und extern abgeschlossen werden können, ist nicht mehr nur eine Sache strategischer Orientierung auf ein Ziel hin, das das Unternehmen auf der Suche nach Mitteln der Zielerfüllung durchzukämmen und alle anderen abzustoßen erlaubt. Es handelt sich vielmehr um eine Angelegenheit der Entdeckung bereits vorliegender Möglichkeiten, in denen das Unternehmen sowohl als Mittel wie als Ziel seiner eigenen Reproduktion aufgefaßt wird.

Ein adhokratisches Unternehmen muß im Extremfall in der Lage sein, jeden Gedanken an ein Ziel als eine Engführung von sich zu weisen, die die Anpassung des Unternehmens an sein eigenes Störpotential mehr behindert als fördert. Andererseits kann auch das adhokratische Unternehmen nicht darauf verzichten, Gesichtspunkte bereitzustellen, unter denen diese Anpassungen vorgenommen werden können. Diese Aufgabe übernehmen »Visionen«,[148] die gegenüber Zielen den Vorteil aufweisen, sowohl unverbindlicher formuliert, als auch, und wenn man will. paradoxerweise, sehr viel näher an jede einzelne Entscheidung herangesteuert werden zu können, als das bei Zielen der Fall ist, die immer mit der Gefahr einhergehen, die Aufmerksamkeit stärker auf die Verfehlung von Zielen und die Notwendigkeit immer neuer Zwischenschritte zu richten als auf das Ziel selbst. Ziele, die zur Strukturierung von Entscheidungsabläufen verwendet werden, tendieren dazu, den Blick auf Abweichungen zu lenken. Ziele demotivieren und können

[146] Mintzberg 1979, S. 305 ff. bis 431 ff.
[147] Deutschmann 1991.
[148] Peters 1987, S. 477 ff.

in dieser Wirkung nur durch Rekurs auf »Indifferenzzonen« kompensiert werden, die es jedem Mitarbeiter ermöglichen, nach eigener Interessenlage eigene Ziele zu verfolgen.[149] Visionen haben dagegen erklärtermaßen einen so geringen Strukturwert, daß sie dazu dienen können, den Blick auf all das zu lenken, was ihnen zuarbeiten und damit auch mehr Gehalt verleihen kann. Visionen motivieren, ohne zu verpflichten. Innerhalb und außerhalb des Unternehmens macht sich jeder sein eigenes Bild von der Vision und ermöglicht dadurch ein wechselseitiges Zuarbeiten, das in dem Maße Koordinationschancen nutzt, als es Interpretationschancen offenläßt.

Mit dem Blick auf eine Vision kann sich ein Unternehmen als Ressource der Gestaltung von Produktionsprozessen behandeln, deren wichtigstes Ziel die Sicherung der Ressource selbst ist. Die Vision, noch einmal paradox formuliert, ist um so durchgriffstärker, je mehr sie das Unternehmen befähigt, sich auf eine nachträgliche Interpretation und Koordination von Detailvorgängen zu konzentrieren, die mit beliebigen anderen Vorgängen innerhalb und außerhalb des Unternehmens sowohl in Verbindung gebracht wie gegen sie abgeschottet werden können. Mit der Attributionsforschung kann man formulieren, daß es mit steigender Komplexität sowohl des Differenzierungsbedarfs wie der Integrationsmöglichkeiten betrieblicher Vorgänge nicht mehr nur darauf ankommen kann, Kausalität zuzurechnen, sondern auch Ambiguität,[150] um sicherzustellen, daß Spezifizierungschancen zureichend gegen Stereotypisierungsgefahren abgedichtet werden können.

Mit der Komplexitätsforschung kann man darauf hinweisen, daß die Zurechnung von Ambiguität spätestens dann die Führung übernehmen muß, wenn man die Hoffnung aufgeben muß, komplexe Vorgänge in einfache auseinandernehmen und nach Bedarf neu kombinieren zu können. Das Kennzeichen von Komplexität ist, daß sie sich eben nicht in Einfaches zergliedern läßt. Komplexität ist ein Begriff, der nicht im Einfachen seinen Gegenbegriff hat, sondern die Möglichkeit einer Unterscheidung zwischen kompletter und selektiver Relationierung von

---

[149] Hoenack 1983.
[150] Snyder/Wicklund 1981.

Elementen beschreibt.[151] Ein komplexes Unternehmen wäre dann ein Unternehmen, das über eine derartige Vielzahl, Verschiedenartigkeit und Veränderbarkeit sowohl von Elementen wie Relationen zwischen diesen Elementen verfügt, daß es aussichtslos ist, jedes dieser Elemente mit jedem anderen Element durch jede Typik möglicher Relationen verknüpfen zu wollen.[152] Statt dessen setzen Unternehmen auf selektive Verknüpfungen ihrer Elemente und geben damit einerseits die Möglichkeit frei, daß sich die Elemente sowohl ihre Verknüpfung selbst suchen wie auch die Qualifikationen entsprechend präparieren, die für bestimmte Verknüpfungen erforderlich sind. Andererseits muß das Unternehmen insgesamt dafür Sorge tragen, daß es die Selektivität der selektiven Verknüpfungen mit im Auge behält und jeden seiner Zustände als kontingent und somit korrigierbar und korrekturbedürftig mitbeobachtet, obwohl es dabei riskiert, die Überzeugungskraft von Entscheidungen systematisch zu schwächen.

Es hat sich eingebürgert, ambiguitätsfreundliche und damit komplexitätstaugliche Organisationen nach einem Begriffsvorschlag von Karl Weick, der seinerseits auf Ideen von Fritz Heider, Herbert Simon und Robert Glassman zurückgreift, als lose gekoppelte Systeme zu beschreiben.[153] Damit sind Systeme gemeint, die in der Lage sind, Störungen aller Art in Teilsystemen aufzufangen und zu bearbeiten, ohne daß Folgeeffekte das gesamte System in Mitleidenschaft ziehen beziehungsweise zu Reaktionen zwingen. Statt dessen ist das System insgesamt oder in einigen seiner Teile freigestellt, zu beobachten, wie andere Teile des Systems mit der Störung zurande kommen. Störungsbearbeitung und Lerneffekte aus Störungen können voneinander getrennt vorgenommen, aber auch wieder zusammengeführt werden. Das System beobachtet sich selbst und erschließt aus den eigenen Möglichkeiten des Umgangs mit möglicherweise selbstproduzierten Störungen Chancen des Umgangs mit der eigenen Komplexität. Das System behandelt sich selbst als Medium der eigenen Formbildung, und dies unter der Voraus-

[151] Luhmann 1990c, S. 59f.
[152] Luhmann 1980b.
[153] Weick 1976; Weick 1979, S. 161ff.; Heider 1926; Simon 1969, S. 192-229; Glassman 1973.

setzung, daß gleichzeitig zu jeder einzelnen Formbildung anderes geschieht, was Fehler auszubügeln ermöglicht.

Lose Kopplung kann man fördern, indem man dort Redundanzen, Vielfalt und Barrieren einführt,[154] wo feste Kopplungen eine rasche, für Reaktionen keine Zeit mehr lassende Ausbreitung möglicher Störungen befürchten lassen. Man optiert dadurch für eine Ordnung der Fragmentierung, deren Vorteile in ihren Nachteilen bestehen, nämlich für eine Ordnung, in der sich verschiedene Ereignisse oder Systemelemente eher plötzlich denn dauerhaft, eher vernachlässigbar denn signifikant, eher indirekt denn direkt und eher zeitverzögert denn unmittelbar beeinflussen.[155] Man gewinnt zwar Zeit für Reaktionen, verliert aber Durchgriffs- und Zugriffschancen.

Der möglicherweise wichtigste Gewinn loser Kopplung für die Ambiguitätsfreundlichkeit und Komplexitätstauglichkeit einer Unternehmensorganisation besteht jedoch in der Zuspitzung des Organisationsprinzips auf die Paradoxie der gleichzeitigen Steigerung von Abhängigkeiten und Unabhängigkeiten zwischen den verschiedenen Teilen des Unternehmens. Denn dieses Organisationsprinzip kann von keiner Stelle der Organisation aus verwaltet oder auch nur verfügt werden. Man kann es nur freigeben und dadurch zum Beispiel je nach Lage des Unternehmens ein »switching«[156] der Organisation zwischen loser und fester Kopplung zulassen und das Unternehmen in Krisenfällen durch lose Kopplung abwartefähig und durch feste Kopplung reaktionsfähig oder in ruhigeren Zeiten durch lose Kopplung experimentierfreudig und durch feste Kopplung innovationsfähig werden lassen.

Bereits Gutenberg hat auf der Grundlage einer ähnlich gelagerten Unterscheidung zwischen gebundenen und freien Formen der Organisation ein »Substitutionsprinzip« der Organisation entwickelt, nach dem jeder Variabilitätsgewinn in einem Unternehmen mit dem Verzicht auf generelle Regeln und jede Formulierung von Regeln mit dem Verzicht auf Variabilität bezahlt werden muß.[157] Das Konzept der losen Kopplung spitzt

154 Von Weizsäcker/von Weizsäcker 1984, S. 169f.
155 Weick 1982, S. 380; Orton/Weick 1990.
156 Ashby 1960, S. 67; Taylor 1986.
157 Gutenberg 1983, S. 237ff.

diese Unterscheidung von Variabilität und Geregeltheit auf die Einsicht zu, daß es unter den Bedingungen von Komplexität und Ambiguität nicht mehr die Spezifizierung von Selektionsmustern auf der Ebene der Relationen zwischen den Elementen einer Organisation sein kann, an der sich Entwürfe formaler Organisation orientieren können, sondern nur noch die Zuweisung von Spezifizierungsmöglichkeiten solcher Relationen auf der Ebene der Elemente selbst. Damit geht eine Qualifizierung dieser Elemente einher, die durch Entlastungen von der Entlastung durch feste Kopplungen, also in vielen Hinsichten neuartige Belastungen, gekennzeichnet ist, die nicht immer durch die Entlastung qua loser Kopplung aufgefangen werden können. Gerade die lose Kopplung birgt dadurch die Gefahr, daß sich Streßphänomene einstellen, die dort wieder feste Kopplungen herstellen, wo sie vermieden werden sollten.[158]

Gegen diese Gefahr des Umkippens von loser Kopplung in feste Kopplung durch Streß hilft dann nur noch Beschleunigung als eine Technik, die nicht etwa dazu dient, mit allen Aufgaben schnell zu einem Abschluß zu kommen und dann nicht mehr weiterzuwissen, sondern dazu, zwischendurch auch noch anderes tun zu können, was die Bedingungen sichert, unter denen man so weitermachen kann wie bisher. Wer schnell ist, der will nicht rasch ans Ende, sondern der will seine Möglichkeiten behaupten, das Ende möglichst lange aufzuschieben. Es geht um Diskontinuierungen, die Kontinuität gewährleisten.[159] Schnelligkeit ist eine Strategie des Einstiegs, nicht des Ausstiegs, eine Strategie der Verkürzung, die auf eine Verlängerung zielt. Und sei es nur dadurch, daß sie es erlaubt, die festen Kopplungen zu wechseln, sichert sie die losen Kopplungen ab, auf deren Wahrnehmung sie abstellt.

Die Bedeutung einer Schnelligkeitsmaxime sieht man auch daran, daß sie ein funktionales Äquivalent zu der Maxime der Geheimhaltung darstellt, mit der traditionell jene festen Kopplungen hergestellt werden, deren Sinn darin besteht, lose Kopplungen abzusichern. Tendenziell kann man daher vermuten, daß, wer schnell ist, nicht mehr geheimzuhalten braucht, was er tut. Dabei ist Geheimhaltung ebenso eine Maxime der Streß-

158 Weick 1990b.
159 Calvino 1988, S. 51 ff.

bewältigung wie Schnelligkeit. Beide bewältigen Probleme, die sich aus Beobachtungen zweiter Ordnung ergeben, erstere durch die Stabilisierung von Schutzzonen, die als der Beobachtung zweiter Ordnung entzogen dieser Beobachtung ausgesetzt werden, letztere durch die Dynamisierung des Wechsels der Hinsichten, in denen Beobachtungen zweiter Ordnung Beobachtungen erster Ordnung zu fassen bekommen. Jede Beobachtung zweiter Ordnung produziert Streß, weil sie Überforderungen produziert, die schwer als solche zu erkennen sind, und laufend Möglichkeiten der Unterbrechung bereitstellt, die schwer vorherzusehen und zuzurechnen sind.[160] Sowohl die Geheimhaltung wie die Schnelligkeit bewältigen diese Streßgefahren, erstere durch den »Ausschluß« von Beobachtungen zweiter Ordnung, letztere durch ihren Einschluß und die Verteilung ihrer Effekte. Dabei ergeben sich immer dann mögliche Synergieeffekte aus loser Kopplung, Schnelligkeit und Teamorganisation, wenn individuelle Zurechnungen in der Schwebe gehalten oder sogar ausgeschlossen werden können. Individuelle Zurechnungen stellen einen Beharrungsfaktor dar, der die Dinge ausbremst und den Streß steigert, weil Rücksichten zu nehmen, Hierarchien einzukalkulieren und Informationsverzerrungen zu gewärtigen sind,[161] die dort feste Kopplungen einführen, wo lose Kopplungen auch den Individuen mehr Raum zur Entfaltung gäben.

Man kann die lose Kopplung durch organisatorische Maßnahmen fördern, aber man kann sie nicht verfügen, und wenn man sie doch verfügen kann, dann eher von unten denn von oben, eher von der Peripherie des Unternehmens her denn aus seiner Mitte. Ein Wechsel zwischen loser Kopplung und fester Kopplung kann nur dort initiiert werden, wo beide Formen zur Verfügung stehen, und das ist in der Mitte oder an der Spitze eines Unternehmens allenfalls dann der Fall, wenn diese die Paradoxie der Hierarchie auch dazu nutzt, sich selbst von den Konditionierungserwartungen durch andere Teile der Organisation loszukoppeln, und sich selbst ebenso nomadenhaft strukturiert wie andere Teile der Organisation. Man darf be-

[160] Weick 1990b, S. 575 ff.
[161] Weick 1990b, S. 579 ff.

zweifeln, ob Kapitalgeber, Belegschaftsvertretungen und Aufsichtsorgane, Gesetzgeber und Rechtsprechung von der organisatorischen Tugend einer derartigen organisierten Unverantwortlichkeit überzeugt werden können.[162]

Die lose Kopplung, soviel läßt sich festhalten, nutzt die Paradoxie einer gleichzeitigen Steigerung von Abhängigkeit und Unabhängigkeit, indem sie einerseits die Abhängigkeiten, die in einem Unternehmen herrschen, durch die Einführung von Unabhängigkeiten durchsetzungsfähig, tragfähig und erträglich macht und andererseits in den Unabhängigkeiten, die ein Unternehmen zuläßt, Abhängigkeiten herauspräpariert, die immer neue Formen annehmen können. Knapper und mit direkterem Bezug auf Fritz Heider formuliert: Die Paradoxie der losen Kopplung wird zur Differenz von Ding und Medium, oder allgemeiner: zur Differenz von Form und Medium, entfaltet. Die sich an der Paradoxie der verfügbaren Unverfügbarkeit abarbeitende Form der Produktion innerhalb eines Unternehmens gewinnt damit die Möglichkeit, das Verfügbare unverfügbar und das Unverfügbare verfügbar zu machen, also Abhängigkeiten in Unabhängigkeiten und Unabhängigkeiten in Abhängigkeiten zu transformieren. Die Paradoxie ist wie immer nur durch die Differenz zu entfalten. Weder kann man sich vorstellen, eine Form der Produktion zu finden, sie sei so »schlank«, wie sie will, die das Unternehmen sich selbst umfassend verfügbar macht. Noch wird man auf die Idee kommen, ein Unternehmen, und mute es noch so »chaotisch« an, nicht für organisiert zu halten, solange es ihm überhaupt gelingt, etwas und damit auch sich selbst zu produzieren.

Der Begriff der Form der Produktion eignet sich somit als Suchbegriff nach Verfügbarkeiten und Unverfügbarkeiten, die man übersieht, wenn man entweder nur auf die kausale Schließung der technischen Prozesse in einem Unternehmen oder nur auf die operationale Schließung der kommunikativen Prozesse in einem Unternehmen achtet. Man wird mit einem weiteren Typ von Kopplung, nämlich mit strukturellen Kopplungen zwischen verschiedenen Schließungsmechanismen rechnen müssen, die Abhängigkeiten und Unabhängigkeiten steigern, indem

[162] Adams 1991.

füreinander plastisch bleibt, was gegeneinander ausdifferenziert ist.[163]

Die Frage nach Plastizitäten liegt im Zentrum fast aller unternehmensbezogener Fragestellungen, ob es sich nun um Probleme der Ergonomie, der Motivation, der Forschung und Entwicklung, des Marketing, der Buchführung oder der Logistik handelt. Es liegt nahe, diese Fragestellungen in die Form der Untersuchung des Verhältnisses von Körper und Maschine, Bewußtsein und Kommunikation, Technologie und Organisation, Wirtschaft und Gesellschaft und so weiter zu bringen und die Differenz von Verfügbarkeit und Unverfügbarkeit jeweils auf die beiden Seiten dieser Verhältnisse zu verteilen. Damit würde man jedoch, so unsere Argumentation, erheblich zu kurz greifen und sähe sich auf den Begriff einer allopoietischen Produktion verwiesen, der nur in der approximativen Abarbeitung von Steuerungs- und Kontrollproblemen seine Meriten hat. Unser Vorschlag läuft darauf hinaus, die Differenz von Verfügbarkeit und Unverfügbarkeit paradoxienah jeweils auf den Körper, die Maschine, das Bewußtsein, die Kommunikation, die Organisation, die Wirtschaft, die Gesellschaft und vielleicht sogar die Technologie zu beziehen und in der Entfaltung der Paradoxie die Konditionierung der Plastizität zu vermuten.

Man wird auch bei der Untersuchung von Plastizitäten jeweils Formfragen stellen können, also auf die Einheit der Differenz eines »marked state« und eines »unmarked state« achten. Nirgendwo werden Plastizitäten deutlicher als in grenzüberschreitenden oder Übergangsprozessen. Die Grenze, das heißt der Moment des Treffens einer Unterscheidung, erlaubt es den gegeneinander ausdifferenzierten Systemen, sich wechselseitig die Frage nach Form und Medium zu stellen, also auszutesten und auszuhandeln, wieviel Verfügbarkeit zur Verfügung zu stellen ist und wieviel Unverfügbarkeit gewonnen werden kann.

Deutlich wird das zum Beispiel immer dann, wenn ein Unternehmen, eine Abteilung oder ein Team mit einem neuen Mitglied konfrontiert wird: Der neue Chef führt vor Augen, wie sehr die in ihren Leistungen und Schwächen scheinbar umfas-

[163] Maturana 1982, S. 150f.

send bestimmte Situation zu Zeiten des alten Chefs durch einige wenige Verfügbarkeiten strukturiert wurde, die extrem viel anderes in der Schwebe zu halten erlaubten, und wie sehr man sich daran gewöhnt hatte, formale Wege zu benutzen, um informale unbeansprucht zu lassen, und umgekehrt.[164] John van Maanen hat eine ganze Reihe von »Sozialisationsstrategien« der Einführung, der Orientierung und des Trainings neuer Organisationsmitglieder untersucht, in denen bereits die Ausbildungs- oder Weiterbildungssituation wie ein »heimlicher Lehrplan«[165] alle wesentlichen Züge der Organisationsstruktur tragen, so daß beim Bestehen und Bewältigen dieser Situation, wenn irgendwo, herausgefunden wird, ob Organisation und Mitglied auf eine Art und Weise zueinander passen, die in ihren Aspekten der Unterwerfung wie der Behauptung, der Allianz wie der Divergenz von Interessen, der Bearbeitung von Streß wie des Gefühls für kreative Momente zukunfts- und entwicklungsfähig ist.[166] Wer sich hier nicht durchsetzt, und das gilt für beide Seiten, braucht das später kaum noch zu versuchen. Wer hier nicht pokern lernt, braucht sich auf das Spiel gar nicht erst einzulassen.[167]

Umgekehrt eignen sich kaum irgendwelche Situationen besser für den plastischen Umgang mit Plastizitäten als Situationen, in denen eine »Neue« sich in einer Organisation zurechtzufinden sucht.[168] Die »Fehler«, die sie bei der Einschätzung von Kompetenzverteilungen, Sprachregelungen, Arbeitsgeschwindigkeiten und Vertraulichkeitsbedarf macht, und die Erwartungen, die sie wie selbstverständlich an ihre Kollegen adressieren zu können glaubt, informieren die Organisation, wenn sie die Gelegenheit nutzt und sie bei ihren Zugangsversuchen beobachtet, besser über die eigenen Zustände und deren Artifizialität, als das manch ein Unternehmensberater bewerkstelligen könnte. Leider wird diese Chance leicht verspielt. Die Qualität der »Neuen« erweist sich für die Organisation letztlich nicht daran, daß sie die Leichen aus dem Keller holt, sondern daran, daß sie sie unten läßt und behauptet, ebenfalls nichts zu

---

[164] Luhmann 1962.
[165] Dreeben 1968.
[166] Van Maanen 1978; van Maanen/Schein 1979.
[167] Lewis 1990, S. 32 ff. und 54 ff.
[168] Miller/Jablin 1991.

riechen. In diesem Moment haben sich die Unterscheidungen der Organisation auch in der neuen, kontingenzhaltigen Grenzsituation durchgesetzt, und es kann alles beim alten bleiben,[169] obwohl, auch das muß man sehen, schon die Durchsetzung der Unterscheidungen die Situation verändert und ihr damit eine Wendung in eine andere, neue Richtung gibt.

In diesem Sinne kann man sich eine ganze Reihe von Problembereichen vorstellen, in denen Durchsetzungsfragen dazu genutzt werden, Plastizitäten zu testen, deren Eigenlogik in jedem einzelnen Fall aus einem im Zweifel überraschenden »matching« der Differenz von Verfügbarkeit und Unverfügbarkeit besteht. Die gegenwärtig intensivste Erforschung solcher Plastizitäten findet im Bereich der Einführung von Informations- und Kommunikationstechnologien in Organisationen statt.[170] Schon der Zeitbedarf einer Erprobung möglicher technischer und operationaler Kopplungen stellt die Unternehmen vor ein Dilemma, in dem Plastizitätsgewinne aus möglichen Innovationen mit Plastizitätseinschränkungen aus vergangenen Festlegungen konfligieren.[171] Erst recht, aber darauf haben wir schon hingewiesen,[172] stellt sich erst bei der Einführung neuer Technologien heraus, wie sehr sich in den bisherigen Produktionsprozessen Verhaltensweisen, Kenntnisse und Zugriffsselbstverständlichkeiten eingespielt haben, die für reibungslose Abläufe verantwortlich sind und allenfalls selektiv durch neue Verfahren ersetzt, im Zweifel jedoch verfehlt werden.

Nicht zuletzt, um ein weiteres Beispiel zu nennen, gilt die Logik der Überraschungsverteilung von Verfügbarkeit und Unverfügbarkeit auch für Plastizitäten, die sich im Verhältnis von Wirtschaft auf der einen Seite und allem anderen auf der anderen Seite eingespielt haben. Mühsam initiiert durch Errungenschaften wie die Warenproduktion, die Buchführung und die Fabrikorganisation, strapaziert die kapitalistische Wirtschaft die Außenseite ihrer Form: Gesellschaft, Natur und Bewußtsein, auf eine Art und Weise, die die Selektivität und Artifizialität der Unterscheidungen, die die Wirtschaft konsti-

---

[169] Argyris 1990, S. 25 ff. u.ö.
[170] Ortmann/Windeler 1989; Ortmann et al. 1990.
[171] Rammert 1988.
[172] Oben, S. 155 f.

tuieren, in dem Maße als problematisch hervortreibt, in dem diese Unterscheidungen Unverfügbarkeiten voraussetzen, die nicht mehr verfügbar sind.[173] Die Form des Unternehmens ist über die Form der Produktion auf eine für sie doppelt, nämlich über die Außenseite der Form der Produktion und über die Außenseite der Form des Unternehmens, undurchsichtige Weise auf Plastizitäten angewiesen, deren Reproduktion nicht schon dadurch gesichert ist, daß sich die Form des Unternehmens als plastisch genug erweist, um sich selbst zu reproduzieren.

Die Beratung

Ein schon klassischer Bereich der Erforschung und Wahrnehmung von Plastizität ist die Unternehmensberatung. Die Unternehmensberatung, gedeckt durch ein generalisierungsfähiges, zur Korrektur von Betriebsblindheit ausgebildetes Spezialistenwissen,[174] ist nicht nur die personifizierte Plastizitätszumutung an die Unternehmen, sondern stellt sich selbst als ein extrem plastisches, wechselnden Anforderungen genügendes Reaktionsvermögen dar, das stärker noch als das des Managers um die Wahrnehmung von Irritationschancen kreist. Je »systemischer« es dabei zugeht,[175] desto mehr ist das Sonderwissen, das die Unternehmensberatung bereitstellt, ein Irritationswissen, das davon ausgeht, daß das Spiel der Organisation, wenn der Berater auftaucht, bereits im Gang ist,[176] so daß die Entwicklungsmöglichkeiten in Produktion, Organisation und Kommunikation, die der Berater zu erkennen glaubt, nur mithilfe von Interventionen in Gang gesetzt werden können, die das Unternehmen dazu bringen, das eigene Spiel zu erkennen und anders damit umzugehen als bisher.[177]

Der einzige Mechanismus, auf den solche Interventionen rekurrieren können, ist die Initiierung von Beobachtungen zwei-

---

[173] Schumpeter 1942, S. 213 ff.; Lutz 1984, S. 245 ff.
[174] Dahl 1967, S. 34 f.; Mechler 1974.
[175] Exner/Königswieser/Titscher 1987; Königswieser/Lutz, Hrsg., 1990; Schmitz/Gester/Heitger, Hrsg., 1992.
[176] Selvini Palazzoli et al. 1981, S. 201 ff.
[177] Willke 1987, S. 348 ff.; Schober 1991; Wimmer 1992.

ter Ordnung, die das Unternehmen mit dem »design« der Strategien bekannt machen, die ihm dazu dienen, die eigenen Paradoxien zu entfalten.[178] Diese Initiierung rekurriert ihrerseits auf lose Kopplung. Sie findet in ausgegrenzten Sondersituationen wie Trainingsgruppen und Workshops statt, die schon durch ihre Differenzsetzung gegenüber dem beratenen Unternehmen, aber auch gegenüber dem Professionskontext des Beraters markieren, daß es um die Bereitstellung von Erfahrungen geht, die nicht umstandslos den Weg zur größeren Effizienz weisen, sondern nur dann Wirkung zeigen, wenn sie, wie immer unkalkulierbar, in die Abläufe der Organisation Eingang finden. Schon der Kontext, in dem die Beratung stattfindet, markiert den entscheidenden Punkt der Differenz von Verfügbarkeit und Unverfügbarkeit. Und auch das gilt in beiden Richtungen, in Richtung der Organisation, in die erst einmal hineingesteuert werden muß, was man durch die Beratung erfahren hat, wie in Richtung der Beratung, die erst einmal begreifen muß, was sie angerichtet hat.

So sehr das Unternehmen in vielen Hinsichten auf seine Eigendynamik gegenüber der Beratung Wert legt, so sehr muß auch die Beratung auf ihre Eigendynamik gegenüber dem Unternehmen Wert legen. Nichts gefährdet die Beratung mehr als die Möglichkeit, daß das beratene Unternehmen den Eindruck gewinnt, es habe durchschaut, was die Beratung ihm zu bieten hat. Wenn nicht auch in dieser Hinsicht Undurchschaubarkeit und damit Unverfügbarkeit demonstriert werden, so daß schon am Zugriff des Unternehmens auf Beratung Konstruktionsleistungen erfahrbar werden, werden wichtige Möglichkeiten verspielt, in die Bedeutung von Konstruktionsleistungen auch andernorts Einsicht zu gewinnen. Erst die »Kommunikationssperren«, die die Beratung gegenüber dem Unternehmen sowohl inszeniert, indem sie etwa mithilfe einer komplexen Theorie auf eine Sprache zurückgreift, die dem Unternehmen nicht zur Verfügung steht, wie überwindet, indem sie Übersetzungen anbietet, die ein Verständnis des Unverständlichen erschließen, machen Beratung überhaupt möglich.[179] Wenn eine Theorie nicht zur Verfügung steht, um Undurchschaubarkeits-

[178] Wimmer 1990, S. 16 ff.; Argyris 1990, S. 92 ff.; Senge 1990, S. 281 f.
[179] Luhmann 1989.

und Überraschungseffekte zu erzielen, tut es zur Not auch ein vom Berater selbst geschriebenes Buch, das nicht nur Expertise demonstriert und zu Werbemaßnahmen dienen kann,[180] sondern, wenn hinreichend dickleibig und begriffsstark, auch auf jene Weise verführt und abschreckt zugleich, die allen Beteiligten ihren Bewegungsspielraum sichert.

Diese Bedeutung von Kommunikationssperren zeigt sich auch am Schicksal der sogenannten »management sciences«, die allen Systematisierungsversuchen standhaft widerstehen und jede Klarheit, die etwa gewonnen wird, sofort mit Einschränkungen, Gegenbeispielen, alternativen und konkurrierenden Ansätzen konterkarieren, die sicherstellen, daß die Konzepte einsatzfähig bleiben.[181] Die Managementwissenschaften tendieren nahezu unausweichlich zu Managementphilosophien, die nur in dem Maße die Chance wahrnehmen können, eine im Sinne von Spencer Brown injunktive, zu Unterscheidungen auffordernde Sprache zu entwickeln und damit von indikativen, Unterscheidungen vorwegnehmenden Sprachen Abstand zu nehmen, als sie dort, wo von den Unternehmen Gewißheiten abgefragt werden, Ungewißheiten anbieten, deren Reduktion das Unternehmen etwas über sich selbst erfahren läßt. Managementphilosophien, die ihrem Namen gerecht werden, und die Unternehmensberatung, die aus ihnen gewonnen wird, setzen daher nicht mehr auf eine Logik des Verstehens, sondern auf eine Mathematik des Verschreibens:[182] Es ist der jeweils nächste Schritt, um dessentwillen je nach Geschick sokratische oder sophistische Irritationen produziert werden, deren Botschaft der von Foerstersche ästhetische Imperativ ist: »If you desire to see, learn how to act.«[183] Die dem entgegenstehende Maxime des Bartleby: »I prefer not to«,[184] ist zwar als Reflexionsmaxime einer Indikation des »unmarked state« unschlagbar, aber dies eben nur für die, die ihn dabei beobachten.

Wenn die Vermutung Franz-Xaver Kaufmanns zutrifft, daß

---

[180] Rosenau 1990.
[181] Whitley 1984, S. 791 ff.; Whitley 1988.
[182] Watzlawick 1988.
[183] Von Foerster 1981, S. 308.
[184] Melville 1853.

die Organisationstheorie für Organisationsphänomene eine ähnlich »ordnungsstiftende« Bedeutung hat wie die klassische Nationalökonomie für den Markt,[185] dann wird man der Beratung in ihren verschiedenen Entwicklungsstadien von der betriebswirtschaftlichen Unternehmensberatung über die Konzepte der Organisationsentwicklung bis zur systemischen Kommunikationsberatung daran einen erheblichen Anteil zumessen können. Die Beratung bezieht gegenüber dem Unternehmen jenen Rejektionswert im Sinne Gotthard Günthers,[186] der die verschiedenen Vorentscheidungen, in denen die Organisation ihren Änderungsbedarf von dem unterscheidet, was beibehalten werden soll, abzulehnen erlaubt. Statt dessen kann die Organisation mit der Einsicht konfrontiert werden, daß in diesen Vorentscheidungen die Strukturen enthalten sind, die die Probleme produzieren, derentwegen der Berater gerufen wurde. Je mehr sich die Beratung vom Expertenmodell der betriebswirtschaftlichen Beratung über das Emanzipationsmodell der Organisationsentwicklung zum Reflexionsmodell der systemischen Beratung entwickelt, desto mehr liegt in der Aufklärung über den Umgang mit den Unterscheidungen selbst die Botschaft der Beratung.[187] Die Beratung bezieht gegenüber dem Unternehmen jene Position eines dritten, eines imaginären Wertes, über den, mit Spencer Brown gesprochen,[188] die Unterscheidungen, die das Unternehmen konstituieren, in das Unternehmen wieder eingeführt werden können.

Reorientierungen der Aufbau- und Ablauforganisation, Aufklärungen über Verzerrungseffekte hierarchischer Kommunikation, Einsichten in die Dynamik der Beobachtung zweiter Ordnung: sie alle machen nicht nur auf Strukturentscheidungen aufmerksam, die kontingenter Art sind, also auch anders getroffen werden können, sondern auch auf die Unterscheidungen, an denen sich solche Strukturentscheidungen orientieren. Für einen wichtigen Moment, nämlich den der Beobachtung der Unterscheidung selbst, wird unentscheidbar, ob und wie man sie einsetzen soll. Auf diesen Moment zielt die Beratung, weil

185 Kaufmann 1982, S. 264.
186 Günther 1976-1980 I, S. 287 ff.
187 Wimmer 1991b.
188 Spencer Brown 1969, S. 54 ff.

nur hier nicht nur gelernt werden kann, was man bisher noch nicht wußte, sondern auch gelernt werden kann, wie man gelernt hat, was man bisher zu wissen glaubte.[189] Beratung ist daher immer mit Versuchen verbunden, Effekte zu erzielen, die etwas verlernen lassen. Und das Raffinement der Beratung besteht darin, vorher bereits Einsichten über die Abläufe der Organisation nahegelegt zu haben, die in genauer, aber unbestimmter Weise vorstrukturieren, worauf man zugreift, wenn man etwas verlernt.

Die Gefährlichkeit dieses Verfahrens besteht darin, daß nie wirklich zu kontrollieren ist, auf welche Reduktionen zugegriffen wird, sobald man genügend Komplexität produziert hat, die die Überforderung aller Beteiligten einschließlich der Berater allen Beteiligten vor Augen führen. Sowohl die Berater wie die Beratenen tendieren gerade angesichts der bestplazierten Unentscheidbarkeiten zum Zugriff auf überzeugende Lösungen, deren Überzeugungskraft sich unter Umständen eher aus der Überwindung der Unentscheidbarkeit als aus der Qualität der Lösung speist. Beratungskonzepte, die auch diese Möglichkeit einkalkulieren, können nur versuchen, den Prozeß der Beobachtung der Beratung während der Beratung derart zu stimulieren, daß am Schlußpunkt der Beratung, wenn es einen gibt, alle Beteiligten gelernt haben, getrennte Wege gehen zu können.

[189] Bateson 1972, S. 362-399.

Abschlüsse

Die Asymmetrie

Die Überlegungen zur Form des Unternehmens, die wir bisher angestellt haben, erwecken den Eindruck, ebensoviel Wissen wie Nichtwissen zu produzieren, oder, mit Friedrich Schlegel: ebensoviel Verstand wie Unverständlichkeit.[1] Es hilft wenig, daß der Grund dafür leicht einzusehen ist: Immerhin sind wir von einem Formbegriff ausgegangen, der mit G. Spencer Brown als Einheit von »marked state« und »unmarked state« zu beschreiben ist.[2] Wir mußten damit rechnen, daß wir es mit einer Unterscheidung zu tun haben, die die Innenseite der Form bezeichnet und die Außenseite der Form nicht bezeichnet. Was immer man sich unter der Außenseite der Form vorstellen könnte, würde man Unterscheidungen verwenden, die diese, ihren eigenen »unmarked state« miterzeugend, zu bezeichnen erlauben: es muß im Hinblick auf die das Unternehmen konstituierende Unterscheidung als Nichtwissen behandelt werden. Wie immer man die Außenseite, rekurrierend auf die Unterscheidungen eines Beobachters, bezeichnen mag, ob als Wirtschaft, als Recht, als Gesellschaft, als Menschlichkeit, als Politik, als Natur oder auch nur als Vergangenheit und Zukunft unternehmerischer Operationen: die Unterscheidung, die das Unternehmen konstituiert, muß von allen diesen und anderen Bezeichnungen absehen, um bezeichnen zu können, worum es ihr geht.

Überlegungen zur Form des Unternehmens bleiben daher gegenüber einer Wirtschaftstheorie des Unternehmens ebenso abstinent wie gegenüber einer Rechtstheorie, einer Gesellschaftstheorie, einer Anthropologie, einer Machttheorie, einer ökologischen Theorie oder einer Geschichtstheorie des Unternehmens. Das ist in einem gewissen Sinne unbefriedigend, denn man weiß ja sehr viel mehr über Unternehmen, als in diesen Überlegungen zur Form des Unternehmens zum Ausdruck kommen kann. Und vor allem wissen Unternehmen sehr viel

[1] Schlegel 1800, S. 370.
[2] Spencer Brown 1969.

mehr auch über die Außenseite ihrer Form, als in diesen Überlegungen eingefangen werden kann. Nichts hindert Unternehmen daran, sich ihre eigenen Vorstellungen über die Wirtschaft, das Recht, die Gesellschaft, den Menschen, die Politik, die Natur und die Geschichte zu machen und diese Vorstellungen sogar zu Modellen auszuarbeiten, die Zusammenhänge zwischen den eigenen Operationen und Reaktionen des Umfeldes des Unternehmens auf diese Operationen zum Inhalt haben. Aber all dies, und nur darauf lenken die Überlegungen zur Form des Unternehmens die Aufmerksamkeit, ist ein Wissen über ein Nichtwissen, ein Ausmessen des »unmarked state«, das mit jeder Bezeichnung der Außenseite der Form des Unternehmens diese Form verfehlt und mit neuen Unterscheidungen anderes zu sehen bekommt, was mehr oder weniger, oft jedoch nichts mit der Konstitution des Unternehmens zu tun haben mag.

Jede Analyse der Form des Unternehmens ist durch den »unmarked state«, ohne den die Form keine Form wäre, so inspiriert wie gefährdet. Das sieht man auch im Fall eines so raffinierten und elaborierten Unternehmensmodells wie Stafford Beers »viable system model«, das die Rekursivität basaler reproduktiver Operationen, die Paradoxieentfaltung, die Innenseite der Form, die Außenseite der Form und die Identität der Differenz von Innenseite und Außenseite mustergültig benennt, aber dann auf verschiedene Systemebenen verteilt, deren Differenz die Stelle des »unmarked state« vertritt und über deren Zusammenhang nur gesagt werden kann, daß er »viable« ist.[3]

Unbefriedigend sind unsere Überlegungen zur Form des Unternehmens auch in der Hinsicht, daß diese laufende Mitproduktion von Nichtwissen das Wissen nicht etwa sicherer, sondern unsicherer werden läßt. Der Blick auf die Form der Unterscheidung kontaminiert den »marked state« mit dem »unmarked state«, obwohl und weil man sieht, daß jede Bezeichnung eine Unterscheidung voraussetzt. Aber auch dies gehört zu den Einsichten, die nicht etwa davon abhalten sollen, Überlegungen zur Form des Unternehmens nachzugehen, sondern sie im Gegenteil motivieren. Jede Vorstellung, die Welt sei kategorial einzuteilen und mit jeder Kategorie vollziehe man

[3] Beer 1989, S. 22 ff.; Espejo 1989; Schuhmann 1991.

nur nach, was die Welt vorgebe, ist zugunsten der Einsicht in die Konstruktivität von Bezeichnungen, und das heißt: zugunsten der Einsicht in die Abhängigkeit der Bezeichnungen von den Unterscheidungen eines Beobachters, aufzugeben.[4] Jeder »marked state« verdankt sich einer Unterscheidungsoperation, die ihn in und aus dem »unmarked state« allererst hervorbringt. Nichts hindert daran, diese Unterscheidungsoperation mit Hilfe weiterer Unterscheidungen gleichsam von innen abzudichten und keinen Flecken unbenannt zu lassen, der auf einer der beiden Seiten der Form zu finden ist, bis man schließlich keine Chance mehr hat, konstituierenden Unterscheidungen einschließlich ihres »backings« durch den »unmarked state« auf die Spur zu kommen. Vielleicht wird man damit glücklich. Aber man muß damit rechnen, daß spätestens einem Beobachter auffallen kann, was hier geschieht. Und dann wird man unter Umständen mit einem »Zurückrechnen« der Unterscheidungen konfrontiert, das noch mehr irritiert als der »unmarked state«. Von der Sündenlehre über die Ideologiekritik und die Psychoanalyse bis zur Dekonstruktion stehen genügend Verfahren des »Zurückrechnens« zur Verfügung, die das Glück einer kategorialen Auspolsterung der Welt nur allzuschnell schwinden lassen.

Umgekehrt kann man sehen, daß Überlegungen zur Form der Unterscheidung zumindest in der Hinsicht robuste Überlegungen sind, als es keinen Punkt gibt, auf den sie ihrerseits zurückgeführt werden könnten. Die Form der Unterscheidung macht auf einen Anfang aufmerksam, der alles andere als ein Ursprung ist, also nicht einmal mit der Frage nach dem Anfang der Anfänge konfrontiert werden kann. Einen »Urknall« des Unternehmens gibt es nicht, auch wenn man im nachhinein eine ganze Reihe von Konstellationen beschreiben kann, die ein Unternehmen, verstanden als rückkehrfähige Grenzüberschreitung, begünstigen: die minimale Entfaltung eines Zeithorizonts, die Entstehung eines sachlichen Alternativenraums, die Möglichkeit sozialer Kooperation, das heißt verbindlicher Kommunikation. Der Anfang eines Unternehmens ergibt sich überall und jederzeit und gleichzeitig zu ebenso vielen anderen

[4] Luhmann 1992a, S. 169.

Anfängen, wie es Unterscheidungen gibt. Und jeder dieser Anfänge produziert Wissen und Nichtwissen.

Und das wiederum heißt zugleich: Wenn es einen Theoriestartpunkt gibt, der geeignet ist, die ökologische Fragestellung aufzugreifen, die die alt werdende moderne Gesellschaft beschäftigt, dann ist es dieses Wissen um die Unhintergehbarkeit der Differenz von Wissen und Nichtwissen.[5] Denn unter dem Titel der Ökologie wird nichts anderes verhandelt als das Wissen um das unbekannte Zustandekommen unzureichend bekannter Effekte halbwegs durchschauter Handlungen.

Unbefriedigend müssen die Überlegungen zur Form des Unternehmens schließlich und nicht zuletzt auch deswegen erscheinen, weil sie öfter auf Paradoxien führen, als einem Interesse an klarem Denken und präzisen Unterscheidungen sinnvoll und erträglich erscheinen kann. Selbst wenn man einsieht, daß die Paradoxie schon in der Ausgangsfragestellung sitzt, da in der Form der Unterscheidung das Unterschiedene als Einheit behandelt wird, und man diesen Punkt mit Blick auf die Möglichkeit der Beschreibung von Konstruktionsleistungen konzediert, muß man deswegen noch lange nicht bereit sein, jeden Sachverhalt als paradoxal infiziert zu denken. Und selbst, wenn man Paradoxien der Innovation, der Hierarchie, der Gruppe oder der Kopplung akzeptiert, muß deswegen noch lange nicht gesagt sein, daß der Invisibilisierung und Entfaltung dieser Paradoxien eine mehr als nebensächliche Bedeutung zukommt. Selbst wenn man sieht, daß Organisations- und Managementtheorien nur dann nicht im schwarzen Loch dieser Paradoxien verschwinden, wenn sie um sie wissen, möchte man doch allzugerne gerade wissenschaftliche Forschung, wie sie hier angestellt wird, um die Gewinnung eines festeren Bodens bemüht sehen. Wozu sonst könnte Wissenschaft dienen?

Wer, wie hier, Paradoxien als Letztaussagen über Sachverhalte offeriert, setzt sich nicht nur dem Verdacht des Verstoßes gegen die sogenannten elementaren Regeln der Logik aus, sondern, schlimmer noch, dem Verdacht des bloß rhetorischen Erzeugens von Verblüffungseffekten. Selbst wenn man akzeptiert, daß der Ausschluß selbstreferentieller Paradoxien durch die Typentheorie Russells und Whiteheads nur ein Notbehelf

[5] Luhmann 1992a, S. 154.

war, bei dem man aus Interesse an einer um die Limitationen der Logik unbekümmerten Welt nicht stehenbleiben kann, und sich überdies auf das Spiel der Erzeugung von Verblüffungseffekten einläßt, weil man ja, wenn man Glück hat, immerhin Dinge zu sehen bekommt, die man so noch nicht gesehen hat, muß man deswegen noch lange nicht bereit sein, einem in gewissem Sinne ungezähmten Räsonieren zu folgen, das aller Kriterien des Unterscheidens des Bedeutenden vom Unbedeutenden verlustig gegangen zu sein scheint. Schließlich stehen eingeführte Begriffe zur Verfügung, vor allem die Begriffe der Selbstreferentialität und der Unentscheidbarkeit,[6] mit deren Hilfe man das Problem der Paradoxien einfangen kann, ohne sich auf eine »dichte« Beschreibung einlassen zu müssen, die unter demselben Verdikt der Unentscheidbarkeit zu stehen scheint wie ihr Gegenstand.

Wenn es trotz dieser und möglicher anderer Einwände gelungen ist, die Fragestellung der Form des Unternehmens als eine fruchtbare Fragestellung einzuführen, dann liegt das nicht an einem Rückfall logisch beglaubigten in ein rhetorisch begeistertes Vorgehen, sondern an der Erprobung unterscheidungstheoretischen Denkens, dem es darum geht, Paradoxien auf eine Art und Weise zu entfalten, die über die Paradoxie ebenso informiert wie über ihre Entfaltung.[7] Paradoxien konfrontieren den Beobachter mit einer ihn paralysierenden Situation, der er nur entkommt, wenn er eine Unterscheidung trifft. Paradoxien können somit als Aufforderungen verstanden werden, Unterscheidungen zu treffen. Der Beobachter wird mit der Unmöglichkeit konfrontiert, eine Entscheidung zu treffen, und damit streng informationstheoretisch mit einer unendlichen, was nur heißen kann: den Beobachter überfordernden, Information.[8] Die Pointe dabei ist, daß sich der Beobachter diese Überforderung nur selber zurechnen kann. In der Umwelt gibt es, wie er bei Heinz von Foerster nachlesen kann,[9] keine Information und damit weder Paradoxien noch Unterscheidungen, mit deren Hilfe sich Paradoxien entfalten lassen.

[6] Esposito 1991, S. 37 f.
[7] Luhmann 1993b.
[8] Krippendorff 1984, S. 51 f.
[9] Von Foerster 1981, S. 258-271.

Denn genau darin liegt der Unterschied des unterscheidungstheoretischen Umgangs mit Paradoxien gegenüber logischen oder rhetorischen Zugriffen – vom Mythos zu schweigen.[10] Die Unterscheidungstheorie macht auf die, mit Klaus Krippendorff zu sprechen,[11] morphogenetische Leistung von Paradoxien aufmerksam, die darin besteht, daß der Paradoxie nur mit Unterscheidungen begegnet werden kann, die mit einer Asymmetrisierung und damit mit einer Bezeichnung von Anschlußmöglichkeiten einhergehen.[12] Die Unterscheidung setzt die unendliche in endliche Information um, ohne dabei übersehen zu können, daß ihre Konstruktion eine Reduktion ist. Nur eines kann man sich dabei zunutze machen: Die paradoxen Implikationen, in die eine Antinomie verwickelt, verbrauchen im Gegensatz zu einer simultankonstituierten Kontradiktion Zeit,[13] und während Zeit verbraucht wird, kann gleichzeitig auch anderes geschehen, irgend etwas, das Unterscheidungen anregt, mit deren Hilfe man sich aus der Paralyse befreien und weitermachen kann. Die Paradoxie setzt sich gerade dadurch in einen Unterschied zur Orthodoxie, daß sie dazu auffordert, noch einmal, nach Möglichkeit anders und nicht unbedingt vorab gebunden durch Kriterien der Richtigkeit, Geradlinigkeit und Aufrichtigkeit über etwas nachzudenken – griechisch: para dokein. Wenn jede Konstruktion eine Reduktion ist, kann man durch andere Reduktionen andere Konstruktionen produzieren.

Der Beobachter, der sich mit einer Paradoxie konfrontiert sieht, die er nur sich selbst beziehungsweise seinen überforderten kognitiven Fähigkeiten zurechnen kann, muß auch die Unterscheidungen, mit deren Hilfe er die Paradoxie auflöst, sich selbst zurechnen. Spätestens an der Paradoxie, deren Blockade man überwindet, lernt man, daß man selbst es ist, der die Welt als das konstruiert, als was sie sich darstellt. Spätestens an der Ungewißheit, die man überwindet, indem man eine Unterscheidung trifft, kann man lernen, daß die Ungewißheiten das Medium sind, in dem Unterscheidungen überhaupt zustande

[10] Luhmann 1987c, S. 259f.; Luhmann 1991b.
[11] Krippendorff 1984, S. 46.
[12] Rescher 1985, S. 67f.
[13] Krippendorff 1984, S. 51.

kommen können.[14] Jede Gewißheit, die man gewinnt, kann man auf die Ungewißheit zurück- und hochrechnen, aus der man sie gewonnen hat. Es bleibt ein »Punkt, der im dunkeln gelassen werden muß«, um noch einmal Schlegel zu zitieren.[15] Dieser Punkt ist die Möglichkeit des Gewinnes selbst, die Tatsache als solche, daß sich eine Unterscheidung ergibt, während Zeit vergeht. Das ist der Punkt, in dem das Unterscheidungsvermögen eines Beobachters in der Welt gehalten wird.

Wie auch immer man die Auflösung einer Paradoxie durch eine Unterscheidung im einzelnen beschreibt, entscheidend ist die Einführung einer Asymmetrie, die der Unterscheidung zugleich schon eine Richtung gibt, die man dann auch zur Benennung der Unterscheidung und zu ihrer Vernetzung mit anderen Unterscheidungen verwenden kann. Nirgendwo wird das deutlicher als in der »mark of distinction«: ⌐, auf die Spencer Brown die Notation seines Kalküls begründet und von der er sich vorstellt, man könne sie kopieren, um sie als Name ihrer selbst zu verwenden, und mit anderen »marks« kombinieren, um Arrangements beliebiger Komplexität zu gewinnen.[16] Ohne die Asymmetrie kommt es nicht zur Bezeichnung von Anschlußmöglichkeiten für weitere Operationen, das heißt ohne die Asymmetrie hätte die Unterscheidung keinen Strukturwert.

Man muß sich, wenn man mit der Analyse der Paradoxie der Form der Unterscheidung so weit gediehen ist, fragen, welche Theoriemöglichkeiten bereitstehen, diese Asymmetrisierungsleistung paradoxieentfaltender Unterscheidungen zu beschreiben. In welche Theorie kann man, in unserem Fall, die Analyse der Form des Unternehmens übersetzen, nachdem wir genügend Paradoxien produziert haben, um die Überforderung gängiger Unternehmenstheorien plausibel zu machen? Wir sind im Laufe unserer Überlegungen immer wieder, oft eher beiläufig, auf systemtheoretisches Gedankengut gestoßen. Darin lag natürlich Absicht. Die Systemtheorie fungierte mehr oder weniger eingestanden als Schutzpatron unserer Suche nach Paradoxien und paradoxieauflösenden Unterscheidungen. Ist damit

14 Krippendorff 1984, S. 49.
15 Schlegel 1800, S. 370.
16 Spencer Brown 1969, S. 4f.

dann auch schon die Antwort auf die Frage gegeben, welche Theorie geeignet ist, unsere Überlegungen zur Form des Unternehmens aufzunehmen?

Immerhin sind wir ja auch auf Alternativen gestoßen. Fernando Flores und Terry Winograd etwa plädieren für eine Sprechakttheorie, die die Produktion und Überwindung von Zusammenbrüchen in der Reproduktion einer Organisation aus der Existenz eines Netzwerkes von »Direktiven« und »Kommissiven« erklärt, die über Anordnungen und Anforderungen, Versprechen und Verträge ein Gewebe von Konversationen erzeugen, mit denen sich das Unternehmen ständig über die eigenen Zustände und Erwartungen informiert und auf das es rekurriert, wenn es nach Möglichkeiten der Organisation von Anschlußmöglichkeiten sucht.[17] Die Sprechakttheorie bietet nicht nur den Vorteil, auf die Kommunikation von Unterscheidungen abzustellen. Sie ist überdies in der Lage, mithilfe ihrer Unterscheidung zwischen konstativen und performativen Äußerungen[18] die Vermutung nahezulegen, daß die Bindungseffekte einer Kommunikation im Kontext einer Organisation sehr viel mit einem Verwischen dieser Unterscheidung und damit mit einer versteckten Optionalisierung der Zurechnung von Faktenaussage und Selbstfestlegung, Information und Mitteilung, zu tun haben. Nicht zuletzt könnte man mit einem solchen Ansatz unterscheidungsdisponible Paradoxievermeidungstaktiken untersuchen, zu denen zum Beispiel die Ironie zu zählen wäre.[19]

Theorien zeichnen sich durch die Reduktion unüberschaubarer Sachverhalte auf einige wenige generative Unterscheidungen aus. Darin liegt ihre Erklärungskraft.[20] Ihre Funktion besteht darin, Erklärungen auf eine Art und Weise abzuschließen, die es erlaubt, Erwartungen zu formulieren, wie sich bestimmte Sachverhalte entwickeln, verhalten oder auch nur reproduzieren werden. Ihre Funktion besteht nicht in der Gewinnung von Sicherheit und Gewißheit, sondern in der »Unsicherheitsamplifikation« zur Schaffung von Situationen, in die sich spezifische

17 Winograd/Flores 1986, S. 258.
18 Austin 1962, S. 25 ff.
19 Weick/Browning 1986, S. 253.
20 Maturana/Varela 1984, S. 34 f.

Erfahrungen und damit Lerneffekte einprägen können.[21] Wer über eine Theorie verfügt, erwartet mehr und anderes als der, der dies nicht tut. Und wer mehr und anderes erwartet, wird auch zu besseren, respezifizierbareren Unsicherheiten produzierenden Theorien gelangen: »To theorize better, theorists need to expect more in whatever they will observe.«[22] Daran zeigt sich, daß natürlich auch Theorien ihre Paradoxie haben: Sie produzieren eine Genauigkeit, der es um Unbestimmtheiten zu tun ist, in die sich Unterscheidungen einzeichnen können. Darin liegt, wenn man so will, das literarische Moment[23] der Theorie. Der Abschluß, den sie anbieten, ist immer nur ein Abschluß, der weitergereicht werden muß, auf vorhergehende Abschlüsse zurückverweist und auf folgende Abschlüsse vorverweist, also Begriffe, nicht unbedingt Aussagen, offeriert, die laufend Neubeschreibungen anregen.[24]

Diesem Theorieverständnis scheint die Sprechakttheorie so gut entsprechen zu können wie viele andere Theorien. Immerhin benennt sie mit ihrer Unterscheidung konstativer und performativer Äußerungen den einen entscheidenden Punkt der Konstruktivität von Beschreibungen, die in jedem ihrer Momente in die Erzeugung einer Realität einerseits und ihre Erfassung andererseits auseinanderdividiert werden können, ohne daß das eine ohne das andere irgendeinen Bestand hätte. Das erzeugt genügend Unsicherheit, um Erwartungen anzuregen, die diese Unsicherheit theoriefähig amplifizieren. Aber was dann? Welche Unterscheidungen sind geeignet, sich in diesen durch die erste Unterscheidung geöffneten Raum einzuzeichnen? Natürlich kann man verschiedene Typen von Äußerungen unterscheiden. Aber das läuft sehr schnell auf eine weitere Klassifikation von Weltsachverhalten hinaus, die die gewonnene Unsicherheit wieder verspielt, also die Theorie in eine Systematik transformiert.

Vielleicht sollte man die Sprechakttheorie soziologisieren, also die Eingrenzung der Handlungstypen auf sprachliche Handlungen aufgeben und schlicht und ergreifend Handlungs-

21 Luhmann 1984, S. 449.
22 Weick 1987, S. 99.
23 Calvino 1988, S. 81 ff.
24 Rorty 1989, S. 127 ff.

theorie treiben. Damit würde man sich sofort einen reichhaltigen Apparat von Anschlußunterscheidungen einhandeln, die zwar auch, etwa bei Talcott Parsons, einen starken Hang zu klassifizierender Systematik aufweisen, zunächst jedoch durch die Ausgangsunterscheidung des Akteurs als »both a system and a point of reference«[25] einen weitaus genaueren, durch den Verweis auf Situationen, Orientierungen und Orientierungsdilemmata (»pattern variables«)[26] unbestimmter respezifizierbareren Erwartungshorizont aufspannt als die Sprechakttheorie. Was auch immer als Handeln beobachtet werden kann, es kann in die ihrerseits unreduzierbare Differenz von Intentionalität und Konditionalität gebracht werden,[27] die nicht nur auf beiden Seiten, sondern vor allem in der Handhabung der Differenz selbst Raum für die Erprobung nomologischer Hypothesen zu bieten scheint.[28]

Die Probleme der Handlungstheorie wie der Sprechakttheorie bestehen darin, daß sie keinen Platz für den »unmarked state« haben. Ebenso wie Stafford Beers Systemmodell des Unternehmens muß das Faktum der Ausgangsunterscheidung als solcher die Stelle vertreten, an der ein Beobachter den »unmarked state« vermuten würde. Im Fall der Handlungstheorie führt das dazu, daß die Theorie zwischen dem Setzen asymmetrisierender Unterscheidungen und resymmetrisierender Entfaltung der Unterscheidungen hin und her schwankt, ohne zu erkennen, daß die Resymmetrisierung nur auf der Innenseite der Ausgangsunterscheidung vorgenommen werden kann, also dort, wo die Theorie in ihr selbst vorkommen müßte. Statt dessen wird eine Symmetrie von Akteur und Situation behauptet, die dann auf beiden Seiten für die Theorie Platz hat und in der Form von Reversibilität, die für die Formulierung von Gesetzesaussagen ausgebeutet werden kann, in Forschungsprogramme entfaltet werden kann, deren avancierteste Gestalt wohl nach wie vor das AGIL-Schema ist.[29]

Damit haben wir den Grund, warum wir unsere Überlegun-

[25] Parsons/Shils 1951, S. 56.
[26] Parsons/Shils 1951, S. 76 ff.
[27] Schimank 1985, S. 428.
[28] Esser 1991, S. 758 ff.
[29] Parsons/Smelser 1956, S. 16 ff.; Parsons 1978, S. 352-433.

gen zur Form des Unternehmens in die Systemtheorie münden lassen, bereits genannt: Die Systemtheorie akzeptiert den »unmarked state« und sie weiß um die Unhintergehbarkeit der asymmetrisierenden Unterscheidung. Schon die Ausgangsunterscheidung zwischen System und Umwelt und die Ausdifferenzierung der Operation Beobachtung als System enthalten in dieser Hinsicht alle entscheidenden Informationen: nämlich die, daß die Autopoiesis jeder Einheit eine Differenz voraussetzt, deren Außenseite schon deswegen unzugänglich ist und unverständlich bleiben muß, weil sie komplexer ist als das, was auf der Innenseite bestimmt und mit Hilfe rekursiv vernetzter Anschlußoperationen reproduziert werden kann.[30] Die Umwelt beziehungsweise die Außenseite der Differenz kann nur als irritierendes Rauschen in Rechnung gestellt werden und kann nur so, abhängig von den Strukturerwartungen auf der Innenseite der Differenz, strukturbildend werden.[31] Jede Beobachtung ist die Operation eines Systems. Und ein System ist nichts anderes als die Reproduktion von Operationen auf der Grundlage der Differenz von System und Umwelt.

Daran ändert sich auch dann nichts, wenn man es, wie im Fall sozialer Systeme, mit Beobachtung von Operationen zu tun hat, die demselben Systemtyp zugehören. Die Beobachtung der Operationen findet ebenso auf der Ebene der Kommunikation statt wie die Operationen selbst. Schon um die Kommunikation als Einheit dieser Differenz von Operation und Beobachtung beschreiben zu können, ist es unzureichend, auf Sprechakte oder Handlungen als Basiselemente sozialer Systeme zu rekurrieren, weil dies offenließe, wie sich der Zusammenhang und die Differenz einzelner Sprechakte oder Handlungen jeweils herstellt, die Theorie also systematisch unvollständig wäre. Der Kommunikationsbegriff der Systemtheorie erlaubt statt dessen die Beschreibung einer durch die sozialen Systeme konstituierten und reproduzierten, eigendynamischen und selbstreferentiellen Ebene, auf der nicht etwa die Aktionen von Subjekten integriert und differenziert werden, sondern zunächst subjektlose Kommunikationen von Operationen und Beobachtungen auf Subjekte zugerechnet werden, um Zugriffe auf Kommuni-

[30] Luhmann 1984, S. 242ff.; Luhmann 1990a, S. 75ff.
[31] Von Foerster 1981, S. 1-23.

kation in Aussicht zu stellen, die in dem Moment schon wieder als entzogen gelten müssen, in dem die Kommunikation zustande kommt.[32]

Sicherlich explodiert unter dieser Voraussetzung der Situierung von Beobachtungen und Operationen die Zahl der möglichen Eigenverhalten der Systeme und wird das Instrument der Klassifikation unnütz, wie Francisco Varela beobachtet. Aber das bedeutet nicht, daß das System deswegen zu einem Phantasma wird, wie er daraus folgert.[33] Denn das System dient ja nicht der Klassifikation von Verhaltensmöglichkeiten durch einen externen Beobachter, sondern der Dirigierung von Beobachtungen, die als Operationen des Systems das System reproduzieren, in dem sie stattfinden. Varela schlägt vor, die Klassifikation des Eigenverhaltens von Systemen und die Untersuchung der Natur der Kopplungen, die ein Beobachter vornimmt, indem er Kognition entwickelt, also Unterscheidungen trifft, strikt zu trennen.[34] Der Vorschlag einer Zusammenführung form- oder unterscheidungstheoretischer Konzepte einerseits und systemtheoretischer Konzepte andererseits läuft dagegen darauf hinaus, Kognition, also das Treffen von Unterscheidungen, als die basale Operation des Eigenverhaltens autopoietischer Systeme zu betrachten.

Die Möglichkeit der Zusammenführung von Kognition und Kopplung beziehungsweise System und Unterscheidung ist leichter zu sehen, wenn man über die Sprechakttheorie hinaus auf sprachtheoretische Forschungen zurückgreift und mit Ferdinand de Saussure die Ausgangsasymmetrie in die Form des arbiträren, das heißt durch die Welt unmotivierten und damit durch andere Zeichen motivierbaren Zeichens bringt.[35] Die Arbitrarität in der Relationierung von signifiant und signifié stellt den Beobachter frei, diese Relation allererst zu schaffen, wozu er allerdings auf nichts anderes zurückgreifen kann als auf bereits vorliegende Unterscheidungen.[36] Das schließt spätestens in den Augen des Beobachters des Beobachters jede Beliebigkeit

[32] Luhmann 1984, S. 191 ff.
[33] Krüll/Deissler/Ludewig 1988, S. 99 f.
[34] Varela 1988; Varela/Frenk 1987; Varela et al. 1988; Varela 1991.
[35] De Saussure 1915, S. 100 ff.
[36] Glanville 1988, S. 175-194.

aus und läßt, darauf kommt es uns an, Zeichenverwendung mit Systembildung zusammenfallen.[37] Das heißt nun nicht, daß die Sprache das System ist, in dem zeichenverwendende, also vor allem die sozialen Systeme ihrerseits nur interne Differenzierungen darstellen. Im Gegenteil. Die Sprache ist das Medium, in dem jene Kopplungen zwischen signifiant und signifié vorgenommen werden können, deren unterschiedliche Konditionierung beziehungsweise, mit de Saussure,[38] Limitierung wiederum unterschiedliche Systeme hervorbringt. Die Sprache ist nicht das einzige Medium, in dem Zeichen geformt werden können, aber im Unterschied zu Körperverhalten (Gesten) oder Wahrnehmung ist sie dasjenige Medium, in dem die Differenz von Selbstreferenz und Fremdreferenz so voraussetzungsvoll und anschlußreich getroffen werden kann, daß komplexe, ihre eigene Selektivität mitbeobachtende soziale Systeme entstehen können.[39]

Die Linguistik de Saussures macht deutlich, wie man Formen denken kann, die nicht etwa auf Substanzen, sondern auf Differenzen zu anderen Formen, und zwar nicht zu spezifischen anderen Formen, sondern zur Möglichkeit anderer Formen generell, beruhen.[40] »Dans la langue il n'y a que des différences«, lautet die vielzitierte Formulierung.[41] Jede Form ist eine Differenz, lautet die noch kürzere, auf die Arithmetisierung der Logik zielende Formulierung Spencer Browns. Eine in diesem Sinne informierte Systemtheorie beruht auf dem Versuch, die beiden Ideen der operationalen Schließung autopoietischer Systeme und der Operation Beobachtung als jener Unterscheidung, die die operationale Schließung herstellt, zusammenzudenken. Die Asymmetrie wird in die Form der Beobachtungsfähigkeit qua Schließung (»distinction is perfect continence«)[42] gebracht und verharrt in dieser Form als die Paradoxie, die in Forschung umgesetzt werden kann.

Eine in diesem Sinne theoriefähige und forschungsstimulie-

[37] Luhmann 1993c.
[38] De Saussure 1915, S. 182.
[39] Esposito 1993.
[40] De Saussure 1915, S. 169.
[41] De Saussure 1915, S. 166.
[42] Spencer Brown 1969, S. 1.

rende Wissenschaft ist selbst als Paradoxieentfaltung angelegt. Andere Möglichkeiten sind nicht in Reichweite, seit Quine die beiden großen Traditionen der Erkenntnistheorie, nämlich die Unterscheidung zwischen analytischen (theoriebezogenen) und synthetischen (gegenstandsbezogenen) Wahrheiten einerseits und die Reduktion sinnvoller Aussagen auf logische kontrollierbare Beziehungen zwischen Begriffen, die sich auf unmittelbare Erfahrungen beziehen, andererseits, als Dogmen beschrieben hat, die den Blick auf den Skandal verstellen, daß die Wissenschaft nur insgesamt empirisch gesichert ist, also einschließlich der Irrtümer, aus deren Korrektur sie ihre Einsichten gewinnt.[43] Insofern haben Unternehmen und Theorien vielleicht doch etwas gemeinsam: Beider Form beruht darauf, Abschlüsse zu finden, mit denen sich etwas anfangen läßt.

[43] Quine 1951; Quine 1969.

Literatur

Adams, Heinz W., 1991, Flache Hierarchien und kreatives Chaos, in: Blick durch die Wirtschaft, 8. Juli, S. 1

Akerlof, George A., 1984, An Economic Theorist's Book of Tales: Essays That Entertain the Consequences of New Assumptions in Economic Theory, Cambridge: Cambridge Univ. Pr.

Alchian, Armen A., und Harold Demsetz, 1972, Production, Information Costs, and Economic Organization, in: American Economic Review 62, S. 777-795

Aldrich, Howard E., und Peter V. Marsden, 1988, Environments and Organizations, in: Neil J. Smelser, Hrsg., Handbook of Sociology, Newbury Park, CA: Sage, S. 361-392

Altmann, Norbert, Manfred Deiß, Volker Döhl und Dieter Sauer, 1986, Ein »Neuer Rationalisierungstyp« – Neue Anforderungen an die Industriesoziologie, in: Soziale Welt 37, S. 191-207

Amiet, Pierre, 1985, Les civilisations antiques du Proche-Orient, 3. Aufl., Paris: Presses Univ. de France

Ansoff, H. Igor, 1976, Managing Surprise and Discontinuity: Strategic Response to Weak Signals, in: Zeitschrift für betriebswirtschaftliche Forschung 28, S. 129-152

Ansoff, H. Igor, 1982, Managing Discontinuous Strategic Change: The Learning-Action Approach, in: ders., Aart Bosman und Peter M. Storm, Hrsg., Understanding and Managing Strategic Change: Contributions to the Theory and Practice of General Management, Amsterdam: North-Holland, S. 5-31

Aoki, Masahiko, 1984, The Co-operative Game Theory of the Firm, Oxford: Clarendon

Argyris, Chris, 1990, Overcoming Organizational Defenses: Facilitating Organizational Learning, Boston: Allyn

Aristoteles, 4. Jh. v. Chr., Hermeneutik, in: Die Lehrschriften, hrsg., übertragen und erläutert von Paul Gohlke, Bd 2, 2. Aufl., Paderborn: Schöningh, 1972

Ashby, W. Ross, 1960, A Design for a Brain: The Origin of Adaptive Behavior, 2., überarb. Aufl., London: Chapman & Hall

Ashby, W. Ross, 1956, Einführung in die Kybernetik. Aus dem Englischen von Jörg Adrian Huber, Frankfurt am Main: Suhrkamp, 1974

Ashby, W. Ross, 1961, Principles of Self-Organization, in: Mechanisms of Intelligence: Ross Ashby's Writings on Cybernetics. Hrsg. von Roger Conant, Seaside, Cal.: Intersystems Publ., 1981, S. 51-74

Astley, W. Graham, Runo Axelson, Richard J. Butler, David J. Hickson und David C. Wilson, 1982, Complexity and Cleavage: Dual Explanations of Strategic Decision Making, in: Journal of Management Studies 19, S. 357-375

Atlan, Henri, 1979, Entre le cristal et la fumée: Essai sur l'organisation du vivant, Paris: Seuil

Auster, Paul, 1988, The New York Trilogy, London: Faber & Faber

Austin, John L., 1962, Zur Theorie der Sprechakte (How to do things with Words). Aus dem Englischen von Eike von Savigny, 2. Aufl., Stuttgart: Reclam, 1979

Babbage, Charles, 1835, On the Economy of Machinery and Manufacture, 4., erw. Aufl., Reprint New York: Kelley, 1971

Bach, Maurizio, 1992, Eine leise Revolution durch Verwaltungsverfahren: Bürokratische Integrationsprozesse in der Europäischen Gemeinschaft, in: Zeitschrift für Soziologie 21, S. 16-30

Bachelard, Gaston, 1938, Die Bildung des wissenschaftlichen Geistes: Beitrag zu einer Psychoanalyse der objektiven Erkenntnis. Aus dem Französischen von Michael Bischoff, Frankfurt am Main: Suhrkamp, 1987

Baecker, Dirk, 1988, Information und Risiko in der Marktwirtschaft, Frankfurt am Main: Suhrkamp

Baecker, Dirk, 1991, Womit handeln Banken? Eine Untersuchung zur Risikoverarbeitung in der Wirtschaft. Mit einem Vorwort von Niklas Luhmann, Frankfurt am Main: Suhrkamp

Baethge, Martin, 1991, Arbeit, Vergesellschaftung, Identität: Zur zunehmenden normativen Subjektivierung der Arbeit, in: Soziale Welt 42, S. 6-19

Baethge, Martin, und Herbert Oberbeck, 1986, Zukunft der Angestellten: Neue Technologien und berufliche Perspektiven in Büro und Verwaltung, Frankfurt am Main: Campus

Bagnasco, Arnaldo, 1985, La costruzione sociale del mercato: strategie di impresa e esperimenti di scala in Italia, in: Stato e Mercato 13, S. 9-45

Balzac, Honoré de, 1827, Die Kunst, seine Schulden zu zahlen und seine Gläubiger zu befriedigen, ohne auch nur einen Sou selbst aus der Tasche zu nehmen, gelehrt in zehn Lektionen. Aus dem Französischen, Stuttgart: Deutsche Verlagsanstalt, 1984

Bardmann, Theodor M., 1990, Wenn aus Arbeit Abfall wird: Überlegungen zur Umorientierung der industriesoziologischen Sichtweise, in: Zeitschrift für Soziologie 19, S. 179-194

Bardmann, Theodor M., und Reiner Franzpötter, 1992, Unternehmenskultur – Neuer Wein in alten Schläuchen, in: Wolfgang Littek,

Ulrich Heisig und Hans-Dieter Gondek, Hrsg., Organisation von Dienstleistungsarbeit: Sozialbeziehungen und Rationalisierung im Angestelltenbereich, Berlin: edition sigma, S. 57-80

Barnard, Chester I., 1938, The Functions of the Executive. Ausgabe zum 30. Jahrestag mit einer Einführung von Kenneth R. Andrews, Cambridge, Mass.: Harvard Univ. Pr., 1968

Barthes, Roland, 1980, Michelet. Aus dem Französischen von Peter Geble, Frankfurt am Main: Europäische Verlagsanstalt

Bataille, Georges, 1949, Der verfemte Teil, in: ders., Die Aufhebung der Ökonomie. Aus dem Französischen von Traugott König, München: Rogner & Bernhard, 1975, S. 33-234

Bateson, Gregory, 1956, The Message »This is a Play«, in: Bertram Schaffner, Hrsg., Group Processes: Transactions of the Second Conference, New York, S. 145-242

Bateson, Gregory, 1972, Ökologie des Geistes: Anthropologische, psychologische, biologische und epistemologische Perspektiven. Aus dem Amerikanischen von Hans Günter Holl, Frankfurt am Main: Suhrkamp, 1981

Bateson, Gregory, 1979, Geist und Natur: Eine notwendige Einheit. Aus dem Amerikanischen von Hans Günter Holl, Frankfurt am Main: Suhrkamp, 1982

Baudrillard, Jean, 1973, Le miroir de la production ou l'illusion critique du matérialisme historique, Paris: Casterman

Baum, Howell S., 1987, The Invisible Bureaucracy: The Unconscious in Organizational Problem Solving, New York: Oxford Univ. Pr.

Bechtle, Guenter, 1980, Betrieb als Strategie: Theoretische Vorarbeiten zu einem industriesoziologischen Konzept, Frankfurt am Main: Campus

Beck, Ulrich, 1991, Der Konflikt der zwei Modernen, in: ders., Politik in der Risikogesellschaft: Essays und Analysen. Mit Beiträgen von Oskar Lafontaine et al., Frankfurt am Main: Suhrkamp, S. 180-195

Becker, Albrecht, Willi Küpper und Günther Ortmann, 1988, Revisionen der Rationalität, in: Willi Küpper und Günther Ortmann, Hrsg., Mikropolitik: Rationalität, Macht und Spiele in Organisationen, Opladen: Westdeutscher Verl., S. 89-113

Beer, Stafford, 1989, The Viable System Model: Its Provenance, Development, Methodology and Pathology, in: Raúl Espejo und Roger J. Harnden, Hrsg., The Viable System Model: Interpretations and Applications of Stafford Beer's VSM, Chichester: Wiley, S. 11-37

Behr, Michael, Martin Heidenreich, Gert Schmidt und Hans-Alexander Graf von Schwerin, 1991, Neue Technologien in der Industrieverwaltung: Optionen veränderten Arbeitskräfteeinsatzes, Opladen: Westdeutscher Verl.

Bell, Daniel, 1973, The Coming of Post-Industrial Society: A Venture in Social Forecasting, New York: Basic Books

Bendix, Reinhard, 1956, Work and Authority in Industry: Ideologies of Management in the Course of Industrialization, Reprint: New York, Harper & Row, 1963

Bendix, Reinhard, 1989, Ein Blick auf die Sozialwissenschaften, in: Über Soziologie. Soziale Welt 40, S. 44-56

Benjamin, Walter, 1920, Der Begriff der Kunstkritik in der deutschen Romantik, in: ders., Gesammelte Schriften I.1, Frankfurt am Main: Suhrkamp, 1974, S. 7-122

Benninghaus, Hans, 1987, Substantielle Komplexität der Arbeit als zentrale Dimension der Jobstruktur, in: Zeitschrift für Soziologie 16, S. 334-35

Benson, J. Kenneth, 1977, Organizations: A Dialectical View, in: Administrative Science Quarterly 22, S. 1-21

Berger, Johannes, Volker Domeyer und Maria Funder, Hrsg., 1990, Kleinbetriebe im wirtschaftlichen Wandel, Frankfurt am Main: Campus

Berle, Adolf A., und Gardiner C. Means, 1932, The Modern Corporation and Private Property, überarb. Aufl., New York: Harcourt, Brace & World, 1967

Bieber, Daniel, 1992, Systemische Rationalisierung und Produktionsnetzwerke, in: Thomas Malsch und Ulrich Mill, Hrsg., ArBYTE: Modernisierung der Industriesoziologie? Berlin: edition sigma, S. 271-293

Blumenberg, Hans, 1987, Das Lachen der Thrakerin: Eine Urgeschichte der Theorie, Frankfurt am Main: Suhrkamp

Böhle, Fritz, und Brigitte Milkau, 1988, Vom Handrad zum Bildschirm: Eine Untersuchung zur sinnlichen Erfahrung im Arbeitsprozeß, Frankfurt am Main und New York: Campus

Böhle, Fritz, und Brigitte Milkau, 1989, Neue Technologien – neue Risiken: neue Anforderungen an die Analyse von Arbeit, in: Zeitschrift für Soziologie 18, S. 249-262

Bohn, Cornelia, 1991, Habitus und Kontext: Ein kritischer Beitrag zur Sozialtheorie Bourdieus. Mit einem Vorwort von Alois Hahn, Opladen: Westdeutscher Verl.

Boltanski, Luc, 1982, Die Führungskräfte: Die Entstehung einer sozialen Gruppe. Aus dem Französischen von Hella Beister, Frankfurt am Main und New York: Campus, 1990

Borges, Jorge Luis, 1966, Die analytische Sprache John Wilkins', in: ders., Das Eine und die Vielen: Essays zur Literatur. Aus dem Spanischen von Karl August Horst, München: Hanser, S. 209-214

Bosetzky, Horst, 1970, Grundzüge einer Soziologie der Industrieverwaltung: Möglichkeiten und Grenzen der Betrachtung des industriellen Großbetriebes als bürokratische Organisation, Stuttgart: Enke

Bosetzky, Horst, 1988, Mikropolitik, Machiavellismus und Machtkumulation, in: Willi Küpper und Günther Ortmann, Hrsg., Mikropolitik: Rationalität, Macht und Spiele in Organisationen, Opladen: Westdeutscher Verl., S. 27-37

Bourdieu, Pierre, 1979, Die feinen Unterschiede: Kritik der gesellschaftlichen Urteilskraft. Aus dem Französischen von Bernd Schwibs und Achim Russer, Frankfurt am Main: Suhrkamp, 1982

Braudel, Fernand, 1979, Civilisation Matérielle, Économie et Capitalisme, XVᵉ-XVIIIᵉ Siècle, 3 Bde, Paris: Armand Colin, 1979 (dt. Übersetzung von Siglinde Summerer und Gerda Kurz: Sozialgeschichte des 15.-18. Jahrhunderts, 3 Bde, München: Kindler, 1986)

Braybrooke, David, 1963, The Mystery of Executive Success Re-Examined, in: Administrative Science Quarterly 8, S. 533-560

Briefs, Goetz, 1931, Betriebssoziologie, in: Alfred Vierkandt, Hrsg., Handwörterbuch der Soziologie, Stuttgart: Enke, S. 31-52

Brissy, Jacques F., 1990, Computers in Organizations: The (White) Magic of the Black Box, in: Barry A. Turner, Hrsg., Organizational Symbolism, Berlin und New York: de Gruyter, S. 225-236

Brunsson, Nils, 1985, The Irrational Organization: Irrationality as a Basis for Organizational Change and Action, Chichester: Wiley

Bücher, Karl, 1893, Die Entstehung der Volkswirtschaft: Vorträge und Aufsätze. Erste Sammlung, 14. und 15. Aufl., Tübingen: Laupp, 1920

Bücher, Karl, 1899, Arbeit und Rhythmus, 2., stark vermehrte Aufl., Leipzig: Teubner

Buhl, Walter L., 1990, Sozialer Wandel im Ungleichgewicht: Zyklen, Fluktuationen, Katastrophen, Stuttgart: Enke

Burawoy, Michael, 1979, Manufacturing Consent: Changes in the Labor Process under Monopoly Capitalism, Chicago: Univ. of Chicago Pr.

Burns, Tom, 1961, Micropolitics: Mechanisms of Institutional Change, in: Administrative Science Quarterly 6, S. 257-281

Burns, Tom, und George M. Stalker, 1961, The Management of Innovation, London: Tavistock

Butler, Richard, 1991, Designing Organizations: A Decision-Making Perspective, London, New York: Routledge

Caillois, Roger, 1958, Die Spiele und die Menschen: Maske und Rausch. Aus dem Französischen von Sigrid v. Massenbach, München: Langen-Müller, o.J. [1960]

Calabresi, Guido, und Philip Bobbitt, 1978, Tragic Choices, New York: Norton

Calvino, Italo, 1988, Sechs Vorschläge für das nächste Jahrtausend: Harvard-Vorlesungen. Aus dem Italienischen von Burhart Kroeber, München: Hanser, 1991

Carroll, Stephen J., und Dennis J. Gillen, 1987, Are the Classical Management Functions Useful in Describing Managerial Work?, in: Academy of Management Review 12, S. 38-51

Carruthers, Bruce G., und Wendy Nelson Espeland, 1991, Accounting for Rationality: Double-Entry Bookkeeping and the Rhetoric of Economic Rationality, in: American Journal of Sociology 97, S. 31-69

Chandler, Alfred D., 1977, The Visible Hand: The Managerial Revolution in American Business, Cambridge, Mass.: The Belknap Pr.

Chandler, Alfred D., 1990, Scale and Scope: The Dynamics of Industrial Capitalism, Cambridge, Mass.: The Belknap Pr. of Harvard Univ. Pr.

Chandler, Alfred D., und Herman Daems, Hrsg., 1980, Managerial Hierarchies: Comparative Perspectives on the Rise of the Modern Industrial Enterprise, Cambridge, Mass.: Harvard Univ. Pr.

Choudhury, Nandan, 1988, The Seeking Of Accounting Where It Is Not: Towards a Theory of Non-Accounting in Organizational Setting, in: Accounting, Organizations and Society 13, S. 549-557

Christian, Petra, 1978, Einheit und Zwiespalt: Zum hegelianisierenden Denken in der Philosophie und Soziologie Georg Simmels, Berlin: Duncker & Humblot

Clark, J. Maurice, 1923, Studies in the Economics of Overhead Costs, 14. Aufl., Chicago: Univ. of Chicago Pr., 1971

Clark, Peter A., 1985, A Review of the Theories of Time and Structure for Organizational Sociology, in: Samuel B. Bacharach und Stephen M. Mitchel, Hrsg., Research in the Sociology of Organizations, Bd 4, Greenwich, Conn.: JAI, S. 35-80

Clark, Peter, 1990, Chronological Codes and Organizational Analysis, in: John Hassard und Denis Pym, Hrsg., The Theory and Philosophy of Organisations: Critical Issues and New Perspectives, London: Routledge, Paul & Kegan, S. 137-163

Clausen, Lars, 1983, Produktive und destruktive Arbeit, in: Joachim Matthes, Hrsg., Krise der Arbeitsgesellschaft? Verhandlungen des

21. Deutschen Soziologentages in Bamberg 1982, Frankfurt am Main: Campus, S. 265-277

Clausen, Lars, 1988, Produktive Arbeit, destruktive Arbeit: Soziologische Grundlagen, Berlin: de Gruyter

Coase, Ronald H., 1988, The Firm, the Market, and the Law, Chicago: Univ. of Chicago Pr.

Cohen, Michael D., James G. March und Johan P. Olsen, 1972, A Garbage Can Model of Organizational Choice, in: Administrative Science Quarterly 17, S. 1-25

Cole, Robert E., 1989, Strategies for Learning: Small-Group Activities in America, Japan, and Swedish Industry, Berkeley: Univ. of California Pr.

Conant, Roger C., und W. Ross Ashby, 1970, Every Good Regulator of a System Must be a Model of that System, in: Mechanisms of Intelligence: W. Ross Ashby's Writings on Cybernetics, hrsg. von Roger C. Conant, Seaside, Cal.: Intersystems Publ., 1981, S. 205-214

Corsten, Hans, 1985, Die Produktion von Dienstleistungen: Grundzüge einer Produktionswirtschaftslehre des tertiären Sektors, Berlin: E. Schmidt

Crary, Jonathan, 1988, Techniques of the Observer, in: October 45 (Summer), S. 3-35

Crozier, Michel, und Erhard Friedberg, 1979, Macht und Organisation: Die Zwänge kollektiven Handelns. Aus dem Französischen von Erhard Friedberg und Steffen Stelzer, Königstein im Taunus: Athenaeum

Cyert, Richard M., und James G. March, 1963, A Behavioral Theory of the Firm, Englewood Cliffs, N.J.: Prentice-Hall

Dachler, H. Peter, 1988, Constraints on the Emergence of New Vistas in Leadership and Management Research: An Epistemological Overview, in: James Gerald Hunt et al., Hrsg., Emerging Leadership Vistas, Lexington, Mass.: Free Pr., S. 261-285

Dahl, Edgar, 1967, Die Unternehmensberatung: Eine Untersuchung ausgewählter Aspekte beratender Tätigkeit in der Bundesrepublik Deutschland, Meisenheim am Glan: Anton Hain

Davis, Stanley M., und Paul R. Lawrence, 1977, Matrix, Reading, Mass.: Addison-Wesley

Davis, Stanley M., und Paul R. Lawrence, 1978, The Matrix Diamond, in: The Wharton Magazine 2, S. 19-27

Deleuze, Gilles, und Félix Guattari, 1980, Mille Plateaux, Paris: Minuit

Demsetz, Harold, 1991, The Theory of the Firm Revisited, in: Oliver E. Williamson und Sidney G. Winter, Hrsg., The Nature of the Firm:

Origins, Evolution, and Development, New York: Oxford Univ. Pr., S. 159-178

Demski, Joel S., und David M. Kreps, 1982, Models in Managerial Accounting, in: Journal of Accounting Research 20, Supplement, S. 117-148

DePree, Max, 1989, Leadership is an Art, New York: Doubleday

Derrida, Jacques, 1967a, Grammatologie. Aus dem Französischen von Hans-Jörg Rheinberger und Hanns Zischler, Frankfurt am Main: Suhrkamp, 1974

Derrida, Jacques, 1967b, Die Schrift und die Differenz. Aus dem Französischen von Rodolphe Gasché, Frankfurt am Main: Suhrkamp, 1972

Derrida, Jacques, 1968, La »différance«, in: Bulletin de la Société française de Philosophie 63, S. 73-120 (dt. Übersetzung von Eva Pfaffenberger-Brückner in: ders., Randgänge der Philosophie, hrsg. von Peter Engelmann, Wien: Passagen, 1988, S. 29-52)

Derrida, Jacques, 1990, Limited Inc. Présentation et traductions par Elisabeth Weber, Paris: Galilée

Derrida, Jacques, 1991, L'autre cap, Paris: Minuit

Deutschmann, Christoph, 1989, Reflexive Verwissenschaftlichung und kultureller »Imperialismus« des Managements, in: Soziale Welt 40, S. 374-396

Deutschmann, Christoph, 1990, Die japanischen Arbeitszeiten in soziokultureller Sicht, in: Japanstudien 2, S. 89-101

Deutschmann, Christoph, 1991, Die »Adhocracy« in modernisierungstheoretischer Sicht, in: Wolfgang Zapf, Hrsg., Die Modernisierung moderner Gesellschaften: Verhandlungen des 25. Deutschen Soziologentages in Frankfurt am Main 1990, Frankfurt am Main: Campus, S. 517-527

Ditton, Jason, 1979, Baking Time, in: Sociological Review 27, S. 157-167

Dohrn-van Rossum, Gerhard, 1992, Die Geschichte der Stunde: Uhren und moderne Zeitordnung, München: Hanser

Dreeben, Robert, 1968, Was wir in der Schule lernen. Aus dem Amerikanischen von Thomas Lindquist, Frankfurt am Main: Suhrkamp, 1980

Drucker, Peter F., 1973, Management Tasks, Responsibilities, and Practice, London: Harper & Row

Dumont, Louis, 1983, Essais sur l'individualisme: Une perspective anthropologique sur l'idéologie moderne, Paris: Seuil

Duncan, W. Jack, 1982, Humor in Management: Prospects for Administrative Practice and Research, in: Academy of Management Review 7, S. 136-142

Durkheim, Emile, 1893, Über soziale Arbeitsteilung: Studie über die Organisation höherer Gesellschaften. Aus dem Französischen von Ludwig Schmidts. Mit einer Einleitung von Niklas Luhmann, 2. Aufl., Frankfurt am Main: Suhrkamp 1988

Edwards, Richard, 1979, Contested Terrain: The Transformation of the Workplace in the Twentieth Century, New York: Basic Books

Eisenberg, Eric M., und Marsha G. Witten, 1987, Reconsidering Openness in Organizational Communication, in: Academy of Management Review 12, S. 418-426

Elster, John, 1990, Marxism, Functionalism, and Game Theory, in: Sharon Zukin und Paul DiMaggio, Hrsg., Structures of Capital: The Social Organization of the Economy, Cambridge: Cambridge Univ. Pr., S. 86-118

Emery, F. E., und E. L. Trist, 1965, The Causal Texture of Organizational Environments, in: Human Relations 18, S. 21-32

Espejo, Raúl, 1989, The VSM revisited, in: Raúl Espejo und Roger J. Harnden, Hrsg., The Viable System Model: Interpretations and Applications of Stafford Beer's VSM, Chichester: Wiley, S. 77-100

Esposito, Elena, 1991, Paradoxien als Unterscheidungen von Unterscheidungen, in: Hans Ulrich Gumbrecht und K. Ludwig Pfeiffer, Hrsg., Paradoxien, Dissonanzen, Zusammenbrüche: Situationen offener Epistemologie, Frankfurt am Main: Suhrkamp, S. 35-57

Esposito, Elena, 1992, L'operazione di osservazione: Costruttivismo e teoria dei sistemi sociali. Prefazione di Niklas Luhmann, Milano: Angeli

Esposito, Elena, 1993, Zwei-Seiten-Formen in der Sprache, in: Dirk Baecker, Hrsg., Probleme der Form, Frankfurt am Main: Suhrkamp

Esser, Hartmut, 1991, Verfällt die »soziologische Methode«? in: Wolfgang Zapf, Hrsg., Die Modernisierung moderner Gesellschaften: Verhandlungen des 25. Deutschen Soziologentages in Frankfurt am Main 1990, Frankfurt am Main: Campus, S. 743-769

Exner, Alexander, Roswita Königswieser und Stefan Titscher, 1987, Unternehmensberatung – systemisch: Theoretische Annahmen und Interventionen im Vergleich zu anderen Ansätzen, in: Die Betriebswirtschaft 47, S. 265-284

Falcione, Raymond L., Lyle Sussman und Richard P. Herden, 1987, Communication Climate in Organizations, in: Frederic M. Jablin et al., Hrsg., Handbook of Organizational Communication: An Interdisciplinary Perspective, Newbury Park, CA: Sage, S. 195-227

Falkenberg, Loren E., 1987, Employee Fitness Programs: Their Impact on the Employee and the Organization, in: Academy of Management Review 12, S. 511-522

Fama, Eugene F., 1980, Agency Problems and the Theory of the Firm, in: Journal of Political Economy 88, S. 288-307

Fayol, Henri, 1966, Administration industrielle et générale: Prévoyance, organisation, commandement, coordination, contrôle, Paris: Dunod

Fink, Eugen, 1960, Spiel als Weltsymbol, Stuttgart: Kohlhammer

Fligstein, Neil, 1990, The Transformation of Corporate Control, Cambridge, Mass.: Harvard Univ. Pr.

Foerster, Heinz von, 1969a, Sounds and Music, in: ders. und James W. Beaucamp, Hrsg., Music by Computers, New York, S. 3-10

Foerster, Heinz von, 1969b, Laws of Form, in: Whole Earth Catalog, Spring 1969, S. 14 (dt. Übersetzung in: Dirk Baecker, Hrsg., Kalkül der Form, Frankfurt am Main: Suhrkamp, 1993)

Foerster, Heinz von, 1981, Observing Systems, Seaside, Cal.: Intersystems (dt. Übersetzung von Wolfram K. Köck: Wissen und Gewissen: Versuch einer Brücke, hrsg. von S. J. Schmidt, Frankfurt am Main: Suhrkamp, 1993)

Foerster, Heinz von, 1984, Principles of Self-Organization – In a Socio-Managerial Context, in: Hans Ulrich und Gilbert J.B. Probst, Hrsg., Self-Organization and Management of Social Systems: Insights, Promises, Doubts, and Questions, Berlin: Springer, 1984, S. 2-24

Foerster, Heinz von, 1985, Entdecken oder Erfinden: Wie läßt sich Verstehen verstehen? in: Ernst von Glasersfeld u. a., Einführung in den Konstruktivismus, München: Oldenbourg, S. 27-68

Foerster, Heinz von, 1988, Abbau und Aufbau, in: Fritz B. Simon, Hrsg., Lebende Systeme: Wirklichkeitskonstruktionen in der systemischen Therapie, Berlin: Springer, S. 19-33

Foerster, Heinz von, 1989, Wahrnehmung, in: Jean Baudrillard et al., Philosophien der neuen Technologie, Berlin: Merve, S. 27-40

Foerster, Heinz von, 1990, Kausalität, Unordnung, Selbst-Organisation, in: Karl W. Kratky und Friedrich Wallner, Hrsg., Grundprinzipien der Selbstorganisation, Darmstadt: Wissenschaftliche Buchgesellschaft, S. 77-95

Foerster, Heinz von, 1991, Through the Eyes of the Other, in: Frederick Steier, Hrsg., Research and Reflexivity, London: Sage, S. 63-75

Folkers, Horst, 1985, Die Neutralität gesellschaftlicher Gewalt und die Wahrheit der Unterscheidung, in: Niklas Luhmann, Hrsg., Soziale Differenzierung: Zur Geschichte einer Idee, Opladen: Westdeutscher Verl., S. 42-67

Frese, Jürgen, 1985, Prozesse im Handlungsfeld, München: Boer

Friedman, A. L., 1987, Art. »Taylorism«, in: John Eatwell, Murray Milgate, Peter Newman, Hrsg., The New Palgrave: A Dictionary of Economics, Bd 4, London: Macmillan, S. 612-613

Fuchs, H.-J., 1976, Art. »Interesse«, in: Joachim Ritter und Karlfried Gründer, Hrsg., Historisches Wörterbuch der Philosophie, Bd 4, Basel und Stuttgart: Schwabe, Sp. 479-485

Fuchs, Peter, 1992, Die Erreichbarkeit der Gesellschaft: Zur Konstitution und Imagination gesellschaftlicher Einheit, Frankfurt am Main: Suhrkamp

Gadamer, Hans-Georg, 1960, Wahrheit und Methode: Grundzüge einer philosophischen Hermeneutik, 2. Aufl., durch einen Nachtrag erweitert, Tübingen: Mohr, 1965

Galbraith, Jay, 1971, Matrix Organization Designs: How to Combine Functional and Project Forms, in: Business Horizons 14, S. 29-40

Galbraith, Jay, 1973, Designing Complex Organizations, Reading, Mass.: Addison-Wesley

Galbraith, Jay, 1977, Organization Design, Reading, Mass.: Addison-Wesley

Gambling, Trevor, 1985, The Accountant's Guide to the Galaxy, Including the Profession at the End of the Universe, in: Accounting, Organizations and Society 10, S. 415-425

Geser, Hans, 1982, Gesellschaftliche Folgeprobleme und Grenzen des Wachstums formaler Organisationen, in: Zeitschrift für Soziologie 11, S. 113-132

Geser, Hans, 1986, Elemente zu einer soziologischen Theorie des Unterlassens, in: Kölner Zeitschrift für Soziologie und Sozialpsychologie 38, S. 643-669

Giddens, Anthony, 1990, The Consequences of Modernity, Stanford: Stanford University Pr.

Girard, René, 1972, Das Heilige und die Gewalt. Aus dem Französischen von Elisabeth Mainberger-Ruh, Zürich: Benziger, 1987

Girard, René, 1992, Origins: A View from the Literature, in: Francisco J. Varela und Jean Pierre Dupuy, Hrsg., Understanding Origins: Contemporary Views on the Origin of Life, Mind and Society, Dordrecht: Kluwer, S. 27-42

Glanville, Ranulph, 1988, Objekte. Aus dem Englischen von Dirk Baecker, Berlin: Merve

Glassman, Robert B., 1973, Persistence and Loose Coupling in Living Systems, in: Behavioral Science 18, S. 83-98

Goffman, Erving, 1972, Encounters: Two Studies in the Sociology of Interaction, London: Penguin

Gombrich, Ernst H., 1984, Bild und Auge: Neue Studien zur Psychologie der bildlichen Darstellung. Aus dem Englischen von Lisbeth Gombrich, Stuttgart: Klett-Cotta

Gorz, André, 1988, Kritik der ökonomischen Vernunft: Sinnfragen zum Ende der Arbeitsgesellschaft. Aus dem Französischen von Otto Kallscheuer, 3. Aufl., Berlin: Rotbuch, 1990

Goshal, Sumantra, und Christopher A. Bartlett, 1990, The Multinational Corporation as an Interorganizational Network, in: Academy of Management Review 15, S. 603-625

Graf, Werner, 1991, Heinz Nixdorf und tausend Millionen Chinesen, in: Der Alltag, Heft 2, S. 128-138

Granovetter, Mark, 1985, Economic Action and Social Structure: A Theory of Embeddedness, in: American Journal of Sociology 91, S. 481-510

Gulick, Luther, 1937, Notes on the Theory of Organization, in: ders. et al., Hrsg., Papers on the Science of Administration, New York: Institute of Public Administration, S. 1-45

Gumbrecht, Hans Ulrich, 1988, Rhythmus und Sinn, in: ders. und K. Ludwig Pfeiffer, Hrsg., Materialität der Kommunikation, Frankfurt am Main: Suhrkamp, S. 714-729

Gumbrecht, Hans Ulrich, 1991, Epistemologie/Fragmente, in: ders. und K. Ludwig Pfeiffer, Hrsg., Paradoxien, Dissonanzen, Zusammenbrüche: Situationen offener Epistemologie, Frankfurt am Main: Suhrkamp, S. 837-850

Gumbrecht, Hans Ulrich, und K. Ludwig Pfeiffer, Hrsg., 1988, Materialität der Kommunikation, Frankfurt am Main: Suhrkamp

Gunn, J. A. W., 1968, »Interest Will Not Lie«: A Seventeenth-Century Political Maxim, in: Journal of the History of Ideas 29, S. 551-564

Günther, Gotthard, 1976-1980, Beiträge zur Grundlegung einer operationsfähigen Dialektik, 3 Bde, Hamburg: Meiner

Gutenberg, Erich, 1929, Die Unternehmung als Gegenstand betriebswirtschaftlicher Theorie, Berlin: Spaeth & Linde

Gutenberg, Erich, 1983, Grundlagen der Betriebswirtschaftslehre, Bd 1: Die Produktion, 24. Aufl., Berlin: Springer

Habermas, Jürgen, 1968a, Erkenntnis und Interesse. Mit einem neuen Nachwort, Frankfurt am Main: Suhrkamp, 1973

Habermas, Jürgen, 1968b, Arbeit und Interaktion: Bemerkungen zu Hegels Jenenser »Philosophie des Geistes«, in: ders., Technik und Wissenschaft als »Ideologie«, Frankfurt am Main: Suhrkamp, S. 9-47

Habermas, Jürgen, 1985, Der philosophische Diskurs der Moderne: Zwölf Vorlesungen, Frankfurt am Main: Suhrkamp

Hackman, J. Richard, 1990, Creating More Effective Work Groups in Organizations, in: ders., Hrsg., Groups That Work (and Those That Don't): Creating Conditions for Effective Teamwork, San Francisco: Jossey-Bass, S. 479-504

Hagemeyer, Friedrich Wilhelm, 1979, Die Entstehung von Informationskonzepten in der Nachrichtentechnik: Eine Fallstudie zur Theoriebildung in der Technik in Industrie- und Kriegsforschung, Diss. Berlin

Hahn, Alois, 1982, Zur Soziologie der Beichte und anderer Formen institutionalisierter Bekenntnisse: Selbstthematisierung und Zivilisationsprozeß, in: Kölner Zeitschrift für Soziologie und Sozialpsychologie 34, S. 407-434

Hahn, Alois, 1987, Identität und Selbstthematisierung, in: ders. und Volker Kapp, Hrsg., Selbstthematisierung und Selbstzeugnis: Bekenntnis und Geständnis, Frankfurt am Main: Suhrkamp, S. 9-24

Handy, Charles, 1990, The Age of Unreason, Boston: Harvard Business School

Harrison, J. Richard, und James G. March, 1984, Decision Making and Postdecision Surprises, in: Administrative Science Quarterly 29, S. 26-42

Harvey, Charles, 1989, Business History: Concepts and Measurements, in: Business History 31, Heft 3, S. 1-5

Hauschildt, Jürgen, 1990, Komplexität, Zielbildung und Effizienz von Entscheidungen in Organisationen, in: Rudolf Fisch und Margarete Boos, Hrsg., Vom Umgang mit Komplexität in Organisationen: Konzepte – Fallbeispiele – Strategien, Konstanz: Universitätsverl., S. 131-147

Hedberg, Bo L. T., Paul C. Nystrom und William H. Starbuck, 1976, Camping on Seesaws: Prescriptions for a Self-Designing Organization, in: Administrative Science Quarterly 21, S. 41-65

Hegel, Georg Wilhelm Friedrich, 1807, Phänomenologie des Geistes, Frankfurt am Main: Suhrkamp, 1973

Hegel, Georg Friedrich Wilhelm, 1819/1820, Philosophie des Rechts. Die Vorlesung in einer Nachschrift, hrsg. von Dieter Henrich, Frankfurt am Main: Suhrkamp, 1983

Heider, Fritz, 1926, Ding und Medium, in: Symposion. Philosophische Zeitschrift für Forschung und Aussprache 1, S. 109-157

Heintel, Peter, und Ewald E. Krainz, 1988, Projektmanagement: Eine Antwort auf die Hierarchiekrise? Wiesbaden: Gabler

Heintel, Peter, und Ewald E. Krainz, 1992, Beratung als Projekt: Zur Bedeutung des Projektmanagements in Beratungsprojekten, in:

Rudolf Wimmer, Hrsg., Organisationsberatung: Neue Wege und Konzepte, Wiesbaden: Gabler, S. 128-150

Herbst, Ph. G., 1976, Alternatives to Hierarchies, Leiden: Nijhoff

Heydebrand, Wolf V., 1989, New Organizational Forms, in: Work and Occupations 16, S. 323-357

Hickson, David J., Richard J. Butler, David Cray, Geoffrey R. Mallory und David C. Wilson, 1990, Top Decisions: Strategic Decision Making in Organizations, San Francisco: Jossey-Bass

Hirschhorn, Larry, 1988, The Workplace Within: Psychodynamics of Organizational Life, Cambridge, Mass.: MIT Pr.

Hirschman, Albert O., 1977, Leidenschaften und Interessen: Politische Begründungen des Kapitalismus vor seinem Sieg. Aus dem Amerikanischen von Sabine Offe, Frankfurt am Main: Suhrkamp, 1980

Hoenack, Stephen A., 1983, Economic Behavior Within Organizations, Albany: State Univ. of New York Pr.

Hofstadter, Douglas R., 1979, Gödel, Escher, Bach: ein Endloses Geflochtenes Band. Aus dem Amerikanischen von Philipp Wolff-Windegg und Hermann Feuersee, 6. Aufl., Stuttgart: Klett-Cotta, 1985

Hollway, Wendy, 1991, Work Psychology and Organizational Behaviour: Managing the Individual at Work, London: Sage

Holmes, Stephen, 1987, Poesie der Indifferenz, in: Dirk Baecker et al., Hrsg., Theorie als Passion: Niklas Luhmann zum 60. Geburtstag, Frankfurt am Main: Suhrkamp, S. 15-45

Hopkins, Jeffrey, 1983, Meditation on Emptiness, London: Wisdom Publ.

Huizinga, Johan, 1938, Homo Ludens: Vom Ursprung der Kultur im Spiel, Hamburg: Rowohlt, 1956

Hutter, Michael, 1979, Die Gestaltung von Property Rights als Mittel gesellschaftlich-wirtschaftlicher Allokation, Göttingen: Vandenhoek & Ruprecht

Hutter, Michael, 1989, Die Produktion von Recht: Eine selbstreferentielle Theorie der Wirtschaft, angewandt auf den Fall des Arzneimittelpatentrechts, Tübingen: Mohr

Hutter, Michael, 1991, Literatur als Quelle wirtschaftlichen Wachstums, in: Internationales Archiv für Sozialgeschichte der deutschen Literatur 16, S. 1-50

Hutter, Michael, 1992, Organism as a Metaphor in German Economic Thought, in: Philip Mirowski, Hrsg., Natural Images in Economics, Cambridge: Cambridge Univ. Pr.

Ittelson, William H., 1973, Environment Conception and Contemporary Perceptual Theory, in: ders., Hrsg., Environment and Cognition, New York: Seminar Pr., S. 1-19

Jablin, Frederic M., 1982, Formal Structural Characteristics of Organization and Superior-Subordinate Communication, in: Human Communication Research 8, S. 338-347

Jablin, Frederic M., 1987, Formal Organization Structure, in: ders. et al., Hrsg., Handbook of Organizational Communication: An Interdisciplinary Perspective, London: Sage, S. 389-419

Jacoby, Sanford M., 1984, The Development of Internal Labor Markets in American Manufacturing Firms, in: Paul Osterman, Hrsg., Internal Labor Markets, Cambridge, Mass.: MIT Pr., S. 23-69

Japp, Klaus P., 1991, Preventive Planning – A Strategy with Loss of Purpose, in: Günter Albrecht und Hans-Uwe Otto, Hrsg., Social Prevention and the Social Sciences: Theoretical Controversies, Research Problems, and Evaluation Strategies, Berlin und New York: de Gruyter, 81-94

Japp, Klaus P., 1992, Selbstverstärkungseffekte riskanter Entscheidungen: Zur Unterscheidung von Rationalität und Risiko, in: Zeitschrift für Soziologie 21, S. 31-48

Jensen, Michael C., und Richard S. Ruback, 1983, The Market for Corporate Control: The Scientific Evidence, in: Journal of Financial Economics 11, S. 5-50

Johnson, H. Thomas, und Robert S. Kaplan, 1987, Relevance Lost: The Rise and Fall of Management Accounting, Boston: Harper & Row

Kant, Immanuel, 1755, Allgemeine Naturgeschichte und Theorie des Himmels, Werke, hrsg. von Wilhelm Weischedel, Bd I, Wiesbaden: Insel, 1960

Kant, Immanuel, 1766, Träume eines Geistersehers, erläutert durch Träume der Metaphysik, Werke, hrsg. von Wilhelm Weischedel, Bd II, Frankfurt am Main: Suhrkamp, 1968

Kant, Immanuel, 1781, Kritik der reinen Vernunft, Werke, hrsg. von Wilhelm Weischedel, Bd III, Frankfurt am Main: Suhrkamp, 1968

Kant, Immanuel, 1788, Kritik der praktischen Vernunft, Werke, hrsg. von Wilhelm Weischedel, Bd VII, Frankfurt am Main: Suhrkamp, 1968

Karlöf, Bengt, 1989, Unternehmensstrategie: Konzepte und Modelle für die Praxis. Aus dem Englischen von Thorsten Schmidt, Frankfurt am Main: Campus, 1991

Kauffman, Louis H., 1987, Self-Reference and Recursive Forms, in: Journal of Social and Biological Structure 10, S. 53-72

Kaufmann, Franz-Xaver, 1982, Art. »Wirtschaftssoziologie I: Allgemeine«, in: Handwörterbuch der Wirtschaftswissenschaft, Bd 9, Stuttgart: G. Fischer, S. 239-267

Kern, Horst, und Michael Schumann, 1984, Das Ende der Arbeitsteilung? Rationalisierung in der industriellen Produktion: Bestandsaufnahme, Trendbestimmung, 3. Aufl., München: Beck, 1986

Kern, Werner, 1976, Die Produktionswirtschaft als Erkenntnisbereich der Betriebswirtschaftslehre, in: Zeitschrift für betriebswirtschaftliche Forschung 28, S. 756-767

Kets de Vries, Manfred F. R., 1980, Organizational Paradoxes: Clinical Approaches to Management, London: Tavistock

Kirchner, Christian, 1985, Ökonomische Überlegungen zum Konzernrecht, in: Zeitschrift für Unternehmens- und Gesellschaftsrecht 14, S. 214-234

Kirsch, Werner, 1970-1971, Entscheidungsprozesse, 3 Bde, Wiesbaden: Gabler

Klein, Benjamin, Robert G. Crawford und Armen A. Alchian, 1978, Vertical Integration, Appropriable Rents, and the Competitive Contracting Process, in: Journal of Law and Economics 21, S. 297-326

Kleist, Heinrich von, 1821, Die Hermannsschlacht, in: ders., Werke in einem Band. Hrsg. von Helmut Sembdner, München: Hanser, 1966, S. 429-513

Knight, Frank H., 1921, Risk, Uncertainty, and Profit, Reprint New York: Harper & Row, 1965

Konecki, Krzysztof, 1990, Dependency and Worker Flirting, in: Barry A. Turner, Hrsg., Organizational Symbolism, Berlin: de Gruyter, S. 55-66

Königswieser, Roswita, und Christian Lutz, Hrsg., 1990, Das systemisch evolutionäre Management: Der neue Horizont für Unternehmer, Wien: Orac

Koselleck, Reinhart, 1982, Art. »Interesse«, in: Otto Brunner, Werner Conze, Reinhart Koselleck, Hrsg., Geschichtliche Grundbegriffe: Historisches Lexikon zur politisch-sozialen Sprache in Deutschland, Bd 3, Stuttgart: Klett-Cotta, S. 305-362

Krippendorff, Klaus, 1984, Paradox and Information, in: Progress in Communication Sciences 5, S. 45-71

Krüll, Marianne, Klaus Deissler und Kurt Ludewig 1988, Kreuzverhör – Fragen an Heinz von Foerster, Niklas Luhmann und Francisco Varela, in: Fritz B. Simon, Hrsg., Lebende Systeme: Wirklichkeitskonstruktionen in der systemischen Therapie, Heidelberg: Springer, S. 95-107

Kugler, Hartmut, 1988, Phaetons Sturz in die frühe Neuzeit: Ein Versuch über das Risikobewußtsein, in: Th. Cramer, Hrsg., Wege in die Neuzeit, München: Fink, S. 122-145

Kurz, Robert, 1991, Der Kollaps der Modernisierung: Vom Zusammenbruch des Kasernensozialismus zur Krise der Weltökonomie, Frankfurt am Main: Eichborn

Kuske, Bruno, 1949, Die Begriffe Angst und Abenteuer in der deutschen Wirtschaft des Mittelalters: Ein Beitrag zur Geschichte des Unternehmertums, in: Zeitschrift für handelswissenschaftliche Forschung, N.F. 1, S. 547-550

Lacan, Jacques, 1966, Écrits I, Paris: Seuil

Lawler III, Edward E., 1986, High-Involvement Management: Participative Strategies for Improving Organizational Performance, San Francisco: Jossey-Bass

Lawrence, Paul R., 1985, The History of Human Resource Management in American Industry, in: Richard E. Walton und Paul R. Lawrence, Hrsg., HRM Trends and Challenges, Boston: Harvard Business Pr., S. 15-34

Lawrence, Paul R., und Jay W. Lorsch, 1969, Organization and Environment: Managing Differentiation and Integration, Homewood, Ill.: Irwin

Lee, C. E., 1990, Corporate Behavior in Theory and History: I. The Evolution of Theory, und II. The Historian's Perspective, in: Business History 32, S. 17-31 und S. 163-179

Le Goff, Jacques, 1977, Pour un autre Moyen Age: Temps, travail et culture en Occident, Paris: Gallimard

Leibenstein, Harvey, 1987, On Some Economic Aspects of a Fragile Input: Trust, in: George R. Feiwel, Hrsg., Arrow and the Foundations of the Theory of Economic Policy, Basingstoke: Macmillan, S. 600-612

Lenin, W. I., 1917, Staat und Revolution: Die Lehre des Marxismus vom Staat und die Aufgaben des Proletariats in der Revolution, in: ders., Werke. Aus dem Russischen besorgt vom Institut für Marxismus-Leninismus beim Zentralkomitee der SED, Bd 25, Berlin: Dietz, 1960, S. 393-507

Levitt, Theodore, 1991, Thinking About Management, New York: Free Pr.

Lewis, Michael, 1990, Liar's Poker: Rising Through the Wreckage on Wall Street, New York: Penguin Books

Lincoln, James R., und Arne L. Kalleberg, 1990, Culture, Control, and Commitment: A Study of Work Organization and Work Attitude in the United States and Japan, Cambridge: Cambridge Univ. Pr.

Litterer, Joseph A., 1963, Systematic Management: Design for Organizational Recoupling in American Manufacturing Firms, in: Business History Review 37, S. 369-391

Locke, John, 1690, Two Treatises of Government, in: The Works of John Locke, Bd V, London 1823, Reprint Aalen: Scientia, 1963

Löfgren, Lars, 1987, Decidability, in: Madan G. Singh, Hrsg., Systems & Control Encyclopedia: Theory, Technology, Applications, Bd 2, Oxford: Pergamon Pr., S. 932-938

Löfgren, Lars, 1988, Toward Systems: From Computation to the Phenomenon of Language, in: Marc E. Carvallo, Hrsg., Nature, Cognition and System I: Current Systems-Scientific Research on Natural and Cognitive Systems, Dordrecht: Kluwer, S. 129-155

Lovejoy, Arthur O., 1936, Die große Kette der Wesen: Geschichte eines Gedankens. Aus dem Englischen von Dieter Turck, Frankfurt am Main: Suhrkamp, 1985

Luhmann, Niklas, 1962, Der neue Chef, in: Verwaltungsarchiv 53, S. 11-24

Luhmann, Niklas, 1964, Funktionen und Folgen formaler Organisation, Berlin: Duncker & Humblot

Luhmann, Niklas, 1968a, Vertrauen: Ein Mechanismus der Reduktion sozialer Komplexität, 2. erw. Aufl., Stuttgart: Enke, 1973

Luhmann, Niklas, 1968b, Zweckbegriff und Systemrationalität: Über die Funktion von Zwecken in sozialen Systemen, Neuausgabe Frankfurt am Main: Suhrkamp, 1977

Luhmann, Niklas, 1969, Legitimation durch Verfahren, 2. Aufl., Frankfurt am Main: Suhrkamp, 1989

Luhmann, Niklas, 1970, Soziologische Aufklärung: Aufsätze zur Theorie sozialer Systeme, Bd 1, 4. Aufl., Opladen: Westdeutscher Verl., 1974

Luhmann, Niklas, 1971, Politische Planung: Aufsätze zur Soziologie von Politik und Planung, 2. Aufl., Opladen: Westdeutscher Verl., 1975

Luhmann, Niklas, 1975, Soziologische Aufklärung 2, 2. Aufl., Opladen: Westdeutscher Verl., 1982

Luhmann, Niklas, 1980a, Gesellschaftsstruktur und Semantik: Studien zur Wissenssoziologie der modernen Gesellschaft, Bd 1, Frankfurt am Main: Suhrkamp

Luhmann, Niklas, 1980b, Komplexität, in: Erwin Grochla, Hrsg., Handwörterbuch der Organisation, 2., völlig neu gest. Auflage, Stuttgart: Poeschel, Sp. 1064-1070.

Luhmann, Niklas, 1981, Soziologische Aufklärung 3: Soziales System, Gesellschaft, Organisation, Opladen: Westdeutscher Verl.

Luhmann, Niklas, 1982a, Die Voraussetzung der Kausalität, in: ders. und Karl Eberhard Schorr, Hrsg., Zwischen Technologie und Selbstreferenz: Fragen an die Pädagogik, Frankfurt am Main: Suhrkamp, S. 41-50

Luhmann, Niklas, 1982b, Autopoiesis, Handlung und kommunikative Verständigung, in: Zeitschrift für Soziologie 11, S. 366-379

Luhmann, Niklas, 1984, Soziale Systeme: Grundriß einer allgemeinen Theorie, Frankfurt am Main: Suhrkamp

Luhmann, Niklas, 1987a, Die Autopoiesis des Bewußtseins, in: Alois Hahn und Volker Kapp, Hrsg., Selbstthematisierung und Selbstzeugnis: Bekenntnis und Geständnis, Frankfurt am Main: Suhrkamp, S. 25-94

Luhmann, Niklas, 1987b, Autopoiesis als soziologischer Begriff, in: Hans Haferkamp und Michael Schmid, Hrsg., Sinn, Kommunikation und soziale Differenzierung: Beiträge zu Luhmanns Theorie sozialer Systeme, Frankfurt am Main: Suhrkamp, S. 307-324

Luhmann, Niklas, 1987c, Soziologische Aufklärung 4: Beiträge zur funktionalen Differenzierung der Gesellschaft, Opladen: Westdeutscher Verl.

Luhmann, Niklas, 1988a, Die Wirtschaft der Gesellschaft, Frankfurt am Main: Suhrkamp

Luhmann, Niklas, 1988b, Erkenntnis als Konstruktion, Bern: Benteli

Luhmann, Niklas, 1988c, Organisation, in: Willi Küpper und Günther Ortmann, Hrsg., Mikropolitik: Rationalität, Macht und Spiele in Organisationen, Opladen: Westdeutscher Verl., S. 165-185

Luhmann, Niklas, 1989, Kommunikationssperren in der Unternehmensberatung, in: ders. und Peter Fuchs, Reden und Schweigen, Frankfurt am Main: Suhrkamp, S. 209-227

Luhmann, Niklas, 1990a, Die Wissenschaft der Gesellschaft, Frankfurt am Main: Suhrkamp

Luhmann, Niklas, 1990b, Weltkunst, in: ders., Fredcrick D. Bunsen und Dirk Baecker, Unbeobachtbare Welt: Über Kunst und Architektur, Bielefeld: Haux

Luhmann, Niklas, 1990c, Soziologische Aufklärung 5: Konstruktivistische Perspektiven, Opladen: Westdeutscher Verl.

Luhmann, Niklas, 1991a, Soziologie des Risikos, Berlin und New York: de Gruyter

Luhmann, Niklas, 1991b, Sthenographie und Euryalistik, in: Hans Ulrich Gumbrecht und K. Ludwig Pfeiffer, Hrsg., Paradoxien, Dissonanzen, Zusammenbrüche: Situationen offener Epistemologie, Frankfurt am Main: Suhrkamp, S. 58-82

Luhmann, Niklas, 1992a, Beobachtungen der Moderne, Opladen: Westdeutscher Verl.

Luhmann, Niklas, 1992b, The Form of Writing, in: Stanford Literature Review 9, S. 25-42

Luhmann, Niklas, 1992c, Einführung in die Systemtheorie. Die Vorlesung im Wintersemester 1991/92 auf 14 Tonbandkassetten, Heidelberg: Carl Auer, o.J.

Luhmann, Niklas, 1993a, Die Paradoxie des Entscheidens, in: Verwaltungsarchiv 83

Luhmann, Niklas, 1993b, Die Paradoxie der Form, in: Dirk Baecker, Hrsg., Kalkül der Form, Frankfurt am Main: Suhrkamp

Luhmann, Niklas, 1993c, Zeichen als Form, in: Dirk Baecker, Hrsg., Probleme der Form, Frankfurt am Main: Suhrkamp

Luhmann, Niklas, und Raffaele De Giorgi, 1992, Teoria della società, Milano: Angeli

Lukács, Georg, 1922, Methodisches zur Organisationsfrage, in: ders., Geschichte und Klassenbewußtsein: Studien über marxistische Dialektik, Darmstadt: Luchterhand, 1970, S. 452-513

Lüscher, Rudolf M., 1988, Henry und die Krümelmonster: Versuch über den fordistischen Sozialcharakter. Aus dem Nachlaß herausgegeben vom Freundeskreis R. M. Lüscher, Tübingen: Gehrke, o.J.

Lutter, Marcus, 1987, Stand und Entwicklung des Konzernrechts in Europa, in: Zeitschrift für Unternehmens- und Gesellschaftsrecht 16, S. 324-369

Lutz, Burkart, 1984, Der kurze Traum immerwährender Prosperität: Eine Neuinterpretation der industriell-kapitalistischen Entwicklung im Europa des 20. Jahrhunderts, 2., um ein Nachwort erw. Aufl., Frankfurt am Main: Campus, 1989

Lutz, Burkart, und Manfred Moldaschl, 1989, Expertensysteme und industrielle Facharbeit: Ein Gutachten über denkbare qualifikatorische Auswirkungen von Expertensystemen in der fertigenden Industrie, Frankfurt am Main und New York: Campus

Lyotard, Jean-François, 1983, Der Widerstreit. Aus dem Französischen von Joseph Vogl, München: Fink, 1987

Maanen, John van, 1978, People Processing: Strategies of Organizational Socialization, in: Organizational Dynamics 7, S. 19-36

Maanen, John van, und Edgar H. Schein, 1979, Toward a Theory of Organizational Socialization, in: Barry Staw, Hrsg., Research in Organizational Behavior, Bd 1, Greenwich, Conn.: JAI, S. 209-264

Mach, Ernst, 1905, Erkenntnis und Irrtum: Skizzen zur Psychologie der Forschung, 5. Aufl., Leipzig: Barth, 1926, Nachdruck Darmstadt: Wissenschaftliche Buchgesellschaft, 1968

Macneil, Ian R., 1980, The New Social Contract: An Inquiry into Modern Contractual Relations, New Haven: Yale Univ. Pr.

Malik, Fredmund, und Gilbert Probst, 1981, Evolutionäres Management, in: Die Unternehmung 35, S. 121-140

Malsch, Thomas, 1987a, Arbeit und Kommunikation im informatisierten Produktionsprozeß, in: Burkhart Lutz, Hrsg., Technik und sozialer Wandel. Verhandlungen des 23. Deutschen Soziologentages in Hamburg 1986, Frankfurt am Main und New York: Campus, S. 164-175

Malsch, Thomas, 1987b, Die Informatisierung des betrieblichen Erfahrungswissens und der »Imperialismus der instrumentellen Vernunft«, in: Zeitschrift für Soziologie 16, S. 77-91

Malsch, Thomas, und Ruediger Seltz, Hrsg., 1987, Die neuen Produktionskonzepte auf dem Prüfstand: Beiträge zur Entwicklung der Industriearbeit, Berlin: edition sigma

Mandeville, Bernard, 1714, Die Bienenfabel oder Private Laster, öffentliche Vorteile. Mit einer Einleitung von Walter Euchner, Frankfurt am Main: Suhrkamp, 1980

March, James G., 1988, Decisions and Organizations, Cambridge, Mass.: Blackwell, Reprint 1990 (dt. Übersetzung von Karl-Heinz Gschrey: Entscheidung und Organisation: Kritische und konstruktive Beiträge, Entwicklungen und Perspektiven, Wiesbaden: Gabler, 1990)

March, James G., Johan P. Olsen et al., 1976, Ambiguity and Choice in Organizations, 2. Aufl., Bergen: Universitetsforlaget, 1979

March, James G., und Herbert A. Simon, 1958, Organizations, New York: Wiley

Marcuse, Herbert, 1933, Über die philosophischen Grundlagen des wirtschaftswissenschaftlichen Arbeitsbegriffs, in: ders., Kultur und Gesellschaft 2, Frankfurt am Main: Suhrkamp, 1965, S. 7-48

Marshall, Alfred, 1890, Principles of Economics, 9. (Variorum) Aufl., London: Macmillan, 1961

Martens, Wil, 1989, Entwurf einer Kommunikationstheorie der Unternehmung: Akzeptanz, Geld und Macht in Wirtschaftsorganisationen, Frankfurt am Main: Campus

Marx, Karl, 1844, Ökonomisch-philosophische Manuskripte aus dem Jahre 1844, in: Karl Marx und Friedrich Engels, Werke, Ergänzungsband 1, Berlin: Dietz, 1973, S. 465-588

Marx, Karl, 1867-1894, Das Kapital: Kritik der politischen Ökonomie. 3 Bde, Berlin: Dietz, 1980

Marz, Lutz, 1991, Der prämoderne Übergangsmanager: Die Ohnmacht des »real sozialistischen« Wirtschaftskaders, in: Rainer Deppe, Helmut Dubiel und Ulrich Rödel, Hrsg., Demokratischer

Umbruch in Osteuropa, Frankfurt am Main: Suhrkamp, S. 104-125

Maturana, Humberto R., 1982, Erkennen: Die Organisation und Verkörperung von Wirklichkeit: Ausgewählte Arbeiten zur biologischen Epistemologie. Aus dem Englischen von Wolfram K. Köck, Braunschweig: Vieweg

Maturana, Humberto, und Francisco Varela, 1984, Der Baum der Erkenntnis: Die biologischen Wurzeln des menschlichen Erkennens. Aus dem Spanischen von Kurt Ludewig, Bern: Scherz, 1987

Mauss, Marcel, 1923, Die Gabe: Form und Funktion des Austauschs in archaischen Gesellschaften, in: ders., Soziologie und Anthropologie, Bd II. Aus dem Französischen von Eva Moldenhauer et al., Frankfurt am Main: Ullstein, 1978, S. 9-144

Mayntz, Renate, 1958, Die soziale Organisation des Industriebetriebs, Stuttgart: Enke, Neudruck 1966

Mayntz, Renate, Hrsg., 1968, Bürokratische Organisation, Köln, Berlin: Kiepenheuer & Witsch

Mayo, Elton, 1945, The Social Problems of an Industrial Civilization, Boston: Harvard Univ. Pr.

McCann, Joseph E., und John Selsky, 1984, Hyperturbulence and the Emergence of Type 5 Environments, in: Academy of Management Review 9, S. 460-470

McCulloch, Warren S., 1965, Embodiments of Mind, Neudruck, Cambridge, Mass.: MIT Pr., 1989

McGrath, Joseph E., 1984, Groups: Interaction and Performance, Englewood Cliffs, N.J.: Prentice-Hall

McGregor, Douglas, 1960, Der Mensch im Unternehmen. Aus dem Amerikanischen von A. Wolter, Düsseldorf: Econ, 1970

Mechler, Heinrich, 1974, Der Unternehmensberater: Partner auf Zeit, München: Vahlen

Meindl, James R., 1990, On Leadership: An Alternative to the Conventional Wisdom, in: Barry M. Staw und L. L. Cummings, Hrsg., Research in Organizational Behavior, Bd 12, Greenwich, Conn.: JAI, S. 159-203

Melville, Hermann, 1853, Bartleby, in: ders., Billy Budd, Sailor and other Stories, London: Penguin Books, 1985, S. 57-99

Merleau-Ponty, Maurice, 1942, Die Struktur des Verhaltens. Aus dem Französischen von Bernhard Waldenfels, Berlin und New York: de Gruyter, 1976

Merleau-Ponty, Maurice, 1964, Le Visible et l'Invisible. Texte établi par Claude Lefort, Paris: Gallimard

Merton, Robert K., 1949, Social Theory and Social Structure, überarb. und erw. Aufl., New York: Free Pr., 1968

Merton, Robert K., et al., 1952, Reader in Bureaucracy, Glencoe, Ill.: Free Pr.

Meyer, Marshall W., 1990, The Growth of Public and Private Bureaucracies, in: Sharon Zukin und Paul DiMaggio, Hrsg., Structures of Capital: The Social Organization of the Economy, Cambridge: Cambridge Univ. Pr., S. 153-172

Milgrom, Paul, und John Roberts, 1990, The Economics of Modern Manufacturing: Technology, Strategy, and Organization, in: American Economic Review 80, S. 511-528

Milgrom, Paul, und John Roberts, 1992, Economics, Organization and Management, Englewood Cliffs, NJ: Prentice Hall

Mill, Ulrich, und Hans-Jürgen Weißbach, 1992, Vernetzungswirtschaft: Ursachen, Funktionsprinzipien, Funktionsprobleme, in: Thomas Malsch und Ulrich Mill, Hrsg., ArBYTE: Modernisierung der Industriesoziologie? Berlin: edition sigma, S. 315-342

Miller, Peter, und Ted O'Leary, 1989, Hierarchies and American Ideals, 1900-1940, in: Academy of Management Review 14, S. 250-265

Miller, Stephen, 1973, Ends, Means, and Galumphing: Some Leitmotifs of Play, in: American Anthropologist 75, S. 87-98

Miller, Vernon D., und Fredric M. Jablin, 1991, Information Seeking During Organizational Entry: Influences, Tactics, and a Model of the Process, in: Academy of Management Review 16, S. 92-120

Mills, Peter K., 1983, Self-Management: Its Control and Relationship to Other Organizational Properties, in: Academy of Management Review 8, S. 445-453

Mintzberg, Henry, 1973, The Nature of Managerial Work, New York: Harper & Row

Mintzberg, Henry, 1979, The Structuring of Organizations: A Synthesis Research, Englewood Cliffs, NJ: Prentice-Hall

Mintzberg, Henry, Duru Raisinghani und André Théorêt, 1976, The Structure of »Unstructured« Decision Processes, in: Administrative Science Quarterly 21, S. 246-275

Mintzberg, Henry, James A. Waters, Andrew M. Pettigrew und Richard Butler, 1990, Studying Deciding: An Exchange of Views between Mintzberg and Waters, Pettigrew, and Butler, in: Organization Studies 11, S. 1-16

Monge, Peter R., und Eric M. Eisenberg, 1987, Emergent Communication Networks, in: Frederic M. Jablin et al., Hrsg., Handbook of Organizational Communication: An Interdisciplinary Perspective, Newbury Park, CA: Sage, S. 304-342

Moray, Neville, 1984, Humans and Their Relation to Ill-Defined Systems, in: Oliver G. Selfridge, Edwina L. Rissland und Michael A.

Arbib, Hrsg., Adaptive Control of Ill-Defined Systems, New York: Plenum Pr., S. 11-20

Morgan, Gareth, 1986, Images of Organization, Beverly Hills: Sage

Morgenstern, Oskar, 1950, Die Theorie der Spiele und des wirtschaftlichen Verhaltens, in: Jahrbuch für Sozialwissenschaft 1, S. 113-139

Morin, Edgar, 1974, Complexity, in: International Social Science Journal 26, S. 555-582

Morrill, Calvin, 1991, Conflict Management, Honor, and Organizational Change, in: American Journal of Sociology 97, S. 585-621

Negt, Oskar, und Alexander Kluge, 1981, Geschichte und Eigensinn, Frankfurt am Main: Zweitausendeins

Neidhardt, Friedhelm, 1979, Das innere System sozialer Gruppen, in: Kölner Zeitschrift für Soziologie und Sozialpsychologie 31, S. 639-660

Neuberger, Oswald, 1988, Spiele in Organisationen, Organisationen als Spiele, in: Willi Küpper und Günther Ortmann, Hrsg., Mikropolitik: Rationalität, Macht und Spiele in Organisationen, Opladen: Westdeutscher Verl., S. 53-86

Neumann, John von, und Oskar Morgenstern, 1943, Spieltheorie und wirtschaftliches Verhalten. Aus dem Amerikanischen von M. Leppig, 2., unveränd. Aufl., Würzburg: Physica, 1967

Newell, Allen, und Herbert A. Simon, 1976, Computer Science as Empirical Inquiry: Symbols and Search, in: Communications of the ACM 19, S. 113-126

Nicolis, Grégoire, und Ilya Prigogine, 1987, Die Erforschung des Komplexen: Auf dem Weg zu einem neuen Verständnis der Naturwissenschaften, München und Zürich: Piper

Nietzsche, Friedrich, 1881, Morgenröte: Gedanken über die moralischen Vorurteile, in: Werke I, hrsg. von Karl Schlechta, 6., durchges. Aufl., München: Ullstein, 1969, S. 1009-1279

Nietzsche, Friedrich, 1881/87, Die fröhliche Wissenschaft, in: Werke II, hrsg. von Karl Schlechta, 6., durchges. Aufl., München: Ullstein, 1969, S. 7-274

Nishitani, Keiji, 1982, Was ist Religion? Aus dem Japanischen von Dora Fischer-Barnicol, Frankfurt am Main: Insel

Nonaka, Ikujiro, 1991, The Knowledge-Creating Company, in: Harvard Business Review 69, November/Dezember, S. 96-104

Offe, Claus, 1984, »Arbeitsgesellschaft«: Strukturprobleme und Zukunftsperspektiven, Frankfurt am Main und New York: Campus

Ortmann, Günther, 1988, Macht, Spiel, Konsens, in: Willi Küpper und Günther Ortmann, Hrsg., Mikropolitik: Rationalität, Macht und Spiele in Organisationen, Opladen: Westdeutscher Verl., S. 13-26

Ortmann, Günther, 1990, Mikropolitik und systemische Kontrolle, in: Jörg Bergstermann und Ruth Brandherm-Böhmker, Hrsg., Systemische Rationalisierung als sozialer Prozeß, Bonn: Dietz Nachf., S. 99-120

Ortmann, Günther, und Arnold Windeler, 1989, Umkämpftes Terrain: Managementperspektiven und Betriebsratspolitik bei der Einführung von Computer-Systemen, Opladen: Westdeutscher Verl.

Ortmann, Günther, Arnold Windeler, Albrecht Becker und Hans-Joachim Schulz, 1990, Computer und Macht in Organisationen: Mikropolitische Analysen, Opladen: Westdeutscher Verl.

Orton, J. Douglas, und Karl E. Weick, 1990, Loosely Coupled Systems: A Reconceptualization, in: Academy of Management Review 15, S. 203-223

Parsons, Talcott, 1937, The Structure of Social Action: A Study in Social Theory with Special Reference to a Group of Recent European Writers, 2. Aufl., New York: Free Pr., 1949

Parsons, Talcott, 1960, Structure and Process in Modern Societies, New York: Free Pr.

Parsons, Talcott, 1978, Action Theory and the Human Condition, New York: Free Pr.

Parsons, Talcott, et al., 1951, Some Fundamental Categories of the Theory of Action: A General Statement, in: ders. und Edward A. Shils, Hrsg., Toward a General Theory of Action, Cambridge, Mass.: Harvard Univ. Pr., S. 3-29

Parsons, Talcott, und Edward A. Shils, 1951, Categories of the Orientation and Organization of Action, in: dies., Hrsg., Toward a General Theory of Action, Cambridge, Mass.: Harvard Univ. Pr., S. 53-109

Parsons, Talcott, und Neil J. Smelser, 1956, Economy and Society: A Study in the Integration of Economic and Social Theory, Neudruck London: Routledge & Kegan Paul, 1984

Pascal, Blaise, 1964, Pensées. Text der Ausgabe Brunschvicg, Paris: Grenier

Pask, Gordon S., 1970, The Cybernetics of Behaviour and Cognition Extending the Meaning of »Goal«, in: Cybernetica 13, S. 139-159 und 240-250

Pennings, Johannes M., 1985, Introduction: On the Nature and Theory of Strategic Decisions, in: ders., Hrsg., Organizational Strategy and Change: New Views on Formulating and Implementing Strategic Decisions, San Francisco: Jossey-Bass, S. 1-34

Perrow, Charles, 1984, Normale Katastrophen: Die unvermeidbaren Risiken der Großtechnik. Aus dem Englischen von Udo Rennert, Frankfurt am Main und New York: Campus, 1988

Peters, Thomas J., 1978, Symbols, Patterns, and Settings: An Optimistic Case for Getting Things Done, in: Organizational Dynamics 7, S. 3-23

Peters, Tom, 1987, Kreatives Chaos: Die neue Management-Praxis. Aus dem Amerikanischen von Friedrich Mielke und Hans-Gunther Schoop, Hamburg: Hoffmann & Campe, 1988

Peters, Tom, 1990, Get Innovative or Get Dead, in: California Management Review 33, S. 9-26

Peters, Thomas J., und Robert H. Waterman, 1982, Auf der Suche nach Spitzenleistungen: Was man von den bestgeführten US-Unternehmen lernen kann. Aus dem Amerikanischen von Hartmut Reddmann, 3. Aufl., München: mvg-Verlag, 1991

Pfeffer, Jeffrey, 1976, Beyond Management and the Worker: The Institutional Function of Management, in: Academy of Management Review 1, S. 36-46

Pfeffer, Jeffrey, 1977, The Ambiguity of Leadership, in: Academy of Management Review 2, S. 104-112

Pfeffer, Jeffrey, 1981, Power in Organizations, Cambridge, Mass.: Ballinger

Piore, Michael J., und Charles F. Sabel, 1984, Das Ende der Massenproduktion: Studie über die Requalifizierung der Arbeit und die Rückkehr der Ökonomie in die Gesellschaft. Aus dem Amerikanischen von Jürgen Behrens, Berlin: Wagenbach, 1985

Pirenne, Henri, 1936[3], Geschichte Europas: Von der Völkerwanderung zur Reformation. Aus dem Französischen von Wolfgang Hirsch, Frankfurt am Main: Fischer, 1956

Pirenne, Henri, 1933, Sozial- und Wirtschaftsgeschichte Europas im Mittelalter. Aus dem Französischen von Marcel Beck, 4. Aufl., München: Francke, 1976

Platt, Robert, 1989, Reflexivity, Recursion and Social Life: Elements for a Postmodern Sociology, in: The Sociological Review 37, S. 636-667

Poe, Edgar Allan, 1844, The Purloined Letter, in: Collected Works of Edgar Allan Poe: Tales and Sketches 1843-1849, hrsg. von Thomas Olive Mabbott, Cambridge, Mass., und London: Belknap, 1978, S. 972-997

Pohmer, Dietrich, 1964, Das Verhältnis der Wirtschaftswissenschaft zur Rechtswissenschaft dargestellt am Beispiel der Konzerngestaltungen, in: Ludwig Raiser, Heinz Sauermann und Erich Schneider, Hrsg., Das Verhältnis der Wirtschaftswissenschaft zur Rechtswissenschaft, Soziologie und Statistik, Berlin: Duncker & Humblot, S. 57-66

Polanyi, Michael, 1966, Implizites Wissen. Aus dem Englischen von Horst Brühmann, Frankfurt am Main: Suhrkamp, 1985

Popitz, Heinrich, Hans Paul Bahrdt, Ernst August Jüres und Hanno Kesting, 1957, Technik und Industriearbeit: Soziologische Untersuchungen in der Hüttenindustrie, 3., unveränd. Aufl., Tübingen: Mohr, 1976

Powell, Walter W., 1990, Neither Market nor Hierarchy: Network Forms of Organization, in: Research in Organizational Behavior 12, S. 295-336

Pratt, John W., und Richard J. Zeckhauser, Hrsg., 1985, Principles and Agents: The Structure of Business, Boston, Mass.: Harvard Business School

Pries, Ludger, 1991, Betrieblicher Wandel in der Risikogesellschaft, Opladen: Westdeutscher Verl.

Pries, Ludger, Rudi Schmidt und Rainer Trinczek, 1990, Entwicklungspfade von Industriearbeit: Die Chancen und Risiken betrieblicher Produktionsmodernisierung, Opladen: Westdeutscher Verl.

Prigogine, Ilya, und Isabelle Stengers, 1980, Dialog mit der Natur: Neue Wege wissenschaftlichen Denkens, München und Zürich: Piper, 1981

Putnam, Linda L., 1986, Contradictions and Paradoxes in Organizations, in: Lee Thayer, Hrsg., Organization – Communication: Emerging Perspectives, Bd. 1, Norwood, N.J.: Ablex, S. 151-167

Quine, Willard Van Orman, 1951, Two Dogmas of Empiricism, in: ders., From A Logical Point Of View: 9 Logical-Philosophical Essay, 2., überarb. Aufl., New York: Harvard Univ. Pr., 1961, S. 20-46

Quine, Willard Van Orman, 1969, Epistemology Naturalized, in: ders., Ontological Relativity and Other Essays, Cambridge, Mass.: Columbia Univ. Pr., S. 69-90

Quine, Willard Van Orman, 1974, Die Wurzeln der Referenz. Aus dem Englischen von Hermann Vetter, Frankfurt am Main: Suhrkamp, 1976

Radner, Roy, 1992, Hierarchy: The Economics of Managing, in: Journal of Economic Literature 30, S. 1382-1415

Rammert, Werner, 1988, Das Innovationsdilemma: Technikentwicklung im Unternehmen, Opladen: Westdeutscher Verl.

Rammert, Werner, 1992, Neue Technologien – neue Begriffe? Lassen sich die Technologien der Informatik mit den traditionellen Konzepten der Arbeits- und Industriesoziologie noch angemessen erfassen? in: Thomas Malsch und Ulrich Mill, Hrsg., ArBYTE: Modernisierung der Industriesoziologie? Berlin: edition sigma, S. 29-52

Rammstedt, Otthein, 1975, Alltagsbewußtsein von Zeit, in: Kölner Zeitschrift für Soziologie und Sozialpsychologie 27, S. 47-63

Randall, Donna M., 1987, Commitment and the Organization: The Organization Man Revisited, in: Academy of Management Review 12, S. 460-471

Reber, Gerhard, und Franz Strehl, Hrsg., 1988, Matrix-Organisation: Klassische Beiträge zu mehrdimensionalen Organisationsstrukturen, Stuttgart: Poeschel

Reed, Richard, und Robert J. DeFilippi, 1990, Causal Ambiguity, Barriers to Imitation, and Sustainable Competitive Advantage, in: Academy of Management Review 15, S. 88-102

Reich, Robert B., 1991, The Work of Nations: Preparing Ourselves for 21st-Century Capitalism, New York: Alfred A. Knopf

Rescher, Nicholas, 1985, The Strife of Systems: An Essay on the Grounds and Implications of Philosophical Diversity, Pittsburgh, Pa.: Univ. of Pittsburgh Pr.

Robbins, Lionel, 1935, An Essay on the Nature and Significance of Economic Science, 2., überarb. und erg. Aufl., Reprint London: Macmillan, 1972

Roberts, David, 1993, Die Paradoxie der Form in der Literatur, in: Dirk Baecker, Hrsg., Probleme der Form, Frankfurt am Main: Suhrkamp

Roe, Emery M., 1988, Deconstructing Budgets, in: Diacritics 18, Heft 2, S. 61-68

Roethlisberger, F.J., und William J. Dickson, 1949, Management and the Worker: An Account of a Research Program Conducted by the Western Electric Company, Hawthorne Works, Chicago, Cambridge, Mass.: Harvard Univ. Pr.

Roever, Michael, 1991, Tödliche Gefahr, in: manager magazin 21, Heft 10 (Oktober), S. 218-232

Rorty, Richard, 1989, Kontingenz, Ironie und Solidarität. Aus dem Englischen von Christa Krüger, Frankfurt am Main: Suhrkamp

Rosen, Robert, 1977, Complexity as a System Property, in: International Journal of General Systems 3, S. 227-232

Rosenau, Milton D., 1990, You Can Benefit From A Published Book, in: Journal of Management Consulting 6, Heft 3, S. 26-29

Roth, Gerhard, 1987, Die Entwicklung kognitiver Selbstreferentialität im menschlichen Gehirn, in: Dirk Baecker et al., Hrsg., Theorie als Passion: Niklas Luhmann zum sechzigsten Geburtstag, Frankfurt am Main: Suhrkamp, S. 394-422

Roy, Donald F., 1960, Banana Time: Job Satisfaction and Informal Interaction, in: Graeme Salaman und Kenneth Thompson, Hrsg., People and Organisations, London: Longman, 1973, S. 205-222

Sackmann, Sonja A., 1990, Wie gehen Spitzenführungskräfte mit Komplexität um? in: Rudolf Fisch und Margarete Boos, Hrsg., Vom Umgang mit Komplexität in Organisationen: Konzepte – Fallbeispiele – Strategien, Konstanz: Universitätsverl., S. 299-315

Sarikwal, Ramesh C., 1982, Participatory Management as a Paradox, in: Vljko Rus, Akihiro Ishikawa und Thomas Woodhouse, Hrsg., Employment and Participation: Industrial Democracy in Crisis, Tokyo: Collets (UK), S. 56-69

Sartre, Jean-Paul, 1960, Kritik der dialektischen Vernunft. Aus dem Französischen von Traugott König, Reinbek bei Hamburg: Rowohlt, 1967

Saussure, Ferdinand de, 1915, Cours de linguistique générale, publ. von Charles Bally und Albert Sechehaye, krit. hrsg. von Tullio de Mauro, Paris: Payot, 1972

Schein, Edgar Henry, 1985, Organizational Culture and Leadership, San Francisco: Jossey-Bass

Schimank, Uwe, 1985, Der mangelnde Akteurbezug systemtheoretischer Erklärungen gesellschaftlicher Differenzierung – Ein Diskussionsvorschlag, in: Zeitschrift für Soziologie 14, S. 421-434

Schimank, Uwe, 1986, Technik, Subjektivität und Kontrolle in formalen Organisationen: Eine Theorieperspektive, in: Rüdiger Seltz, Ulrich Mill und Eckart Hildebrandt, Hrsg., Organisation als soziales System: Kontrolle und Kommunikationstechnologie in Arbeitsorganisationen, Berlin: edition sigma, S. 71-91

Schimank, Uwe, 1987, Evolution, Selbstreferenz und Steuerung komplexer Organisationssysteme, in: Manfred Glagow und Helmut Willke, Hrsg., Dezentrale Gesellschaftssteuerung: Probleme der Integration polyzentrischer Gesellschaft, Pfaffenweiler: Centaurus, S. 45-64

Schirmer, Frank, 1991, Aktivitäten von Managern: Ein kritischer Review über 40 Jahre »Work Activity«-Forschung, in: Wolfgang H. Staehle und Jörg Sydow, Hrsg., Managementforschung I, Berlin: de Gruyter, S. 205-253

Schlegel, Friedrich, 1800, Über die Unverständlichkeit, in: Charakteristiken und Kritiken I (1796-1801). Kritische Friedrich-Schlegel-Ausgabe, Bd 2, Paderborn: Schöningh, 1967, S. 363-372

Schmidt, Gert, 1989a, Die »Neuen Technologien« – Herausforderung für ein verändertes Technikverständnis der Industriesoziologie, in:

Peter Weingart, Hrsg., Technik als sozialer Prozeß, Frankfurt am Main: Suhrkamp, S. 231-255

Schmidt, Gert, 1989b, Steuerungstheoretische Aspekte der neuen Politisierung in industriellen Organisationen, in: Manfred Glagow, Helmut Willke und Helmut Wiesenthal, Hrsg., Gesellschaftliche Steuerungsrationalität und partikulare Handlungsstrategien, Pfaffenweiler: Centaurus, S. 115-125

Schmitz, Christof, Peter-W. Gester und Barbara Heitger, Hrsg., 1992, Managerie 1. Jahrbuch für systemisches Denken und Handeln im Management, Heidelberg: Carl Auer

Schneider, Dieter, 1992, Theorien zur Entwicklung des Rechnungswesens, in: Zeitschrift für betriebswirtschaftliche Forschung 44, S. 3-31

Schober, Herbert, 1991, Irritation und Bestätigung – Die Provokation der systemischen Beratung oder: Wer macht eigentlich die Veränderung, in: Michael Hofmann, Hrsg., Theorie und Praxis der Unternehmensberatung: Bestandsaufnahme und Entwicklungsperspektiven, Heidelberg: Physica, S. 345-370

Schreyögg, Georg, 1989, Zu den problematischen Konsequenzen starker Unternehmenskulturen, in: Schmalenbachs Zeitschrift für betriebswirtschaftliche Forschung 41, S. 94-113

Schreyögg, Georg, 1991, Der Managementprozeß – neu gesehen, in: Wolfgang H. Staehle und Jörg Sydow, Hrsg., Managementforschung I, Berlin und New York: de Gruyter, S. 255-289

Schreyögg, Georg, und Horst Steinmann, 1987, Strategic Control: A New Perspective, in: Academy of Management Review 12, S. 91-103

Schrödinger, Erwin, 1922, Was ist ein Naturgesetz? Beiträge zum naturwissenschaftlichen Weltbild, 2., unveränd. Aufl., München und Wien: Oldenbourg, 1967

Schuhmann, Werner, 1991, Informations-Management: Unternehmensführung und Informationssysteme aus systemtheoretischer Sicht, Frankfurt am Main: Campus

Schulman, Paul R., 1989, The »Logic« of Organizational Irrationality, in: Administration and Society 21, S. 31-53

Schumpeter, Joseph, 1912, Theorie der wirtschaftlichen Entwicklung, Leipzig: Duncker & Humblot, Nachdruck Düsseldorf: Wirtschaft und Finanzen, 1988

Schumpeter, Joseph A., 1942, Kapitalismus, Sozialismus und Demokratie. Aus dem Englischen von Susanne Preiswerk, 6. Aufl., Tübingen: Francke, 1987

Schütz, Alfred, 1943/44, The Stranger: An Essay in Social Psychology, in: American Journal of Sociology 49, S. 499-507

Scott, W. Richard, 1981, Grundlagen der Organisationstheorie. Aus dem Amerikanischen von Hanne Herkommer, Frankfurt am Main: Campus, 1986

Scott, W. Richard, 1990, Technology and Structure: An Organizational-Level Perspective, in: Paul S. Goodman, Lee S. Sproull and Associates, Hrsg., Technology and Organizations, San Francisco: Jossey-Bass, S. 109-143

Segal, Lynn, 1986, Das 18. Kamel oder Die Welt als Erfindung: Zum Konstruktivismus Heinz von Foersters. Aus dem Amerikanischen von Inge Leipold, München und Zürich: Piper

Selvini Palazzoli, Mara, et al., 1981, Hinter den Kulissen der Organisation, 3. Aufl., Stuttgart: Klett-Cotta, 1988

Selznick, Philip, 1960, The Organizational Weapon: A Study of Bolshevik Strategy and Tactics, New York: Free Pr.

Senge, Peter M., 1990, The Fifth Discipline: The Art and Practice of the Learning Organization, New York: Doubleday

Serres, Michel, 1980, Der Parasit. Aus dem Französischen von Michael Bischoff, Frankfurt am Main: Suhrkamp, 1981, Taschenbuchausgabe 1987

Simmel, Georg, 1900, Philosophie des Geldes, hrsg. von David Frisby und Klaus Christian Köhnke, Gesamtausgabe Bd 6, Frankfurt am Main: Suhrkamp, 1989

Simmel, Georg, 1903, Soziologie der Konkurrenz, in: ders., Schriften zur Soziologie. Eine Auswahl, hrsg. und eingel. von Heinz-Jürgen Dahme und Otthein Rammstedt, Frankfurt am Main: Suhrkamp, 1983, S. 173-193

Simmel, Georg, 1908, Soziologie: Untersuchungen über die Formen der Vergesellschaftung, 5. Aufl., Berlin: Duncker & Humblot, 1968

Simon, Herbert A., 1945, Administrative Behavior: A Study of Decision-Making Processes in Administrative Organization, 4. Aufl., New York: Macmillan, 1949

Simon, Herbert A., 1969, The Sciences of the Artificial, 2. Aufl., Cambridge, Mass.: MIT Pr. 1981

Simon, Herbert A., 1984, On the Behavioral and Rational Foundations of Economic Dynamics, in: Journal of Economic Behavior and Organization 5, S. 35-55

Singer, Benjamin D., 1986, Organizational Communication and Social Dissambly: An Essay on Electronic Anomy, in: Lee Thayer, Hrsg., Organization – Communication: Emerging Perspectives, Bd 1, Norwood, N.J.: Ablex, S. 221-230

Sinn, Hans-Werner, 1986, Risiko als Produktionsfaktor, in: Jahrbuch für Nationalökonomie und Statistik 201, S. 557-570

Sinn, Hans-Werner, 1988, Gedanken zur volkswirtschaftlichen Bedeutung des Versicherungswesens, in: Zeitschrift für die gesamte Versicherungswissenschaft 77, S. 1-27

Slichter, Sumner H., 1929, The Current Labor Policies of American Industries, in: Quarterly Journal of Economics 43, S. 393-435

Sloan, Alfred P., 1972, My Years with General Motors. Hrsg. von John McDonald mit Catharine Stevens, New York: Doubleday

Smith, Adam, 1776, Der Wohlstand der Nationen: Eine Untersuchung seiner Natur und seiner Ursachen. Nach der 5. Aufl. (1789) aus dem Englischen von Horst Claus Recktenwald, München: dtv, 1978

Smith, Kenwyn K., und David N. Berg, 1987, A Paradoxical Conception of Group Dynamics, in: Human Relations 40, S. 633-658

Smith, Reid C., und Randall Davis, 1981, Framework for Cooperation in Distributed Problem-Solving, in: IEEE Transactions on Systems, Man, and Cybernetics 11, S. 61-69

Snyder, Melvin L., und Robert A. Wicklund, 1981, Attribute Ambiguity, in: John H. Harvey, William John Ickes und Robert F. Kidd, Hrsg., New Directions in Attribution Research, Bd 3, Hillsdale, N.J.: Lawrence Erlbaum Ass., S. 197-221

Sombart, Werner, 1916-1927, Der moderne Kapitalismus, Bd I-III, Nachdruck München: dtv, 1987

Sorge, Arndt, 1985, Informationstechnik und Arbeit im sozialen Prozeß: Arbeitsorganisation, Qualifikation und Produktivkraftentwicklung, Frankfurt am Main und New York: Campus

Spencer Brown, G., 1957, Probability and Scientific Inference, London: Longmans, Green & Co.

Spencer Brown, G., 1969, Laws of Form, 2. Aufl. der amerik. Ausg., New York: Julian, 1977

Sraffa, Piero, 1960, Warenproduktion mittels Waren: Einleitung zu einer Kritik der ökonomischen Theorie. Aus dem Englischen von Johannes Behr, Nachwort von Bertram Schefold, Frankfurt am Main: Suhrkamp, 1976

Stanitzek, Georg, 1987, Der Projektmacher: Projektionen auf eine »unmögliche« moderne Kategorie, in: Ästhetik und Kommunikation, Heft 65/66, S. 135-146

Starbuck, William H., 1985, Acting First and Thinking Later: Theory Versus Reality in Strategic Change, in: Johannes M. Pennings, Hrsg., Organizational Strategy and Change: New Views on Formulating and Implementing Strategic Decisions, San Francisco: Jossey-Bass, S. 336-372

Stewart, Alex, 1989, Team Entrepreneurship, London: Sage

Stichweh, Rudolf, 1991, Universitätsmitglieder als Fremde in spätmittelalterlichen und frühmodernen europäischen Gesellschaften, in:

Marie Theres Fögen, Hrsg., Fremde der Gesellschaft: Historische und sozialwissenschaftliche Untersuchungen zur Differenzierung von Normalität und Fremdheit, Frankfurt am Main: Klostermann, S. 169-191

Stiglitz, Joseph E., 1985, Information and Economic Analysis: A Perspective, in: Economic Journal. Conference Papers, S. 21-41

Stiglitz, Joseph E., 1987, Principal and Agent, in: John Eatwell, Murray Milgate und Peter Newman, Hrsg., The New Palgrave: A Dictionary of Economics, Bd 3, London: Macmillan, S. 966-972

Stinchcombe, Arthur L., 1974, Creating Efficient Industrial Administrations, New York: Academic Pr.

Stinchcombe, Arthur L., 1990, Information and Organizations, Berkeley: Univ. of California Pr.

Stinchcombe, Arthur L., und Carol A. Heimer, 1985, Organization Theory and Project Management: Administering Uncertainty in Norwegian Offshore Oil, Oslo: Norwegian Univ. Pr.

Storey, D. J.,und S. Johnson, 1987, Job Generation and Labour Market Changes, London

Takizawa, Matsuyo, 1927, The Penetration of Money Economy in Japan and Its Effects upon Social and Political Institutions, New York: Columbia Univ. Pr., Reprint: AMS, 1968

Taylor, Frederick Winslow, 1903, Scientific Management, Westport, Conn.: Greenwood, 1972

Taylor, James R., 1986, New Communication Technologies and the Emergence of Distributed Organizations: Looking Beyond 1984, in: Lee Thayer, Hrsg., Organization – Communication: Emerging Perspectives, Bd. 1, Norwood, N.J.: Ablex, S. 231-273

Teubner, Gunther, 1990, Die »Politik des Gesetzes« im Recht der Konzernhaftung: Plädoyer für einen sektoralen Konzerndurchgriff, in: Jürgen F. Baur, Klaus J. Hopt und K. Peter Mailänder, Hrsg., Festschrift für Ernst Steindorff, Berlin: de Gruyter, S. 261-279

Teubner, Gunther, 1992, Die vielköpfige Hydra: Netzwerke als kollektive Akteure höherer Ordnung, in: Wolfgang Krohn und Günter Küppers, Hrsg., Emergenz: Die Entstehung von Ordnung, Organisation und Bedeutung, Frankfurt am Main: Suhrkamp, S. 189-216

Thompson, James D., 1967, Organizations in Action: Social Science Bases of Administrative Theory, New York: MacGraw-Hill

Thompson, Michael, 1979, Die Theorie des Abfalls: Über die Schaffung und Vernichtung von Werten. Aus dem Englischen von Klaus Schomburg, Stuttgart: Klett-Cotta, 1981

Thompson, Michael, Richard Ellis und Aaron Wildavsky, 1990, Cultural Theory, Boulder, Colorado: Westview Pr.

Tinker, Tony, und Marilyn Neimark, 1990, Displacing the Corporation with Deconstructionism and Dialectics, in: David J. Cooper und Trevor M. Hopper, Hrsg., Critical Accounts, Basingstoke: Macmillan, S. 44-63

Touraine, Alain, 1969, Die postindustrielle Gesellschaft. Aus dem Französischen von Eva Moldenhauer, Frankfurt am Main: Suhrkamp, 1972

Tushman, Michael L., William H. Newman und Elaine Romanelli, 1986, Convergence and Upheaval: Managing the Unsteady Pace of Organizational Evolution, in: California Management Review 29, S. 29-43

Tyrell, Hartmann, 1981, Ist der Webersche Bürokratietypus ein objektiver Richtigkeitstypus? Anmerkungen zu einer These von Renate Mayntz, in: Zeitschrift für Soziologie 10, S. 38-49

Tyrell, Hartmann, 1985, Emile Durkheim: Das Dilemma der organischen Solidarität, in: Niklas Luhmann, Hrsg., Soziale Differenzierung: Zur Geschichte einer Idee, Opladen: Westdeutscher Verl., S. 181-250

Tyrell, Hartmann, 1990, Worum geht es in der »Protestantischen Ethik«? Ein Versuch zum besseren Verständnis Max Webers, in: Saeculum 41, S. 130-177

Valéry, Paul, 1957, Reflexions simples sur le corps, in: Œuvres, hrsg. und mit Anm. vers. von Jean Hytier, Bd I, Paris: Gallimard, S. 923-931

Valéry, Paul, 1973, Cahiers. Edition établie, présentée et annotée par Judith Robinson-Valéry, Bd I, Paris: Gallimard

Varela, Francisco J., 1979, Principles of Biological Autonomy, New York und Oxford: North Holland

Varela, Francisco J., 1988, Erkenntnis und Leben, in: Fritz B. Simon, Hrsg., Lebende Systeme: Wirklichkeitskonstruktionen in der systemischen Therapie, Heidelberg: Springer, S. 34-46

Varela, Francisco J., 1991, Organism: A Meshwork of Selfless Selves, in: Alfred J. Tauber, Hrsg., Organism and the Origins of Self, Dordrecht: Kluwer, S. 79-107

Varela, Francisco J., Antonio Coutinho, Bruno Dupire und Nelson N. Vaz, 1988, Cognitive Networks: Immune, Neural, and Otherwise, in: Alan S. Perelson, Hrsg., Theoretical Immunology, Bd 2, Redwood City, CA: Addison-Wesley, S. 359-375

Varela, Francisco J., und Samy Frenk, 1987, The Organ of Form: Towards a Theory of Biological Shape, in: Journal of Social Biological Structure 10, S. 73-83

Varela, Francisco J., und Evan Thompson, 1991, Der Mittlere Weg der Erkenntnis: Die Beziehung von Ich und Welt in der Kognitionswissenschaft. Aus dem Amerikanischen von Hans Günter Holl, Bern: Scherz, 1992

Veblen, Thorstein, 1904, The Theory of Business Enterprise, Reprint Clifton, N.J: Kelley, 1973

Vickers, Geoffrey, 1967, Towards a Sociology of Management, New York: Chapman & Hall

Walton, Richard E., 1985, Toward a Strategy of Eliciting Employee Commitment Based on Policies of Mutuality, in: ders. und Paul R. Lawrence, Hrsg., HRM Trends and Challenges, Boston: Harvard Business Pr., S. 35-65

Watzlawick, Paul, 1988, Verschreiben statt Verstehen als Technik von Problemlösungen, in: Hans Ulrich Gumbrecht und K. Ludwig Pfeiffer, Hrsg., Materialität der Kommunikation, Frankfurt am Main: Suhrkamp, S. 878-883

Weaver, Warren, 1948, Science and Complexity, in: American Scientist 36, S. 536-544

Weber, Max, 1904, Die »Objektivität« sozialwissenschaftlicher Erkenntnis, in: ders., Soziologie, universalgeschichtliche Analysen, Politik, 5., überarb. Aufl., Stuttgart: Kröner, 1973, S. 186-262

Weber, Max, 1905, Die protestantische Ethik I: Eine Aufsatzsammlung. Hrsg. von Johannes Winckelmann, 4. Aufl., Hamburg: Siebenstern, 1975

Weber, Max, 1918, Wirtschaft und Gesellschaft: Grundriß der verstehenden Soziologie, 5., rev. Aufl., Studienausgabe, Tübingen: Mohr, 1972

Wehrsig, Christof, und Veronika Tacke, 1992, Funktionen und Folgen informatisierter Organisationen, in: Thomas Malsch und Ulrich Mill, Hrsg., ArBYTE: Modernisierung der Industriesoziologie? Berlin: edition sigma, S. 219-239

Weick, Karl E., 1976, Educational Organizations as Loosely Coupled Systems, in: Administrative Science Quarterly 21, S. 1-19

Weick, Karl E., 1977a, Enactment Processes in Organizations, in: Barry M. Staw, Gerald R. Salancik, Hrsg., New Directions in Organizational Behavior, Chicago: St. Clair Pr., S. 267-300

Weick, Karl E., 1977b, Re-Punctuating the Problem, in: Paul S. Goodman, Johannes M. Pennings and Associates, New Perspectives on Organizational Effectiveness, San Francisco: Jossey-Bass, S. 193-225

Weick, Karl E., 1979, Der Prozeß des Organisierens. Aus dem Amerikanischen von Gerhard Hauck, Frankfurt am Main: Suhrkamp,
1985

Weick, Karl E., 1982, Management of Organizational Change Among
Looseley Coupled Elements, in: Paul S. Goodman and Associates,
Hrsg., Change in Organizations: New Perspectives on Theory, Re-
search, and Practice, San Francisco: Jossey-Bass, S. 375-408

Weick, Karl E., 1984, Blindspots in Organizational Theorizing, in:
Douglas B. Gutknecht, Hrsg., Meeting Organization and Human
Resource Challenge: Perspectives, Issues and Strategies, New York:
Univ. of America Pr., S. 15-28

Weick, Karl E., 1985, The Significance of Corporate Culture, in: Peter
Frost et al., Hrsg., Organizational Culture, Beverly Hills: Sage,
S. 379-389

Weick, Karl E., 1987, Theorizing about Organizational Communica-
tion, in: Frederic M. Jablin u.a., Hrsg., Handbook of Organizational
Communication: An Interdisciplinary Perspective, Newbury Park,
Cal.: Sage, S. 97-122

Weick, Karl E., 1988, Enacted Sensemaking in Crisis Situations, in:
Journal of Management Studies 25, S. 305-317

Weick, Karl E., 1990a, Technology as Equivoque: Sensemaking in New
Technologies, in: Paul S. Goodman, Lee S. Sproull and Associates,
Hrsg., Technology and Organizations, San Francisco: Jossey-Bass,
S. 1-44

Weick, Karl E., 1990b, The Vulnerable System: An Analysis of the
Tenerife Air Desaster, in: Journal of Management 16, S. 571-593

Weick, Karl E., und Larry D. Browning, 1986, Argument and Narration
in Organizational Communication, in: Journal of Management 12,
S. 243-259

Weizsäcker, Ernst Ulrich von, und Christine von Weizsäcker, 1984,
Fehlerfreundlichkeit, in: Klaus Kornwachs, Hrsg., Offenheit – Zeitlichkeit – Komplexität: Zur Theorie der Offenen Systeme, Frankfurt
am Main: Campus, S. 167-200

Wells, M.C., 1976, A Revolution in Accounting Thought? in: Accounting Review 51, S. 471-482

White, Harrison C., 1981/82, Where Do Markets Come From? in:
American Journal of Sociology 87, S. 517-547

White, Harrison C., und Robert G. Eccles, 1986, Control Via Concen-
tration? Political and Business Evidence, in: Sociological Forum 1,
S. 131-157

Whitehead, Alfred North, 1929, Process and Reality: An Essay in Cos-
mology. Korr. Ausg., hrsg. von David Ray Griffin und Donald W.
Sherburne, New York: Free Pr., 1979

Whitley, Richard, 1984, The Development of Management Studies as a Fragmented Adhocracy, in: Social Science Information 23, S. 775-818

Whitley, Richard, 1987, Taking Firms seriously as Economic Actors: Towards a Sociology of Firm Behaviour, in: Organisation Studies 8, S. 125-147

Whitley, Richard, 1988, The Management Sciences and Managerial Skills, in: Organization Studies 9, S. 47-68

Wiener, Norbert, 1961, Cybernetics: or Control and Communication in the Animal and the Machine, 2. Aufl., Cambridge, Mass.: M.I.T. Pr., Taschenbuchausgabe 1989

Wildavsky, Aaron, 1983, Information as an Organizational Problem, in: Journal of Management Studies 20, S. 29-40

Wildavsky, Aaron, 1988a, Searching for Safety, New Brunswick: Transaction Publ.

Wildavsky, Aaron, 1988b, The New Politics of the Budgetary Process, Boston: Harper Collins

Williamson, Oliver E., 1975, Markets and Hierarchies: Analysis and Antitrust Implications. A Study in the Economics of Internal Organization, New York: Free Pr.

Williamson, Oliver E., 1979, Transaction-Cost Economics: The Governance of Contractual Relations, in: Journal of Law and Economics 22, S. 233-262

Williamson, Oliver E., 1985, The Economic Institutions of Capitalism: Firms, Markets, Relational Contracting, New York: Free Pr.

Williamson, Oliver E., und William G. Ouchi, 1983, The Markets and Hierarchies Programme of Research: Origins, Implications, Prospects, in: A. Francis et al., Hrsg., Power, Efficiency, and Institutions, London: Heineman, S. 13-34

Willke, Helmut, 1987, Strategien der Intervention in autonome Systeme, in: Dirk Baecker et al., Hrsg., Theorie als Passion: Niklas Luhmann zum 60. Geburtstag, Frankfurt am Main: Suhrkamp, S. 333-361

Willke, Helmut, 1989, Controlling als Kontextsteuerung: Zum Problem dezentralen Entscheidens in vernetzten Organisationen, in: Rolf Eschenbach, Hrsg., Supercontrolling: Vernetzt denken, zielgerichtet entscheiden, Wien: Service, S. 63-93

Wimmer, Rudolf, 1989, Die Steuerung komplexer Organisationen: Ein Reformulierungsversuch der Führungsproblematik aus systemischer Sicht, in: Karl Sandner, Hrsg., Politische Prozesse in Unternehmen, Berlin: Springer, S. 131-156

Wimmer, Rudolf, 1990, Wozu noch Gruppendynamik? in: Gruppendynamik 21, S. 5-28

Wimmer, Rudolf, 1991a, Zwischen Differenzierung und Integration: Zur charakteristischen Dynamik von Organisationen mit steigender Eigenkomplexität, in: Gruppendynamik 22, S. 359-389

Wimmer, Rudolf, 1991b, Organisationsberatung: Eine Wachstumsbranche ohne professionelles Selbstverständnis: Überlegungen zur Weiterführung des OE-Ansatzes in Richtung systemischer Organisationsberatung, in: Michael Hofmann, Hrsg., Theorie und Praxis der Unternehmensberatung: Bestandsaufnahme und Entwicklungsperspektiven, Heidelberg: Physica, S. 45-136

Wimmer, Rudolf, 1992, Der systemische Ansatz – mehr als eine Modeerscheinung? Zur professionellen Orientierung von internen Experten für Organisations- und Personalentwicklung, in: Christof Schmitz, Peter-W. Gester und Barbara Heitger, Hrsg., Managerie 1. Jahrbuch für systemisches Denken und Handeln im Management, Heidelberg: Carl Auer, S. 70-104

Winograd, Terry, und Fernando Flores, 1986, Erkenntnis Maschinen Verstehen: Zur Neugestaltung von Computersystemen. Aus dem Amerikanischen von Ludwig Voet, Berlin: Rotbuch, 1989

Wittgenstein, Ludwig, 1921, Tractatus logico-philosophicus, Frankfurt am Main: Suhrkamp, 1963

Wittgenstein, Ludwig, 1945, Philosophische Untersuchungen, in: ders., Schriften 1, 4. Aufl., Frankfurt am Main: Suhrkamp, 1980, S. 279-544

Womack, James P., Daniel T. Jones und Daniel Roos, 1990, The Machine That Changed the World, New York: Maxwell Macmillan

Woods, Powell, 1986, The »Teening« of America: Communicating with Turned-on Tuned-in Workforce, in: Lee Thayer, Hrsg., Organization – Communication: Emerging Perspectives, Bd. 1, Norwood, N.J.: Ablex, S. 18-33

Yamey, Basil S., 1978, Essays on the History of Accounting, New York: Ayer

Zeleny, Milan, 1981, Hrsg., Autopoiesis: A Theory of Living Organization, Amsterdam: North-Holland

Register*

* In Fußnoten vorkommende Namen sind nicht in dieses Register aufgenommen worden.